DROIT ROMAIN

LES ORIGINES DE LA VENTE
ET DU LOUAGE

DROIT FRANÇAIS

LE CONTRAT DE FONDATION

THÈSE POUR LE DOCTORAT

SOUTENUE

DEVANT LA FACULTÉ DE DROIT DE GRENOBLE

le 7 juillet 1894

PAR

Pierre RAVIER DU MAGNY

LICENCIÉ ÈS-LETTRES

LAURÉAT DE LA FACULTÉ CATHOLIQUE DE DROIT

AVOCAT A LA COUR D'APPEL DE LYON

LYON

IMPRIMERIE X. JEVAIN

Rue François-Dauphin, 18

1894

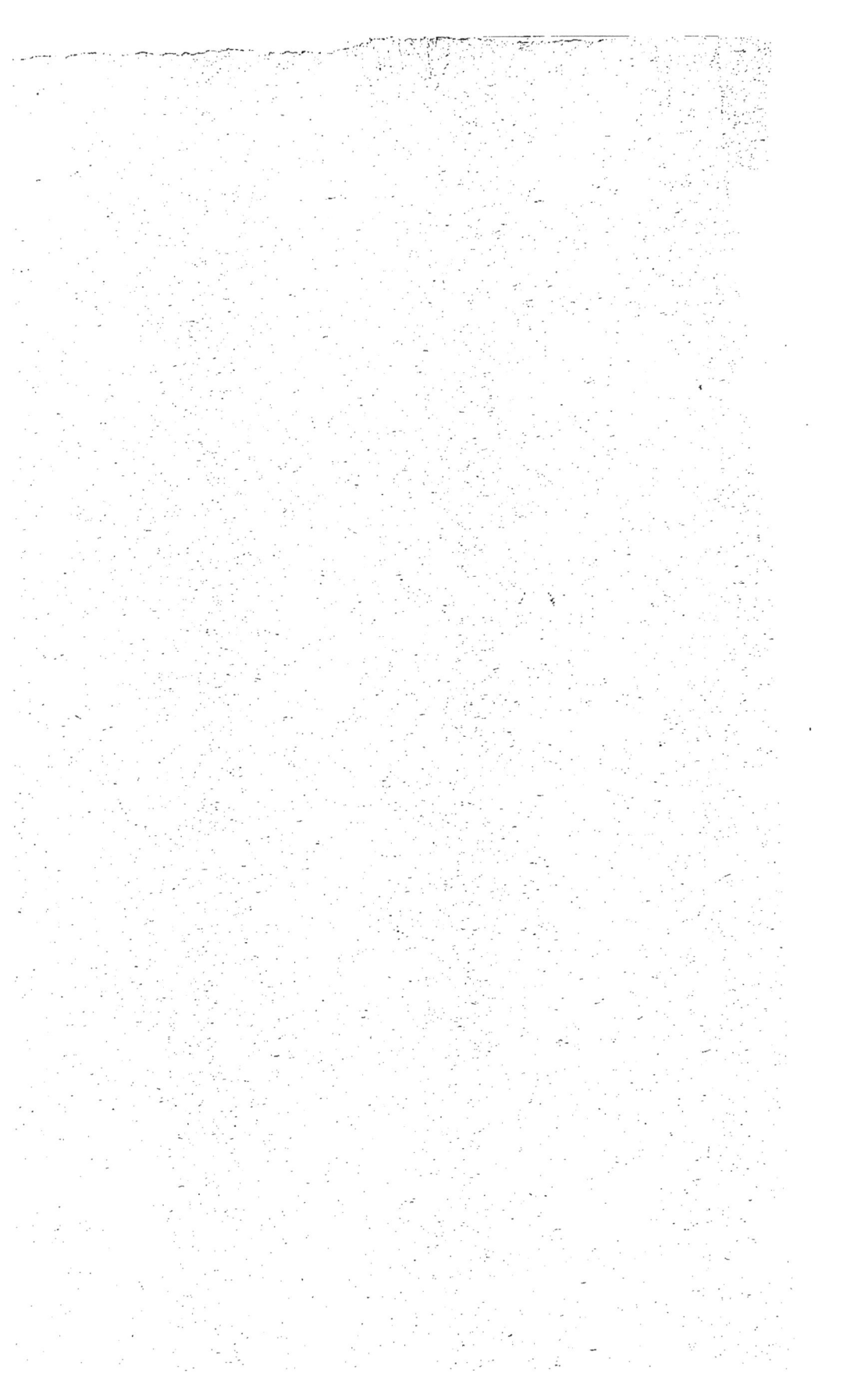

THÈSE
POUR LE DOCTORAT

A MES PARENTS

UNIVERSITÉ DE FRANCE — FACULTÉ DE DROIT DE GRENOBLE

DROIT ROMAIN

LES ORIGINES DE LA VENTE
ET DU LOUAGE

DROIT FRANÇAIS

LE CONTRAT DE FONDATION

THÈSE POUR LE DOCTORAT

SOUTENUE

DEVANT LA FACULTÉ DE DROIT DE GRENOBLE

le 7 juillet 1894

PAR

Pierre RAVIER DU MAGNY

LICENCIÉ ÈS-LETTRES

LAURÉAT DE LA FACULTÉ CATHOLIQUE DE DROIT

AVOCAT A LA COUR D'APPEL DE LYON

LYON

IMPRIMERIE X. JEVAIN

Rue François-Dauphin, 18

1894

FACULTÉ DE DROIT DE GRENOBLE

MM. Tartari, doyen, professeur de code civil ;

Gueymard, ✳, doyen honoraire, professeur de droit commercial ;

Testoud, professeur de code civil, *en congé ;*

Guétat, professeur de législation criminelle ;

Fournier, professeur de droit romain ;

Beaudoin, professeur de droit romain ;

Balleydier, professeur de code civil ;

Michoud, professeur de droit administratif ;

Jay, professeur de droit constitutionnel, *délégué à la Faculté de Paris ;*

Pillet, professeur de droit international ;

Wahl, agrégé, chargé de cours ;

Beudant, agrégé, chargé de cours ;

Capitant, agrégé, chargé de cours ;

Rambaud, chargé de cours ;

Hitier, chargé de cours ;

Royon, *secrétaire.*

SUFFRAGANTS

MM. Fournier, professeur, *président ;*

Balleydier, professeur ;

Michoud, professeur ;

Beudant, agrégé.

DROIT ROMAIN

LES ORIGINES DE LA VENTE
ET DU LOUAGE

BIBLIOGRAPHIE

APPLETON. — *Histoire de la propriété prétorienne et de l'action publicienne,* Paris, 1889.

ARNOLD. — *Cultur und Recht der Romer,* Berlin, 1868.

BARON. — *Zur legisactio per judicis arbitrive postulationem und per condictionem,* 1873.

H. BEAUNE. — *Le droit coutumier français. Les contrats,* Paris-Lyon, 1889.

BECHMAN. — *Der Kauf nach gemeinen Recht,* Erlangen, 1876.

BEKKER. — *Die Actionen des romischen Privatrechts,* Berlin, 1871.

BERNHOFT. — *Beitrage zum Lehre vom Kauf,* 1874.

BRÉAL et BAILLY. — *Dictionnaire étymologique latin,* Paris, 1885.

BRINZ. — *Lehrbuch der Pandekten,* Erlangen, 1873-1892.

COSTA. — *Il diritto privato romano nelle comedie di Planto,* Turin, 1890.

CUQ. — *Les institutions juridiques des Romains, l'Ancien droit,* Paris, 1892.

DAGUILHON-PUJOL. — *De l'influence de la convention sur le transport du droit de propriété,* Toulouse, 1879.

DAREMBERG et SAGLIO. — *Dictionnaire d'antiquités grecques et romaines.*

DEGENKOLB. — *Platzrecht und Miethe* 1867.

DRNBURG. — *Geschichte und Theorie der Compensation nach romischen Recht,* Heidelberg, 1854.

GIRAUD. — *Des nexi,* Mémoires de l'Académie des sciences morales et politiques, 1847.

HUSCHKE. — *Uber das Recht des nexum und das alte rom. Schuldrecht,* Leipzig, 1846.

HUSHCHKE. — *Die Verfassung des Königs Servius Tullius,* Heidelberg, 1838.

KUNTZE. — *Cursus des romischen Rechts,* Leipzig, 1879.

KUNTZE. — *Excurse über Romischen Recht,* Leipzig, 1880.

MARQUARDT. — *Organisation financière chez les Romains,* trad. Vigié, Paris 1888.

MOMMSEN. — *Histoire de la monnaie romaine,* trad. du duc de Blacas, Paris 1865-1873.

MOMMSEN. — *Le droit public romain,* trad. de Girard, Paris, 1894.

Journal des savants.

Nouvelle revue historique.

PERNICE. — *Marcus Antistius Labeo, das rom. Privatrecht im I Jahre der Kaiserzeit,* Halle, 1873-1878.

PUCHTA. — *Cursus der institutionen,* Leipzig, 1875.

Revue critique de législation.

SUMNER-MAINE. — *L'ancien droit,* trad. Courcelle-Seneuil, Paris, 1874.

VANICEK. — *Etymologisches Worterbuch der lateinischen Sprache,* Leipzig, 1882.

VOIGT. — *Das jus naturale, æquum et bonum, und jus gentium der Roma,* Leipzig, 1856-1876.

VOIGT. — *Die zwelf Tafeln,* Leipzig, 1883.

VON IHERING. — L'esprit du droit romain, trad. de Meulenaer, Paris, 1877.

Zeitschrift der Savigny-Stiftung für Rechtgeschichte, rom. Abtheilung.

WLASSAK. — *Zur geschichte der negotiorum gestio,* Iéna, 1879.

Ces pages ne sont qu'un essai. Je ne me flatte pas d'apporter au difficile problème des origines de la vente et du louage une solution complète et définitive. A vrai dire, le mystère qui les couvre ne sera jamais complétement éclairci. Les textes et les documents, à défaut desquels il n'y a pas de sécurité absolue en histoire, n'existent pas ici et nous serons toujours réduits aux conjectures. Mais une conjecture, si elle ne s'élève jamais à la certitude, peut revêtir au moins une probabilité suffisante pour avoir sa place dans les explications de la science, à la condition qu'elle n'échappe ni à tout contrôle, ni à toute vérification. J'espère que ce travail servira à le démontrer et qu'on me saura gré de la méthode que je me suis efforcé d'y apporter, plus encore que des résultats eux-mêmes auxquels elle m'a conduit. Les savants discuteront ces résultats et peut-être ne seront-ils pas d'accord pour les accepter. Je serais trop hardi si je les voulais moi-même défendre contre leurs objections. Heureusement, j'aurai pour me couvrir et m'abriter l'autorité d'un nom qu'ils respectent comme l'un des leurs : Mommsen. C'est un article de l'illustre romaniste qui a inspiré ce mémoire. Ce sont ses théories et ses aperçus qu'on y retrouvera, et si quelque passage inquiétait l'orthodoxie des maîtres, ce n'est pas moi, c'est lui qu'ils condamneraient.

LES ORIGINES DE LA VENTE

ET DU LOUAGE

CHAPITRE PREMIER

LES CONTRATS CONSENSUELS EN DROIT ROMAIN

I. — Apparition tardive des notions purement rationnelles
dans le développement historique du droit. — Formalisme
primitif. — Persistance caractéristique du formalisme en
droit romain.

II. — Origine des contrats consensuels. — Système de l'unité
primitive de contrat ; le *nexum*, la *sponsio*. — Système de
la double stipulation. — Système du contrat réel. — Système
de l'influence hellénique. — Critique ; termes exacts du problème.

Le plus grand effort du droit romain a peut-être
été de dégager la notion des contrats consensuels.

I. — Nous sommes si habitués à considérer la
volonté de l'homme, être libre et responsable,
comme la source principale de ses obligations, que
nous tiendrions, au premier abord, cette proposition pour un paradoxe. Volontiers, adoptant la
classification d'Ulpien (1), nous dirions que les conventions du droit des gens sont de tous les temps

(1) *L.* V; *L.* VII, pr. et § 1, *De pact.*, II, 14.

et de tous les lieux et qu'elles précèdent universellement les contrats plus spéciaux du droit civil.
Justinien ne pensait-il pas de même que les institutions du *jus gentium* avaient été créées par la
nature en même temps que le genre humain,
tandis que celles du droit civil ne prirent naissance
que lorsqu'on eut fondé des cités, créé des magistrats et écrit des lois? (1)

Mais la connaissance des législations primitives
nous oblige à renverser complètement ce point de
vue. Les conceptions purement logiques et idéalistes
n'apparaissent qu'aux époques de culture philosophique avancée. Les peuples primitifs ne sont pas
capables de les atteindre, et lorsqu'ils s'élèvent
d'abord à la notion de l'obligation, par un premier
progrès de l'esprit d'analyse et de l'intelligence
des rapports juridiques, ils ne vont pas du premier
coup jusqu'à la fonder sur le simple consentement,
mais ils la rattachent pour de longs siècles à des
phénomènes matériels et à des formalités solennelles.

Ce formalisme et ce matérialisme se retrouvent
avec des caractères presque identiques dans les
différentes branches de la souche aryenne. L'ancien
droit germanique en présente des exemples non
moins caractéristiques que le vieux droit quiritaire.
Nous y voyons les conventions se grouper sous
deux catégories : le contrat solennel, dans lequel
l'accomplissement des formes symboliques de la

---

(1) I., l. II, t. I, *De divisione rerum et qualitate*, § 11.

fides facta est nécessaire pour donner au créancier
le pouvoir de contraindre le débiteur, et le contrat
réel dans lequel une prestation matérielle est la
source de l'obligation correspondante. Et ces types
qui rappellent de si près les contrats *re* et *verbis*
de Rome persistent longtemps encore dans les
usages de l'époque franque, avant que Loysel en
arrive à formuler son adage célèbre : « Autant
vaut une simple promesse ou convenance que les
stipulations du droit romain (1). »

La bizarrerie et le luxe souvent inutile de ce formalisme sont une preuve suffisante de son antiquité.
C'est trop en réduire l'importance que d'y voir
simplement un instrument plus ou moins commode
pour donner aux actes juridiques leur authenticité
et leur publicité. C'est en méconnaître absolument
le caractère que d'en attribuer l'origine à la création réfléchie d'un législateur. Il arrive parfois au
législateur, dans les âges de culture avancée et
d'interprétation rationnelle du droit, d'établir aussi
de toutes pièces des formes et des solennités. Mais
ces formes nouvelles, façonnées pour une utilité
immédiate et pratique, se distinguent précisément
par leur simplicité et leur sécheresse des formes
primitives. Le droit impérial nous en offre plus
d'un exemple : le codicille solennel en matière
héréditaire, le *pignus publicum* en matière d'hypothèque, l'insinuation en matière de donations.

---

(1) *Esmein*, Etude sur les contrats dans le très ancien droit
français, *Nouvelle revue historique*, 1880, p. 659. — *H. Beaune*, Droit
coutumier français. Les contrats. Paris et Lyon, 1889.

De même encore notre Code civil prescrit des formes solennelles pour le testament. Il suffit de rapprocher cette réglementation précise et incolore des usages si pittoresques de la revendication primitive, de la mancipation ou de la *fides facta*, pour sentir toute la différence qui sépare les deux espèces de formes. Les unes sont des formes *à tendance*, comme le dit Ihering, qui portent dès leur origine le sceau d'une tendance déterminée(1). Les autres sont des formes *résiduelles* qui subsistent dans le droit classique comme les vestiges d'un âge « où tout ce qui fut mensonge était encore vérité (2). » Telles que nous les connaissons, ce ne sont plus que des symboles, c'est-à-dire des actes fictifs et simulés. Mais ce n'est pas à ce titre qu'elles ont pénétré dans la coutume. Les hommes n'imitent que les réalités, et leurs inventions dramatiques, les drames judiciaires comme les autres, ne sont que le souvenir et l'image des actes de la vie positive. L'*assertio manuum* de la procédure *per sacramentum* avait été une lutte véritable avant de dépouiller sa violence pour entrer dans la marche régulière et pacifique d'un procès. Les parties se transportaient, pour la revendication des immeubles, sur le fonds en litige, avant de se borner à apporter avec elles une motte de terre qu'elles finirent par ramasser au plus près, sans

(1) *Von Ihering*, L'Esprit du droit romain, traduit sur la 3ᵉ édition par *O. de Meulenaere*. Paris, Marescq, 1877, t. III, p. 188.
(2) *Girard*, l'Action *auctoritatis*, Nouvelle revue historique, 1882, p. 180, sqq.

égard à la signification de cette dernière solennité.

Quand le progrès des mœurs eût dépouillé ces actes extérieurs de leur raison d'être initiale, une ère d'utilité nouvelle s'ouvrit pour eux. Sous la forme purement représentative qu'ils eurent désormais, ils servirent de moules aux idées abstraites et donnèrent aux conceptions timides et incertaines encore des premiers hommes qui découvraient le domaine idéal du droit la fixité et la précision des phénomènes objectifs.

Puis l'esprit juridique rompit enfin ces lisières. Quand il se fut développé dans cette contrainte salutaire, il lui fallut s'épanouir librement. Il s'ouvrit à la notion philosophique de la volonté, et l'on vit partout éclore des institutions nouvelles dégagées de tout formalisme et vraiment *amorphes*, si on les compare à celles de l'âge précédent. Et les institutions anciennes elles-mêmes, dans ce milieu nouveau qui ne comprenait plus leur signification et leur valeur figurative, ou succombèrent ou se dépouillèrent de leur élément matériel et devinrent elles-mêmes de pures abstractions.

Telle est l'évolution régulière par laquelle a passé le droit des différents peuples.

En France, nous sommes parvenus de bonne heure à la dernière période. Les races helléniques avaient de même aperçu les dernières conclusions du principe spiritualiste. Mais le génie romain, bien qu'il tendît au même but et qu'il en réalisât déjà, dès l'âge classique, des applications importantes, ne parvint jamais à se soustraire à l'empire de la forme. Jusqu'au moment où il cessa d'être une loi vivante pour n'être plus qu'une doctrine scientifique, le droit de Rome refusa de reconnaître à la volonté nue sa souveraine puissance. Il garda jusqu'à la fin ses contrats formalistes et s'il se relâcha peu à peu de ses exigences en faveur des contrats consensuels et des pactes prétoriens, ce ne fût jamais qu'à titre d'exception et sans rien céder de la rigueur de ses formules.

II. Cette particularité donne un intérêt capital à l'étude des origines des contrats consensuels en droit romain. Comment la notion en a-t-elle pénétré sur un sol si rebelle ? Pourquoi les quatre contrats de vente, de louage, de société et de mandat ont-ils eu, seuls entre tous, le privilège de forcer les barrières du droit civil, et comment, par la brèche qu'ils y avaient ouverte, les autres ne se sont-ils pas glissés à leur suite, au lieu qu'il a fallu les longs efforts du préteur pour élever au même rang non pas tous les pactes mais seulement quelques pactes choisis ?

Telles sont les questions que les interprètes ont tenté de résoudre depuis qu'ils ne bornent plus leur étude à la critique des textes de Justinien. Il faut voir à quelles solutions ils ont abouti.

Les systèmes très divers qu'ils ont proposés sur ce délicat sujet peuvent se classer en deux branches. Les uns cherchent la genèse des contrats consensuels dans un développement interne du droit de Rome et font une large place à la doctrine de l'évolution. Les autres, prenant pour point de départ la contradiction que l'idée de consentement rencontrait dans le milieu latin, font appel aux influences étrangères et concluent à une importation exotique.

Une théorie très séduisante, à laquelle se rattachent plus ou moins directement les systèmes de la première branche, est celle de l'unité originelle de contrat. Le droit romain primitif n'aurait connu qu'une manière de s'obliger contractuellement : le *nexum*, l'acte par l'airain et la balance (1). On retrouvait dans cet acte un élément réel : le pesage du cuivre par le prêteur et un élément verbal : la déclaration solennelle du prêteur, *nuncupatio*. L'élément intentionnel enfin, la volonté de l'emprunteur de s'obliger, n'y faisait pas défaut, bien que l'attention des contemporains ne l'ait pas remarqué et qu'ils ne l'aient pas mentionné dans leur analyse. Ces éléments réunis dans le *nexum* se seraient ensuite séparés. L'élément matériel ayant disparu, seul l'élément verbal serait resté en vedette, et l'on aurait eu le contrat *verbis*, dont le contrat *litteris* n'aurait été plus tard qu'une variété. L'élément matériel cependant aurait survécu, mais isolé de l'élément verbal, dans le contrat *re*. Enfin le contrat consensuel aurait été le dernier terme de cette élimination successive des éléments accessoires du contrat primitif.

Le grand défaut de ce système ingénieux, c'est d'être tout artificiel.

(1) *Varron, L.*, I, VII, 105.— *Charles Giraud, des Nexi, Mémoires de l'Académie des sciences morales et politiques,* 1847.

L'antiquité du *nexum* n'est pas contestable. A ce titre, il a dû précéder plusieurs contrats du droit classique. Mais les a-t-il tous précédés ? D'ailleurs était-ce bien lui-même un contrat, c'est à dire engendrait-il réellement une obligation ou n'était-ce pas plutôt un simple mode d'aliénation, de transmission, par lequel l'emprunteur se mancipait immédiatement lui-même au prêteur pour lui donner la seule garantie que comportât le développement économique de ce temps, tout comme on mancipait son bien pour en transférer la propriété ?

Le caractère du *nexum* nous est peu connu. Cependant cette institution ne disparut pas avant une époque assez avancée. Elle existait encore au temps de Cicéron, mais comme une source de droits réels (1). Il n'est pas certain qu'elle ait jamais produit autre chose, même sur la personne de l'obligé. D'après tout ce que nous en savons, le *nexus*, bien qu'il ne perdît pas son ingénuité, ressemblait plus à un esclave qu'à un travailleur librement engagé, et le droit du prêteur sur son corps était celui d'un maître plutôt que celui d'un créancier. Ce droit était-il contesté en justice ? Le *nexus* ne pouvait pas se défendre lui-même comme l'aurait fait tout débiteur en pareil cas ; il fallait qu'un tiers intervînt et prît en main sa cause. Or ce tiers était un *vindex* : le nom est significatif. Son rôle

---

(1) *Cicéron*, De haruspic., VII : « Multæ sunt domus in hac urbe... jure privato ; jure hereditario, jure auctoritatis, jure mancipii, jure nexi. »

était de revendiquer le *nexus* entre les mains du prêteur qui l'avait appréhendé au corps (1).

Ces remarques nous font déjà douter que les contrats dont l'objet unique, à Rome, est de produire des droits de créance, aient la moindre parenté avec le *nexum* primitif, quelles que soient, d'ailleurs, les analogies que l'on puisse relever entre leurs formes extérieures. Mais, à les serrer de près, ces analogies elles-mêmes disparaissent presque absolument.

On pourrait s'étonner d'abord que de toutes les formalités du *nexum,* celle qui est la première disparue, celle dont n'a gardé trace aucun des contrats du droit classique, ce soit précisément cette solennité par l'airain et la balance que la mancipation cependant conservera jusqu'à la fin, alors qu'elle ne lui était pas devenue moins inutile qu'aux contrats.

On pourrait s'étonner aussi que la présence des témoins, dont l'utilité était si grande pour assurer la preuve de la convention, n'ait pas davantage trouvé sa place dans les règles des contrats.

Mais si l'on s'attache à celles d'entre les formalités du *nexum* que les nouveaux contrats avaient conservées, on trouve si peu de corrélation entre ces formalités, telles qu'elles existent dans le *nexum,* et ces mêmes formalités telles qu'elles existent dans les contrats, qu'on ne peut plus affirmer leur identité

---

(1) *Festus :* « Vindex ab eo quod vindicat, quo minus is qui prensus est ab aliquo, teneatur. »

et leur commune origine. On a voulu retrouver la *nuncupatio* du *nexum* dans les paroles solennelles de la stipulation. Il existe cependant entre elles cette différence essentielle que la *nuncupatio* émane du prêteur, c'est-à-dire de celui auquel on fait tenir, pour les besoins du système, le rôle du créancier, tandis que la *sponsio* de la stipulation émane du débiteur. La première est l'affirmation d'un droit actuel. La seconde est la promesse d'un fait ou d'une dation à venir; elle suppose déjà l'idée de crédit qui est complètement étrangère à la première. On le voit, il est vraiment bien difficile de rattacher le contrat *verbis* au *nexum*. Si l'on veut à toute force découvrir la source commune des contrats, il faut la rechercher ailleurs.

On l'a cherchée également dans la *sponsio*. Mais la valeur juridique de la *sponsio* est moins connue encore que celle du *nexum*. Il semble que pendant longtemps la *sponsio* n'ait engendré aucune action, car elle n'était pas placée sous la garantie des curies ou de la loi (1). Comment, dès lors, aurait-elle donné naissance à des contrats obligatoires et sanctionnés par la loi? D'ailleurs, si elle se prête au rapprochement avec la stipulation, elle n'offre aucun caractère auquel on puisse rattacher les contrats réels.

Il faut avoir le courage de le reconnaître : dans l'état actuel de nos connaissances, il n'est pas pos-

---

(1) *E. Cuq*, Les institutions juridiques des Romains, l'ancien droit, p. 393.

sible de retrouver le type original des contrats
dans la Rome primitive. On peut, sans doute, le
reconstituer par une imagination plus ou moins habile. Mais cette reconstitution n'aura que la valeur
d'une hypothèse, commode pour expliquer un problème ardu, mais sans aucune réalité historique.

Au surplus, et en admettant même que ce contrat unique ait jamais existé, il n'est pas probable
que les quatre classes de contrats du droit classique
s'en soient détachées toutes ensemble.

Laissant donc dans l'ombre où elle s'enveloppe
l'éclosion de la première série de ces contrats, de
celle évidemment qui s'éloignait le moins de la
conception initiale, de celle où dominait encore le
formalisme et le matérialisme, on doit se demander comment de cette première série sont issus les
contrats consensuels, ou plutôt, car c'est bien ainsi
qu'il faut poser la question, comment, alors que le
simple consentement n'avait pas encore la force
d'obliger, on parvenait à réaliser pratiquement
l'effet de la vente, du louage, du mandat et de la
société, encore inconnus sous ces appellations spéciales mais déjà nécessaires aux relations écono-
miques.

Pour un groupe nombreux d'interprètes, dont
le plus autorisé est M. Von Ihering, le chose a paru
facile à expliquer au moyen de la stipulation. C'est
dans la stipulation qu'il faudrait chercher l'antécédent immédiat des contrats consensuels (1). Ces au-

(1) *Von Ihering*, op. cit., III, 332, IV, 5, 180. — *Bekker*, Aktionen,
I, 156. — *Girard*, Garantie, 45. — *Kuntze*, Cursus der Institutionen, p. 474.

teurs paraissent s'être attachés surtout à expliquer l'introduction de l'idée de crédit dans les contrats consensuels et, parmi ceux-ci, plus particuliérement dans la vente. La vente se confondait au début avec l'échange au comptant. Elle devint vente à crédit, dès lors que chaque prestation fut remplacée par une stipulation. Ainsi l'acheteur promettait de payer le prix et le vendeur de livrer la chose, et chacun avait une action *ex stipulatu* pour contraindre son partenaire à exécuter sa promesse. On avait deux opérations : l'*emptio* et la *venditio* qui demeurérent encore distinctes dans la langue, alors qu'elles se furent unifiées dans le droit.

On suppose que le même procédé s'appliqua au louage (*locatio conductio*), au mandat et à la société ; mais aucun auteur, ce nous semble, n'a poussé jusque-là son analyse et cherché ses arguments ailleurs que dans la vente. Nous restreindrons donc aussi sur ce terrain la critique du système.

La dualité des opérations, la juxtaposition des deux stipulations distinctes, cadre mal tout d'abord avec l'unité de la vente. Cette unité, dont on fait le dernier terme de l'évolution, la derniére simplification et le dernier progrès, on la retrouve fortement imprimée dans la forme encore rudimentaire de la vente primitive : la mancipation. Dans la vente au comptant qui précéda la vente à crédit, déjà l'acquisition de la chose et le paiement du prix étaient présentés par la formule comme indissolublement liés. « *Hunc ego hominem ex*

jure Quiritium meum esse aio », disait l'acquéreur; et il ajoutait sans interruption : « *isque
mihi emptus esto hoc œre œneaque libra* (1). »

L'affirmation de propriété n'était pas séparée de la
déclaration du paiement; c'était une seule et même
partie qui les prononçait toutes deux; chacune
était la cause en même temps que la conséquence
de l'autre. Le contrat n'était pas encore productif
d'obligations que déjà il était synallagmatique. Il
conservera toujours ce caractère, et c'est par suite
de ce caractère que les actions par lesquelles il
sera plus tard sanctionné seront des actions de
bonne foi. Le magistrat, pour apprécier la faute
d'une partie, devra tenir compte de la façon dont
l'autre partie aura elle-même exécutée son obligation. Au contraire, deux stipulations n'engendrent
jamais que des actions de droit strict. C'est que
chacune étant un contrat parfait par lui-même,
elles ne sont pas l'une à l'autre dans un rapport
nécessaire. Si le vendeur, par exemple, ne livrait
pas la chose, l'acheteur n'en serait pas moins condamné à lui payer le prix stipulé. Il en serait ainsi,
du moins, jusqu'à l'apparition de l'exception de dol.
Or l'exception de dol n'apparut que longtemps
après que la vente était déjà pourvue de son autonomie, de son caractère propre et de ses actions.

Ne faut-il pas conclure que l'introduction de la
stipulation dans le développement historique de la

(1) *Gaïus*, I, 119.

vente, loin de l'accélérer, n'aurait pu que le retarder et le faire dévier ?

D'ailleurs, l'explication d'Ihering n'est elle-même
qu'une théorie *a priori*. Quelque état qu'on ait
fait en sa faveur de certains textes, ce n'est pas
sur des constatations historiques qu'elle repose,
mais sur une analyse abstraite. Les textes ont été
invoqués, après coup, pour justifier des conclusions préconçues. Par malheur, ils ont été
choisis avec trop de prévention et, quand on les
soumet à un examen impartial, ils perdent toute
leur portée. On invoquait des exemples assez nombreux de stipulation en matière de vente. Mais
dans tous ces exemples, la stipulation se rapporte,
non pas à l'acte lui-même, mais à telle ou telle
clause particulière. Elle intervient ou pour garantir plus strictement l'obligation principale de l'une
des parties, ou pour assurer à l'acquéreur un recours en cas d'éviction ou contre les vices de la
chose, ou bien encore pour permettre l'accession
d'un *fidepromissor* qui ne pouvait garantir qu'une
obligation verbale (1). Mais de vente réalisée sous
la forme d'une double stipulation, on peut affirmer
que les documents ne nous en ont laissé aucun
exemple (2). Ce silence n'est-il pas concluant,
alors surtout que les textes littéraires, plus encore

(1) *Démélius*, dans Zeitschrift für Rechtgeschichte, II, 200, l'a
démontré pour les exemples choisis dans Plaute. — *E. Cuq*, op. cit.,
p. 600, pour les exemples tirés de Caton et de Varron par Bekker
(Zeitschrift für Rechtgeschichte III, 406).

(2) *Bechmann*, Der Kauf, I, 460.

que les textes juridiques, abondent en renseignements sur la vente, et sur une vente précisément
qui n'est pas encore la vente classique, mais une
forme intermédiaire entre celle-ci et la vente au
comptant primitive, c'est-à-dire sur la vente classique en formation ?

Ce que M. Von Ihering avait tenté au moyen
de la stipulation, M. Pernice l'a essayé au moyen
du contrat réel (1).

Il suppose qu'à une période intermédiaire entre
celle du pur formalisme et celle du plein épanouissement des contrats consensuels, toute prestation
opérée par une partie à la suite d'une convention
synallagmatique aurait permis à cette partie d'exiger la prestation correspondante. Ainsi, le vendeur aurait eu une action pour réclamer son prix,
mais alors seulement qu'il aurait préalablement
livré la chose. Ainsi encore, un associé aurait pu
forcer ses coassociés à faire le versement de leurs
apports, mais alors seulement qu'il aurait lui-
même apporté sa mise au fonds social. C'est simplement, comme on le voit, la théorie des contrats
innommés à laquelle on se réfère.

Ce système, non moins que le précédent, prête
le flanc à la critique, tant au point de vue historique qu'au point de vue purement rationnel.

Il repose sur un seul argument : l'analogie manifeste à certains points de vue des contrats

---

(1) *Pernice*, Labeo, 1878, I, 457, 466; II, 378, n° 1.— *Bernhoft*, Beitrage zum Lehre vom Kauf, 1874, p. 142.

consensuels et des contrats réels (1). Cette analogie
est si réelle que les jurisconsultes du premier siècle
de notre ère les confondaient encore en une seule
classe et les opposaient ensemble aux contrats formalistes dont ils se distinguaient par des caractères
communs. C'est ainsi que Labéon, classant les actes
juridiques sous trois noms : *actum, contractum,
gestum*, range dans la deuxième catégorie, la
vente, le louage et la société et définit ainsi leur
criterium : « Le *contractum* engendre deux obligations réciproques, c'est ce que les Grecs appellent
συνάλλαγμα (2). » Une autre citation, empruntée par
Ulpien à Ariston, montre bien l'identité des termes

(1) Nous ne pouvons, en effet, voir un argument sérieux en faveur
de ce système dans le texte de Julien invoqué par Pernice (*Jul.*,
3 ad Urs. Fer., D. XVIII, VI, 13). C'est une question de risques qui
y est résolue, ou plutôt une question de fautes. Le passage de Julien
doit être éclairé par les deux lois dont il est précédé et suivi, et
qui sont empruntées à Paul. Il y est supposé que des lits ayant été
vendus, le vendeur les a placés sur la voie publique et que l'édile
chargé de la police les a brisés comme gênant la circulation. Si
l'acheteur en avait déjà reçu tradition, où s'il était, du moins, en
demeure de la recevoir, il supportera la perte. Et cela est naturel,
car c'est à lui qu'est imputable cette sorte de contravention aux
règlements de police. Mais Julien suppose que l'édile a commis un
abus de pouvoir. Quel recours aura contre lui l'acheteur? L'action
de la loi *Aquilia*, répond-il, et de plus, il pourra obliger le vendeur, par l'action *ex empto*, à lui céder les actions qu'il aurait pu
avoir lui-même contre l'édile. Nous ne voyons là qu'une conséquence naturelle du caractère de bonne foi de la vente et de l'action *ex empto*, caractère bien établi au temps de Julien. Mais nous
ne pouvons y trouver la preuve que l'action *ex empto* soit fondée
sur la tradition de l'objet, puisque, s'il n'y avait pas eu de tradition, le vendeur seul aurait à souffrir de sa faute et de la perte de
la chose, et que l'acheteur n'aurait aucune raison d'exercer contre
lui l'action *ex empto*.

(2) *Lab. in Ulp.*, 11, ad Ed., D., L. XVI, 19. — *Degenkolb*, Platzrecht und Miethe, 1867, p. 168, 202.

contractum et συνάλλαγμα (1). Pour ces auteurs, le trait saillant des contrats consensuels, ce n'est pas encore ce fait que le simple accord des volontés suffit à les former, mais cette circonstance que l'un des contractants est obligé par suite de la prestation qui lui a été promise ou livrée. Au III⁰ siècle encore, Paul, dans les mêmes passages où il distingue très nettement les contrats consensuels des contrats innommés, donne des contrats consensuels un criterium qui ne conviendrait pas moins bien aux contrats réels : c'est qu'ils se forment sans écriture et sans paroles solennelles (2).

On peut conclure de ces données que la classification définitive des contrats est l'œuvre tardive des jurisconsultes et qu'elle ne fut arrêtée que bien longtemps après que ces contrats eurent pris chacun à part leur place dans le droit. Et cette remarque doit nous rendre plus circonspects quand nous cherchons l'origine commune des contrats d'une même classe, puisqu'ils demeurèrent longtemps plus ou moins isolés les uns des autres.

On peut en conclure autre chose. C'est que vraisemblablement les contrats réels, comme les contrats consensuels et au même titre qu'eux, sont postérieurs aux contrats solennels. Les uns et les autres sont le produit d'une réaction contre l'arbitraire du formalisme; et cette réaction s'est faite, au nom de la bonne foi, dans les actes synal-

---

(1) *Arist. in Ulp.*, 4, ad Ed., D., II, XIV, 7, 2.
(2) *Paul*, 32 ad Sab., D., XIX, IV, 1, 2. — *Id.*, 16 ad Plaut., D., XLIV, VII, 48; 12 ad Sab., D., XLV, I, 35, 2.

lagmatiques qui présentaient le type du *contractum* ou du συνάλλαγμα.

Mais on n'en peut pas déduire, sans faire une supposition purement gratuite, qu'il y ait entre les uns et les autres un rapport de cause à effet, ni même simplement d'antécédent à conséquent.

Bien au contraire, la chronologie démontre qu'il est impossible d'établir ce rapport dans le sens où il le faudrait pour le succès du système. Car les contrats réels et les contrats innommés n'ont fait leur apparition dans le droit qu'après les contrats consensuels.

Ce point n'est pas contestable pour les contrats innommés. On sait que leur théorie fut l'œuvre de la jurisprudence, et que les hypothèses *do ut des, do ut facias*, qui furent les premières munies d'une action de droit civil, lorsque le jurisconsulte Ariston en formula la théorie au premier siècle, rencontraient des contradicteurs comme Celsus (1). Les hypothèses *facio ut des, facio ut facias* ne furent sanctionnées par l'action *prœscriptis verbis* qu'après des résistances tenaces, dont on retrouve la trace jusque dans des textes du IVe siècle (2). Tout au plus pourrait-on prétendre que Labéon ait, dès le temps d'Auguste, entrevu la théorie générale des contrats innommés que ses successeurs devaient mettre si longtemps à préciser (3).

(1) *Ulp.* 4, *ad Ed., D.,* II, XIV, 7, 2.
(2). *Cels.,* 3, *Dig., D.,* XII, IV, 16; — *Pomp.,* 22, *ad Sab., D.,* XIX, V, 16, 1; — *Paul.,* 5, *Quœst., D.,* XIX, V; 5, 3; — *C.* II, IV, 4; — *Ibid.,* II. XXI, 4.
(3) *Pap.,* 8, *Quœst., D.,* XIX, II, 1, 1; — *Ulp.,* 28, *ad. Ed., D.,* XIX, II, 19, pr.

Pour les contrats réels *nommés*, le fait seul qu'ils ont leur rang dans le catalogue classique des contrats est une preuve suffisante qu'ils sont les aînés des contrats innommés ; mais, sauf l'exception du *mutuum* sur laquelle nous allons avoir à nous expliquer, ils ne doivent pas l'être de beau-coup. M. Cuq ne fait pas remonter leur consécra-tion par le droit civil au delà de la rédaction de l'Edit perpétuel, c'est-à-dire du milieu du IIᵉ siècle de notre ère (1). Cette opinion nous paraît exces-sive et nous serions portés à reculer sensiblement la date. Toutefois nous ne pourrions le faire de plus d'un siècle environ. Très certainement, au temps de Cicéron, les contrats réels n'étaient pas même pressentis. L'usage, général alors, de la fiducie permettait d'obtenir d'une manière indirecte leur effet essentiel.

Le *mutuum* cependant, nous l'avons dit, exis-tait dès cette époque et de longue date déjà (2).

(1) *Cuq*, op. cit., p. 600.

Le texte suivant nous paraît décisif. C'est le grand pontife Scœ-vola dont Cicéron allègue l'opinion sur les *arbitria ex fide bonœ*, et dont il cite l'énumération suivante : « *Fideique bonœ nomen existimabat manare latissime, idque versari in tutelis, societati-bus, fiduciis, mandatis, rebus emptis — venditis, conductis — locatis, quibus vitœ societas continetur.* » (*De off.*, III, 17.)

On remarquera que, tandis que les quatre contrats consensuels y sont déjà mentionnés, les contrats réels en sont absolument ab-sents. Mais, en revanche, la fiducie y est placée sur le même rang que les contrats consensuels et que la tutelle, comme productrice d'obligations.

(2) Tout au plus est-il permis de se demander s'il était alors connu sous le nom de *mutuum*. Mommsen remarque que cette désignation paraît s'appliquer plus exactement aux choses prêtées qu'à l'opération juridique du prêt. Mais il n'est pas douteux que le contrat date de la disparition du *nexum* et doive son origine à la nécessité de remplacer ce moyen de crédit aboli.

Mais il n'était qu'une variété des contrats solennels, muni lui-même d'éléments symboliques, strictement unilatéral et complétement fermé à toute conception de bonne foi.

De sorte que le seul entre les contrats réels qui puisse rivaliser d'ancienneté avec les contrats consensuels est précisément aussi le seul qui ne présente avec eux aucune des analogies que l'on remarque chez les trois autres, celui par conséquent qui fournit les plus faibles arguments au système de Pernice.

Et d'ailleurs que gagnerait-on en raison pure, si, contrairement aux données de l'histoire, on parvenait à établir que les contrats réels ont précédé les contrats consensuels et les ont même quelque temps suppléés? Tout serait encore à faire. Car entre le matérialisme des uns et le spiritualisme des autres, il resterait toujours un abîme. C'est cet abîme qu'il s'agit de combler, et c'est à le faire disparaître que toute explication doit s'attacher pour justifier la doctrine de l'évolution.

Aussi bien, reconnaissant que ce fossé est infranchissable et qu'il n'y a pas de lien possible entre des institutions contradictoires, la plupart des auteurs ont renoncé à fouiller davantage le fonds romain pour y trouver les germes des contrats consensuels, et ils ont demandé le secret de leur naissance à des sources étrangères.

Les relations des Romains avec les Grecs prêtaient à de faciles développements. Le vers d'Ennius n'est-il pas vrai dans toutes les branches des arts et des connaissances de l'esprit?

Grœcia capta ferum victorem cœpit?

L'influence hellénique, si féconde dans le domaine littéraire et philosophique, a-t-elle dû laisser des traces moins profondes dans le droit?

Or précisément, le droit grec avait répudié le formalisme primitif. Les cités de l'Hellade, engagées dans un commerce actif avec des peuples de toute race et de toute loi, avaient éprouvé plus tôt que Rome le besoin d'un droit simple, facile et accessible aux relations internationales. Elles n'avaient pas trouvé de résistance dans l'esprit national. Hardi, curieux, sceptique, le génie grec s'était libéré de bonne heure du culte superstitieux des solennités. Comme il avait humanisé ses dieux et substitué sa philosophie à ses dogmes, il avait facilement abandonné les symboles bizarres et les traditions religieuses dont il ne comprenait plus le sens, pour leur substituer les conceptions logiques de sa raison. Toutes les circonstances s'étaient donc réunies sous le ciel hellénique pour que la notion du consentement s'épanouît librement dans la théorie des contrats.

Lorsque les Romains eurent pris contact avec ces populations, quand ils eurent apprécié les avantages pratiques de leur droit et qu'ils eurent éprouvé, par contre, l'embarras d'un droit purement quiritaire pour traiter avec les pérégrins, n'est-il pas naturel qu'ils aient eu recours à leurs procédés habituels d'assimilation, et, comme ils ouvraient leur scène, par exemple, à la comédie de Ménandre, reléguant au second rang la vieille attellane, qu'ils aient superposé, en quelque sorte, à leurs contrats originaux les contrats helléniques ? Et n'est-ce pas cette origine étrangère que signifie l'expression dont les jurisconsultes décorèrent plus tard ces derniers venus entre les contrats du droit classique : contrats du droit des gens, par opposition aux contrats du vieux droit latin (1) ?

Assurément, cette explication est plausible. Comme elle est très générale, elle échappe aux critiques précises que nous adressions aux précédents systèmes. Mais sa généralité même nous met en défiance contre elle, et nous ne saurions l'accepter, faute de justifications concrètes et spéciales.

Ce n'est pas assez, en effet, que d'alléguer l'infiltration du génie grec dans la littérature, l'art et la philosophie des Romains. Car dans chacun de ces domaines l'invasion hellénique s'explique par des circonstances de détail, par des causes occasionnelles, dont c'est affaire aux historiens de l'art, des lettres et de la philosophie de nous entretenir. Pour faire comprendre que le même phénomène se soit produit sur le terrain du droit, il faudrait que les jurisconsultes fissent aussi bien et nous expliquassent à leur tour, non pas seulement pourquoi il a eu lieu, ni quels en ont été les résultats, mais encore comment il a eu lieu, par quels moyens et dans quelles conditions ? Et c'est précisément ce que les jurisconsultes n'ont pas fait.

---

(1) *Puchta*, Cursus der Institutionen, I, § 54.— *Voigt*, Jus Naturale, II, 616.— *Arnold*, Cultur und Recht der Romer, 279.— *Jors*, Rom. Rw., I, 139, 147.— *Sumner-Maine*, l'Ancien droit, 47.

L'histoire du droit romain nous montre cependant deux circonstances dans lesquelles le génie juridique latin a demandé ou subi l'inspiration du génie grec.

La première est cette ambassade de trois citoyens dans les villes de la Grande-Grèce à la suite de laquelle fut promulguée la loi des Douze Tables. La légende a brodé sur cet événement et la critique en a sensiblement diminué l'importance, mais la réalité n'en demeure pas moins certaine, attestée qu'elle est par les plus sérieux historiens (1). Est-ce de cette première rencontre entre les deux législations que les contrats consensuels sont issus de toutes pièces ? Non, sans doute. Si peu que l'on connaisse le contenu des fameuses Tables, il ne renfermait encore aucun principe contradictoire au formalisme, aucune disposition même sur les contrats envisagés comme sources d'obligations. D'ailleurs, il ne paraît pas que les contrats consensuels aient été munis d'actions avant les derniers temps des actions de la loi.

Ce n'est donc pas dans ce premier emprunt aux sources grecques qu'il faut chercher la clef de notre problème.

La seconde circonstance dans laquelle le droit romain reçut le contre-coup de l'influence hellénique, ce fut lorsque le préteur pérégrin put juger les conflits entre romains et étrangers, sans s'astreindre aux règles du droit civil. Il dut arriver

---

(1). *Liv.*, III, 31.— *Denys*, X, 52. — *Gell.*, XX, 1.

bien souvent qu'ayant à prononcer entre des Grecs, les plus nombreux parmi les pérégrins qui fréquentaient l'Italie, et des Romains, il empruntât aux premiers leur façon simple, rationnelle, équitable de comprendre le droit et les effets des conventions. On pourrait penser, à s'en tenir à cette considération, que les contrats consensuels ont été introduits de Grèce à Rome, sous les auspices et par l'intermédiaire du droit prétorien. Malheureusement, il y a encore une objection grave : c'est que jamais les jurisconsultes latins n'ont rattaché les contrats consensuels ni leurs actions au droit honoraire. Ils mentionnent très exactement l'origine des actions *édilitiennes* ; mais ils ne laissent nulle part supposer que telle soit, par exemple, l'origine de l'*actio empti*. Ils rapportent encore aux préteurs le mérite d'avoir inventé et développé la théorie des pactes. S'ils distinguent des pactes les quatre contrats consensuels, c'est uniquement, ce semble, parce que ces derniers sont antérieurs et d'une tout autre formation, car de différence intrinsèque, il n'en existe pas entre eux. Vraisemblablement les contrats consensuels, encore inconnus lors de la loi des Douze Tables, avaient déjà passé dans l'usage avant que l'institution du préteur pérégrin ait pu produire des effets aussi notables pour le progrès du droit.

Sans nous attarder autrement aux détails de cette discussion et sans rechercher davantage le point faible de chaque système, il est un dernier reproche que nous faisons à tous, indistinctement :

C'est de négliger un côté de la question, et le plus important peut-être.

Il s'agit d'expliquer, non seulement comment les contrats consensuels en général ont été acceptés par le droit romain, mais encore et surtout comment les quatre contrats consensuels ont seuls obtenu cette faveur. Car, nous l'avons déjà fait observer, ce n'est pas parce qu'il a connu la valeur du consentement que le droit romain est original : toutes les législations y tendent et beaucoup y sont parvenues. C'est bien plutôt parce que, arrivé à un degré de perfection rare où il présentait déjà cet enchaînement de règles et de principes qui devait exciter à un si haut point l'admiration de la postérité, il méconnaissait la valeur du consentement partout, hormis dans quatre contrats.

Or, que la notion du contrat consensuel soit le produit de l'évolution de la notion des contrats *re* et des contrats *verbis,* ou bien qu'elle soit directement importée de Grèce, elle devait logiquement aboutir à une théorie générale. Il n'y avait pas de raison pour qu'elle se cristallisât, en quelque sorte, dans la vente, le louage, le mandat et la société. Le principe posé, il devait fatalement engendrer les conclusions radicales qu'on lui reconnut au moyen âge.

Si donc il en a été autrement, c'est peut-être simplement qu'à Rome le principe n'a jamais été posé.

Rien ne nous autorise, en effet, à supposer que le droit romain l'ait jamais soupçonné.

On a trop longtemps considéré le droit romain comme une matière philosophique gouvernée par des principes abstraits. Les romanistes contemporains eux-mêmes, qui ont pourtant voulu remplacer cette routine par une méthode historique et critique, n'ont pas toujours su se défaire des habitudes qu'une tradition séculaire leur avait forgées. Ils ont étudié l'histoire du droit romain, mais plus en jurisconsultes qu'en historiens, cherchant aux faits nouveaux des causes rationnelles, et prétendant rattacher par un enchaînement rigoureux toute règle particulière à un principe supérieur. Ce fut la cause de beaucoup d'erreurs.

Une méthode plus exacte et plus sûre eût été de se borner aux observations précises, et de chercher la cause des institutions, non dans des principes *a priori*, mais dans des faits. Et quand on était en présence de quatre contrats déterminés, il eût fallu rechercher pourquoi chacun de ces contrats existait, en tant que tel, sans les soumettre à une classification rigoureuse, à une analogie arbitraire et à une commune origine. En d'autres termes, aux explications générales et absolues, il eut fallu substituer les explications particulières et relatives. C'est ce que nous allons essayer, en laissant désormais de côté les contrats de société et de mandat pour ne nous attacher qu'à ceux de vente et de louage, inséparables ceux-là, tant à cause de leurs caractères communs que de la confusion dans laquelle ils se présentèrent dans la première phase de leur existence.

CHAPITRE II

LA VENTE PRIMITIVE

I. — Ni la vente ni le louage ne répondaient à
un besoin économique des sociétés primitives. La
famille, sous l'autorité du père, cultivait elle-
même le champ patrimonial et récoltait tous les
objets nécessaires à sa consommation. Ce fut seulement quand les liens de famille se furent relâchés
et que la phase de la copropriété familiale eut
pris fin (1) que les propriétaires ne purent plus se
contenter des produits de leur terre. Il arriva
qu'ayant en abondance d'une denrée, ils manquè-
rent d'une autre non moins utile. Alors apparut la
première forme de la vente : l'échange de deux
objets mobiliers. Les jurisconsultes de l'âge classique ont parfaitement compris ce point d'histoire,

_____

(1) *Denys*, II, 7.— *Cic.*, de Rep., II, 14.— *Varron*, De Re rustica,
I, 10. — *Pline*, XVIII, 2, 7.

et l'on rencontre notamment au Digeste un texte de Paul (1) qui met en pleine lumière comment la vente n'est qu'un échange perfectionné.

Le besoin du louage dut se faire sentir plus tard encore. Quant au louage de choses, la location des immeubles ne se concevait pas dans une société où tout chef de famille était propriétaire et où le droit n'existait, d'ailleurs, que pour les *gentes* et leurs membres. Chaque chef de famille faisait cultiver ses terres par ses enfants et ses esclaves. Lorsque le bail à ferme apparut, non pas encore comme un contrat juridique bien défini, mais comme une opération d'ordre économique, il fut envisagé comme la vente des fruits et des récoltes.

La location des objets mobiliers, des bêtes de somme ou de trait ou des esclaves, fut d'un usage plus ancien. Mais elle se confondit longtemps avec l'échange. Le *tradens* livrait la chose à *l'accipiens* pour en user, contre une autre prestation ou quelque service analogue, et il s'en remettait à sa bonne foi pour la lui rendre après s'en être servi. Il ne faut pas perdre de vue, quand on étudie les coutumes de la Rome primitive, le caractère religieux du vieux peuple romain, son respect pour la *fides*, et la nature nécessairement amicale et loyale des relations qui ne dépassaient pas le cercle étroit des parents, des voisins, des membres du même quartier et de la même curie (2). C'est ainsi que le

---

(1) *D.*, XVIII, I, 1, pr. « Unusquisque secundum necessitatem temporum ac rerum utilibus inutilia permutabat. »
(2) *Cuq*, op. cit., l. II, ch. XII.

louage de choses garda toujours avec la vente une ressemblance de famille (1), bien plus, qu'il se con-fondît d'abord avec elle, jusqu'à n'avoir point d'autre nom (2).

Les analogies du louage de services et du louage d'ouvrage avec la vente sont moins directes. Mais leur communauté d'origine n'en est pas moins his-toriquement établie. Il semble, à la vérité, que le louage de personnes, pour opposer au louage de choses les deux variétés qui présentent entre elles tant de similitude, devait être moins utile encore à l'origine et que l'esclavage devait le suppléer ample-ment. Rome, cependant, connut de bonne heure le travail mercenaire et les ouvriers libres. Dès le temps des rois, elle possédait des collèges d'arti-sans (3).

Ce n'est pas à dire, peut-être, que le louage d'ouvrage existât déjà à cette époque, car les arti-sans pouvaient fort bien fabriquer à leur compte et placer contre rémunération, non leur talent ni leur travail, mais les objets manufacturés qu'ils avaient exécutés à leur gré. Toutefois, en admet-tant même que cette supposition ait quelque fonde-ment au début, bientôt les artisans durent disposer

---

(1) *Familiaritatem aliquam. Gaius*, III, 145.

(2) *Venditiones olim dicebantur censorum locationes. Festus,* v° *Venditiones.* De même le *redemptor* est l'entrepreneur de tra-vaux publics.

Dans Plaute, *conducere* est encore synonyme d'*emere.* (*Aul.*, III, 6, 31.)

(3) L'organisation en remonte à Numa, selon *Pline*, Hist. nat., I, 18, c. II et *Plutarque*, Numa, 17. Elle date seulement de Servius Tullius, d'après *Florus*, I, 6, et *Tite-Live*, I, 53.

directement de leurs services. Certaines professions,
d'ailleurs, comme celles des danseurs, des joueurs
de flûtes ou des porteurs, si communes dans les
comédies de Plaute et de Térence, ne comportent
pas d'autre emploi que le louage direct de services
ou le louage d'ouvrage. Ces deux variétés du louage
de personnes, qui coexistèrent d'abord sous une
forme unique, encore vague et indécise, se présentèrent elles-mêmes comme un échange de prestations.

Ce fut lorsque l'on conçut l'idée d'une commune
mesure à laquelle on pût rapporter toute chose
livrée, toute prestation accomplie, pour en apprécier
exactement et rapidement la valeur que la vente
et le louage commencèrent à se dégager de l'é-
change, mais sans se distinguer encore l'un de
l'autre. Le prix ou le salaire fut désormais différent de la chose ou du service. Les progrès écono-
miques de la vente et du louage se confondirent
avec ceux de la monnaie.

Cette « monnaie » n'eut d'abord rien de commun avec ce que nous entendons aujourd'hui sous
ce nom. Il fallait une marchandise courante, facile
à se procurer et facile à discerner. C'est assez dire
que les métaux précieux ne répondaient guère à
son but. Les peuples aryens firent choix du bétail(1).

_____

(1) Chez les Indiens, l'unité monétaire était la vache ; chez les
Grecs d'Homère et même au viii⁰ siècle chez les Spartiates, c'était
le taureau. A Rome, on employait concurremment le bœuf et la
brebis. — Cf. *Varron, L. L.*, v, 95 — *Festus, vis, Peculatus, Ovibus.*
— *Pline*, Hist. nat., XVIII, 3, 11. XXXIII, 3, 43. — Cf. aussi *Mommsen*, Histoire de la monnaie romaine, traduction française par
le duc de Blacas, Paris, 1865-1873, et *Daremberg et Saglio*, Dictionnaire d'antiquités, V⁰ *As*.

Les pièces de bronze et de cuivre de l'âge suivant garderont, comme un vestige symbolique de cette monnaie primitive, l'effigie d'une brebis ou d'un taureau. Le nom même sous lequel on les désignera jusqu'à la fin dans la langue latine, et bien longtemps après que la tête laurée des Césars aura remplacé l'empreinte rustique, sera comme la trace indélébile de cette curiosité archéologique (1). La monnaie « de bétail » avait, d'ailleurs, en quelque façon, cours légal, comme aujourd'hui la monnaie métallique, et nous savons que dans la procédure du *sacramentum* l'amende que le perdant était obligé de payer aux pontifes était fixée à cinq bœufs ou cinq moutons, suivant l'importance de la cause (2).

Mais le bétail, monnaie excellente pour un peuple d'agriculteurs, ne répondait plus aux besoins du commerce. Le métal, moins encombrant, plus divisible, tendit à se substituer à lui, dès que le marché de Rome fut ouvert aux étrangers. La monnaie métallique, la monnaie de bronze affecta trois formes successives : l'*œs rude*, l'*œs signatum* l'*œs grave*.

L'*œs rude* n'était qu'un lingot brut, dont le vendeur avait à discerner non seulement la quantité, mais la qualité. Il était donc peu pratique, et l'on ne voit pas qu'il soit parvenu à remplacer en-

(1) *Pecus, pecunia, peculium.*
(2) *Cic,* De Rep., 35, 60. — *Festus,* v° Peculatus. — *Aulu-Gelle,* XI, 1. 2.

core le bétail comme instrument officiel et léga
d'échange (1).

Ce rôle fut réservé à l'*œs signatum*, c'est-à-
dire au lingot à forme plus ou moins variable,
mais frappé d'un coin public, sous la surveillance
et par ordre de l'Etat qui garantissait ainsi non pas
encore la quantité, mais déjà la qualité du métal
et le titre de l'alliage. Il suffisait de peser le lingot
pour savoir exactement quelle valeur il représen-
tait. L'innovation de l'*œs signatum* est attribuée au
roi Servius (2).

La dernière simplification, due probablement
aux décemvirs (3), fut de régulariser le poids en
même temps que le titre des pièces métalliques.
C'est ce qui fut réalisé avec l'*œs grave*. Toutefois
l'utilité du pesage ne disparut pas pour autant.
D'une part, en effet, l'*œs rude* continua assez longtemps d'être employé, surtout pour les poids
élevés (4). Et d'autre part, l'unité du système
monétaire, l'*as*, ne correspondit pas exactement à
l'unité de poids. La monnaie de compte étant distincte de la monnaie réelle, il fallut encore peser
les pièces de monnaie au lieu de les compter (5).
Ce ne fut que lorsque les Romains commencèrent

(1) *Festus*, v° Peculatus, cf. *Plutarque*, Solon, XXIII, et *Pollux*,
IX, 61.
(2) *Pline*, Hist. nat., XVIII, 3, 12 ; — XXXIII, 3, 43.
(3) *Gaius*, IV, § 14; III, § 223. — *Mommsen*, op. cit., t. I, p. 324.
(4) *P. Diac.*, v° *Rodus*: Il ressort de ce texte que l'*œs rude* était
usité dans les opérations du cens. De plus, on en a trouvé dans les
tombeaux de Préneste et à Viterbe.
(5) *Pline*, Hist. nat., XXXIII, 3. — *Gaius*, I, 122. — *P. Diac.*, v°
Pendere, Dispensatores.

à frapper des monnaies d'argent, qu'ils leur donnèrent une valeur fixe et se contentèrent désormais
de les compter au lieu de les peser. Or, leurs premiers *sesterces* sont de la fin du vᵉ siècle.

Ils possédèrent alors le moyen le plus ingénieux
et le plus facile de réaliser la vente au comptant,
l'échange d'un objet mobilier quelconque contre un
prix en argent.

Car la vente n'était encore que la vente au
comptant, et tout ce développement économique
de son instrument était demeuré sans portée sur
son caractère juridique. C'est précisément ce caractère juridique de la vente primitive qu'il nous
faut maintenant préciser.

C'est une opinion très générale et qui s'appuie
sur des textes nombreux, que la vente romaine se
confondit à l'origine avec la mancipation. La loi
des Douze Tables parlant de la mancipation du fils
de famille l'appelle une vente : *Si pater filium ter
venumduit*. Cicéron, parlant des clauses de la
vente, les appelle *leges mancipii* (1). Ulpien, enfin,
définit le *commercium* accordé aux pérégrins, c'est-
à-dire le droit de figurer dans une mancipation :
jus emendi vendendique (2). Ces exemples, que
l'on pourrait facilement multiplier, prouvent bien
qu'avant de devenir *l'imaginaria venditio* du droit
classique, la mancipation avait commencé par être
une vente réelle.

---

(1) *Cic.*, De oratore, I, 39; De officiis III, 16.
(2) *Ulp.*, Reg., XIX, 4, 5.

Assurément, la mancipation ne suffisait pas aux nécessités de la pratique, puisqu'elle n'était applicable qu'à un petit nombre d'objets et qu'elle laissait en dehors d'elle les achats quotidiens des denrées les plus courantes. Il n'est pas possible de supposer que les Romains n'aient pas pratiqué de très bonne heure, parallèlement à la vente *per æs et libram* une vente non solennelle, où la simple tradition suffisait sans doute à rendre l'acquéreur maître de la chose. Mais cette vente sans solennité était sans sanction juridique et les parties ne pouvaient pas s'en prévaloir en justice. L'usage des honnêtes gens, l'intérêt social de la sécurité des marchés, que tout le monde était à même de comprendre, suffisaient sans doute à rendre peu fréquentes les querelles et les contestations.

En sorte que, en nous plaçant au point de vue du droit pur, nous sommes autorisés à confondre la vente primitive avec la mancipation.

Mais la mancipation elle-même n'a pas toujours présenté les mêmes éléments et la même contexture qu'elle eut depuis les Douze Tables, dans l'état définitif où les textes nous la font connaître. La pesée du métal, la formalité de l'*æs* et de la *libra*, ne put en faire partie qu'après l'apparition de la monnaie métallique. Auparavant, au temps de l'échange ou du troc pur et simple, elle devait exister déjà et produire son effet essentiel qui est d'assurer à l'acquéreur la protection de l'Etat pour garantie de sa propriété sur la chose.

Si l'on cherche dans l'étymologie de son nom

quelque indice sur ce qu'elle put être à ce premier terme de sa longue carrière, on voit qu'elle consistait alors dans une appréhension matérielle de la chose : *manu-capere* (1). C'était une occupation légalisée, et l'on peut la rapprocher sur ce point de l'usucapion : *usu-capere*. Seulement elle différait de l'usucapion en ce qu'elle était une occupation solennelle et *instantanée*. L'acquéreur, en même temps qu'il se saisissait de la chose, affirmait en prononçant une formule consacrée, qu'il en était actuellement maître de par le droit de la cité : *meum esse aio ex jure Quiritium*. La phrase est au présent. Elle ne laisse place à aucune idée de crédit ou d'obligation ; elle a l'énergie et la portée d'une revendication.

Si la mancipation, dès cette période, assurait la sanction de l'état à la propriété des objets acquis selon ses rites, il fallait qu'elle eut une authenticité certaine et qu'elle revêtit même la forme d'une loi.

L'appréhension de la chose et la prononciation de la formule se faisaient vraisemblablement en présence du peuple. L'approbation tacite du peuple emportait de sa part la garantie des effets juridiques de l'acte auquel il avait assisté ; et le peuple était vraiment *testis*, c'est-à-dire, au sens étymologique, garant, assistant, bien plutôt que té-

---

(1) « *Unde etiam mancipatio dicitur, quia manu res capitur.* » *Gaius*, I, 121. — « *Mancipium quod manu capitur.* » *Varron, L.L.*, VI, 8, 85. — « *Manceps dictus, quod manu capiatur.* » *Festus*, v⁰ Manceps.

moin (1). Les cinq *testes* et l'*antestatus* de l'âge suivant sont, sans doute, les représentants symboliques du peuple dont l'intervention effective n'était plus possible, avec la multiplication des transactions (2).

La mancipation avait déjà le caractère synallagmatique qui lui est si fortement attaché ; elle transférait à la fois à chacune des deux parties la propriété de la chose, et la formule prononcée par l'acquéreur en faisait probablement déjà foi. Quand le *prix* consista uniformémement en monnaie de métal, il fallut évaluer la quantité qui en était livrée, et la formalité du « *per æs et libram agere* » vint donner à la mancipation le dernier trait de sa physionomie définitive (3) : L'acquéreur déclara dé-

---

(1) *Vanicek*, Etymologisches Worterbuch der lateinischen Sprache, Leipzig, 1882, p. 109. — Cf. *Ihering*, op., cit., t. I, p. 142.

(2) Il faut rapprocher de cette vente primitive du droit latin la vente germanique *in mallo* de la loi Ripuaire (LIX, *de venditionibus*, § 1), et de la loi Salique (XLV, *de migrantibus*), et surtout la *Scotatio* scandinave (Loi de Valdemar 37, 38).— Cf. *Revue critique de législation* 1869, p. 188, et *Nouvelle Revue historique*, 1887, p. 382.

(3) Ihering explique autrement l'adjonction du *per æs et libram agere* aux formalités originaires de la mancipation. Il n'y voit qu'un paiement fictif destiné à tourner la règle des Douze Tables : *Venditæ et (mancipatæ) res non aliter emptori acquiruntur, quam si is venditori pretium solverit*. Nous ne pouvons accepter cette opinion de l'éminent auteur. D'abord, parce que le *per æs et libram agere* ne peut être postérieur à l'usage de l'*æs signatum*, c'est-à-dire au temps de Servius Tullius. Ensuite, parce qu'il est absolument invraisemblable à cette époque qu'une formalité soit introduite au titre de simple fiction légale. Enfin, parce que le but de la disposition des Douze Tables, d'assurer la sécurité des transactions, n'aurait pas été atteint par un simulacre de paiement. Le vendeur avait le droit de retenir la chose jusqu'à ce qu'il ait reçu tout son prix ou une satisfaction *réelle* analogue.

sormais tout à la fois que la chose était sienne et qu'il l'avait achetée par le cuivre et la balance d'airain : *Meum esse aio ex jure Quiritium, isque mihi emptus esto hoc œre œneaque libra.*

Parvenue à ce degré de son développement, la mancipation était bien une vente réelle au comptant. C'est lorsque l'*œs grave* aura remplacé définitivement l'*œs signatum* que la formalité de l'*œs et libra*, la dernière apparue, perdra la première sa valeur et son utilité et se réduira à un pur symbole. Alors, la vente et la mancipation se sépareront, l'une pour devenir un contrat véritable, l'autre pour n'être plus qu'une fiction de droit : *imaginaria venditio,* comme dira Gaius.

Mais avant d'arriver à cette phase nouvelle, il convient d'insister un peu sur les effets de la mancipation, alors qu'elle se confond encore avec la vente.

Son effet principal, nous le savons, est de transférer *hic et nunc* la propriété de la chose. Est-ce bien le seul, et la mancipation n'engendre-t-elle pas déjà des obligations accessoires à travers lesquelles on voit poindre, en quelque sorte, l'idée confuse encore d'obligation ?

Alors que la mancipation est accomplie, que la chose a été saisie par l'acheteur et le prix remis au vendeur, il ne faut pas croire que les deux parties qui se sont rencontrées un instant pour accomplir un acte solennel redeviennent complètement étrangères l'une à l'autre. Les relations qui se sont formées entre elles au moment de la mancipation les suivent, en quelque sorte, et elles demeurent désormais, pour nous servir d'expressions qui rendent clairement une idée que l'âge classique seul a su traduire, l'auteur et l'ayant cause l'une de l'autre. Ce rapport s'affirmera quand le titre de propriété de l'acquéreur sera contesté.

Il faut donc supposer qu'une tierce personne, se disant elle-même propriétaire de la chose, la revendique entre les mains de l'acquéreur. La procédure du *sacramentum* ne permet pas au défendeur de repousser l'action du demandeur en invoquant sa simple possession jusqu'à ce que celui-ci ait fait la preuve de son titre. Elle exige que le défendeur oppose à la revendication une *contra-vindicatio*, c'est-à-dire une affirmation contradictoire de sa qualité de propriétaire. Le pari s'engage sur cette double affirmation et chaque partie est ainsi amenée à faire la preuve positive de son droit.

Rien n'est plus facile au défendeur, s'il peut invoquer le bénéfice de l'usucapion. Mais si l'action intentée contre lui l'a été avant la consommation des délais, ou si sa propre possession ne remplit pas les conditions voulues pour usucaper, il n'a qu'un titre à faire valoir : la mancipation. Or la mancipation ne transfère elle-même la propriété qu'autant qu'elle émane du propriétaire. Le défendeur est donc dans la nécessité d'établir la légitimité du titre de son auteur. C'est une preuve difficile pour lui, facile, au contraire, pour le mancipant. Aussi le mancipant est-il obligé de l'assister et de lui prêter son *auctoritas* dans cette difficulté.

Ce concours du mancipant, nous ne savons pas bien exactement sous quelle forme il était dû. Très certainement, il ne s'agissait pas pour lui de prendre les fait et cause du défendeur et de soutenir le procès en son nom. Deux considérations y feraient obstacle. La première, c'est le vieux principe romain : *Nemo alieno nomine jure agere potest,* alors dans toute sa vigueur. La seconde, c'est la nécessité pour le défendeur dans le *sacramentum* d'affirmer sa propriété sur l'objet en litige. Or la propriété n'appartient plus au mancipant, mais à l'acquéreur attaqué ou à son adversaire. L'*auctoritas* était donc seulement une assistance destinée à compléter (*augere*), à fortifier la situation du défendeur. Le même terme se retrouve dans un sens analogue pour qualifier les relations du tuteur et du pupille.

Quoiqu'il en soit de la façon dont cette assistance se réalisait ici, il est certain qu'elle n'était pas de la part du mancipant un acte de pure bienveillance, mais qu'il était légalement tenu de la fournir.

Et d'abord, après l'avoir appelé au procès en revendication d'une manière qui ne nous est pas connue et sur laquelle nous n'avons pas à nous prononcer, le défendeur le mettait en demeure, par une véritable sommation : « *Quando in jure te conspicuo postulo anne fuas auctor* (1). » Puis, si l'*auctoritas* n'était pas utilement fournie, si le

---

(1) *Cic., Pro Cœcina,* XIV, 54 ; *Pro Murena,* XII, 26. — *Valerius Probus.*

mancipant refusait de comparaître, ou si, ayant
comparu, il refusait de remplir ses devoirs d'*auctor*,
ou si enfin il succombait dans ses moyens de
défense, il était exposé à l'action *auctoritatis* par
laquelle l'acquéreur évincé lui réclamait le double
du prix qu'il lui avait payé.

On trouve donc dans l'*auctoritas* une véritable
obligation à la charge du vendeur. Mais quel est
le fondement de cette obligation? Voilà ce qu'il
faut déterminer avant d'en tirer aucune déduction
doctrinale.

Un premier point ressort clairement des textes.
C'est que l'obligation d'*auctoritas* et l'action *auctoritatis* qui la sanctionne n'existent qu'à la suite
d'une mancipation, mais existent toujours et nécessairement à la suite d'une mancipation. Le jurisconsulte Paul s'explique suffisamment à cet égard,
et il oppose très nettement le cas où la propriété a
été transférée par tradition, cas auquel le vendeur
doit à l'acheteur évincé le montant de la *stipulatio duplæ*, en vertu d'une promesse spéciale de
garantie, expresse ou sous-entendue, et le cas où
la propriété a été transférée par mancipation, auquel : « *Res empta, mancipatione et traditione
perfecta, si evincatur, auctoritatis venditor
duplo tenus obligatur* (1). » C'est bien dire,
comme le remarque M. Girard dans un intéressant
travail auquel nous empruntons ces détails (2),

(1) *Paul, Sententiæ*, II, 17, §§ 1, 2, 3.
(2) *Girard*, l'Action *auctoritatis*, dans la *Nouvelle Revue historique*, 1882, p. 180.

« que la sûreté que l'on s'assure en cas de simple
tradition en faisant la *stipulatio duplœ* existe de
plein droit en cas de mancipation. »

Dans le même ordre d'idées, Varron, plusieurs
siècles avant Paul, recommandait aux agriculteurs
de ne pas omettre la stipulation du double dans les
ventes qu'ils contractaient, toutes les fois qu'ils ne
procédaient pas par mancipation : *Si mancipio
non datur duplœ promitti aut si ita pacti sim-
pla* (1). » Et dans les formulaires qu'il rédige il
observe la même distinction. Il insère toujours une
stipulation spéciale de garantie quand il s'agit de
l'achat des *res nec mancipi* ; il ne mentionne rien
de semblable à propos des *res mancipi*, car il
part de cette idée que la chose sera mancipée et
que la mancipation rend superflue toute autre précaution contre l'éviction.

Cette obligation est tellement inhérente à la
mancipation qu'il faut user de subterfuges pour
l'écarter. Le premier procédé, que Plaute nous
fait connaître par des exemples piquants, est de
vendre sans faire mancipation. C'est ainsi que procède un personnage du *Persa* pour mettre en
vente une prétendue esclave, qu'il sait libre et dont
il redoute par conséquent qu'un *assertor libertatis*
vienne revendiquer la qualité véritable entre les
mains de l'acquéreur. Il entend bien se mettre à
l'abri des conséquences probables de sa superche-
rie et donne ses instructions en ces termes à son
commissionnaire :

(1) *Varron*, De re rustica, II, 10, § 5.

At suo periculo is emat qui eam mercabitur
Mancipio neque promittet neque quisquam da-
[*bit* (1).

M. Girard signale une autre manière d'arriver
au même résultat. C'est de manciper pour un prix
fictif, *nummo uno*, ce qui réduit à rien le péril de
l'action au double au cas d'éviction (2). Nous
n'avons pas le loisir de nous arrêter à ces détails
qui n'ont que la valeur de nouveaux arguments à
l'appui d'une thèse déjà suffisamment établie : savoir, que l'*auctoritas* se rattache directement à la
mancipation. Ce qu'il importe, au contraire, de résoudre, c'est à quel titre elle s'y rattache, et si la
mancipation est le fondement ou seulement l'occasion de l'action *auctoritatis*.

Un premier système veut qu'elle ait non seulement l'occasion de naître, mais encore sa source,
sa cause dans la mancipation. Si nous acceptions
cette opinion, nous devrions reconnaître que la
vente primitive, productrice de droits réels, fut
aussi productrice de droits de créance : si elle n'engendrait pas encore l'obligation de livrer, du moins
elle engendrait déjà celle de garantie. Nous aurions
fait ainsi un grand pas vers la conception du droit
classique.

Mais cette explication, si commode pour échaf-
fauder une théorie neuve des origines de la vente
consensuelle, se heurte à des objections considérables.

(1) *Plaute, Pers.*; IV, 3,57 et 4,40.
(2) *Girard*, loc. cit.

Si l'on fait découler l'obligation à *l'auctoritas* de l'acte par l'airain et la balance, du *Nexum*, à la fois productif d'obligations et, sous la forme mancipation, translatif de droits réels, il faut admettre que l'action *auctoritatis*, pourvue d'un titre exécutoire, était intentée par la voie de la *manus injectio* (1). Or, il est difficile de comprendre comment *l'actio auctoritatis* aurait pu s'intenter par une voie de procédure qui suppose une créance liquide et incontestable. L'obligation du vendeur pouvait très certainement être contestée, et sa dette n'était rien moins que liquide toutes les fois que l'éviction, au lieu d'être totale, était seulement partielle (2).

Si l'on va plus loin, et si l'on voit avec M. Bechmann, la base de cette obligation dans l'assentiment tacite du mancipant donné en présence des témoins par l'acceptation du prix (3), on écarte purement et simplement le principe de l'inutilité des pactes, ce qui est par trop simple pour être légitime. On peut enfin répondre à cette conception que si le consentement des parties suffisait à faire naître l'action *auctoritatis*, à plus forte raison, leur convention aurait-elle eu le pouvoir de l'empêcher de naître. Et nous avons vu par la citation de Plaute qu'il n'en était rien.

Il est impossible, d'ailleurs, de n'être pas choqué du peu de concordance de tous les systèmes qui

---

(1) *Huschke*, Recht des Nexum, p. 37, p. 46.
(2) *Girard*, loc. cit., p. 206.
(3) *Bechmann*, Der Kauf, I, p. 142.

font de la mancipation un acte à la fois productif
d'obligation et translatif de droit réel, avec la
grande règle du droit primitif à Rome, si bien
mise en lumière par Ihering : la simplicité des
actes juridiques (1).

Et il n'est pas moins difficile, avec eux, de
rendre raison de cette particularité de notre action :
la fixation invariable de la condamnation au double
du prix.

Cette particularité suggère, au contraire, une
toute autre explication. La condamnation au double
la *pœna dupli* se retrouve dans plusieurs actions
nées d'un délit, actions qui remontent à une époque ancienne et qui sont très exactement qualifiées
par les jurisconsultes *tam rei quam pœnæ perse-
cutoriæ*. Ainsi en fut-il probablement dans le
vieux droit de l'action *furti* (2). Ainsi, plus tard,
de l'action de la loi *Aquilia*. L'idée de délit est
très étendue dans le droit primitif; elle y tient
souvent la place qu'occupera plus tard la notion
des rapports contractuels. Elle n'est pas encore
relevée par la considération de la responsabilité,
mais elle ne dépasse pas la considération du dommage. Le ressentiment de la victime obtient presque toujours une sanction, qu'il corresponde ou non
à une culpabilité véritable chez l'agent du fait préjudiciable (3).

---

(1) *Von Ihering*, op. cit., t. IV, p. 136.
(2) *De Savigny*, Système du droit romain, § 212.
(3) Ainsi l'*actio furti concepti* est donnée au triple contre celui
chez qui est trouvée la chose volée, quand bien même il a ignoré le
vol. — *Gaius*, III, 215.

D'après les principes qui régissaient le domaine juridique lorsque l'action *auctoritatis* se dessina, n'est-il pas vraisemblable qu'elle fut fondée sur l'idée d'une faute délictuelle? La mancipation, une fois la propriété de la chose transférée à l'acquéreur, avait produit tout l'effet dont elle était capable. Mais le mancipant, précisément parce qu'il demeurait l'auteur de l'acquéreur, devait empêcher celui-ci de succomber en justice, il devait au moins l'assister, et ne pas rendre lui-même, par une fraude, son assistance impuissante. En manquant à ce devoir, il commettait une fauté et se rendait passible d'une peine.

Sans doute, cette faute n'était réprimée qu'autant qu'il y avait eu mancipation complète par la tradition de la chose et le paiement du prix. Elle échappait à toute sanction dans les autres modes de transfert de la propriété. Cela prouve simplement que les éléments du délit ont été fixés à une époque où la mancipation était le seul mode solennel d'aliénation. Quand le droit civil eut ajouté à ce premier mode des modes nouveaux, le droit pénal avait achevé déjà son évolution, la notion du délit s'était modifiée, et l'on ne songea pas à généraliser une règle, jugée peut-être trop sévère déjà, et qui, dans tous les cas, ne se prêtait pas, à cause de son caractère pénal, aux interprétations extensives.

Ainsi donc, la mancipation était une des conditions de l'existence du délit qui donnait naissance à l'action *auctoritatis;* elle n'était pas l'origine directe de cette action. On pourrait comparer son rôle par rapport à cette action au rôle de l'*adstipulatio* dans l'action de la loi *Aquilia*. Point de délit, et, par conséquent, point d'action *ex lege Aquilia*, si l'*adstipulator* qui a fait *acceptilatio* ne s'est pas porté *adstipulator* sur l'ordre du créancier principal. Mais cependant ce n'est pas en vertu du contrat que l'*adstipulator* doit une indemnité, c'est en vertu du délit de la loi *Aquilia* qu'il doit une peine. La théorie de l'*auctoritas* au temps de la vente primitive est bien la preuve que l'idée d'obligation n'était pas étrangère aux Romains de ce temps. Mais elle ne montre pas qu'ils aient encore soupçonné l'idée de l'obligation contractuelle (1).

La forme de la vente se dédoubla avant que sa nature intime se fût encore modifiée par l'admission de la tradition au nombre des modes de transfert de la propriété. La mancipation avait deux

---

(1) Ce système sur le fondement de l'action *auctoritatis* reçoit une confirmation bien puissante de ce fait, aujourd'hui incontestable, que l'*actio empti* en délivrance a précédé l'*actio empti* en garantie. On trouve la première, probablement dès le temps de Plaute, certainement au temps de Varron. — La seconde n'existe pas encore au moment où écrivent ces deux auteurs. Elle existe, mais elle est encore contestée sous Alexandre Sévère. — PLAUTE, *Persa*, IV, 4, 40; *Ibid.*, IV, 3, 54; *Curculio*, IV, 2, 4; *Mercator* II, 3, 112. — VARRON, *De re rustica*, II, 2, 5; 3 § 5 : 4 § 5. — *C.*, VIII, XLV, 6. — L'ordre chronologique des deux applications de l'action *empti* serait précisément inverse si l'obligation de garantie avait eu déjà une base contractuelle dans la vente primitive qui ignorait l'obligation de livrer. — Cf. *Bechmann*, Der Kauf, I, p. 666. — *Girard*, l'Action *auctoritatis*, p. 540. sqq. — *Pernice*, Labeo, I. p. 455 — *Eck*, Verpflichtung des Vorkäufer — *Brinz*, Pandekten, II, 2. — *Voigt*, Das Civil-und criminalrecht der XII Tafeln, Leipzig, 1883.

inconvénients : mode quiritaire, elle n'était pas à l'usage des pérégrins et elle ne s'appliquait, d'autre part, qu'aux *res mancipi*. Pour les *res nec mancipi* et pour les pérégrins, il existait bien, sans doute, depuis longtemps un mode non solennel d'aliénation. Mais ce procédé, qui était déjà probablement la tradition, c'est-à-dire une mancipation sans témoins, sans paroles solennelles, sans formalité de l'*œs et libra*, ne donnait pas à l'acquéreur le droit d'exercer la revendication et de se prévaloir de l'*auctoritas* du vendeur. Le progrès fut d'assimiler sa condition, au point de vue de la revendication, à celle de l'acquéreur par mancipation, et ce progrès était réalisé dès les Douze Tables (1). La vente ne cessa pas pour cela d'être regardée exclusivement comme un acte translatif de droits réels.

Peut-être, cependant, est-ce à dater de ce moment que l'on conçut la possibilité d'isoler la tradition de la chose et le paiement du prix : premier germe de l'idée de crédit.

La livraison intégrale et immédiate du prix était, en effet, un des éléments solennels et par conséquent essentiels de la mancipation. Ce n'est que beaucoup plus tard que le pesage et la présence de la pièce de cuivre furent réduits au rôle d'une simple fiction. Mais la tradition ne comportant aucune solennité, on pouvait plus facilement substituer au paiement effectif quelque autre satisfac-

---

(1) Argument du passage des Institutes cité au texte.

tion équivalente. La loi des Douze Tables le permit expressément, ainsi qu'il résulte d'un texte bien connu de Justinien : « *Venditæ vero res et traditæ non aliter emptori acquiruntur quam si is venditori pretium solverit, vel alio modo ei satisfecerit... quod cavetur etiam lege duodecim Tabularum* (1). » Quant à la nature de cette satisfaction, assurément Justinien commet un anachronisme quand il indique comme exemple l'*expromissio* ou le *pignus*. L'*expromissio* implique une novation par changement de débiteur et l'emploi de la stipulation ; il est bien certain que les décemvirs, qui probablement même ne reconnaissaient pas la valeur juridique de la stipulation, ignoraient complètement un acte aussi complexe, aussi savant que la novation. Le *pignus* a pareillement été sanctionné par le préteur et par le droit civil à une époque bien postérieure. On a proposé de substituer à ces deux exemples la *vadis datio*, une caution personnelle plus simple que l'expromission et qui existait en droit public sous le nom de *prædis datio* (2). L'étymologie rapproche les deux termes de *vas* et de *præs* et démontre l'identité de leur signification (3). La forme *vas* étant simple tandis que la forme *præs* (*præ-vas*) en est elle-même dérivée, il y a quelque lieu de croire que l'institution des *vades* du droit privé a précédé celle des *prædes*

---

(1) *I.*, II, I, 41.
(2) *Cuq.* op. cit., p. 269.
(3) *Bréal et Bailly*, Dictionnaire étymologique latin, Paris, Hachette, 1885, v° *Vas*.

du droit public. Au surplus, il n'importe quelle a été la satisfaction dont la substitution au paiement était autorisée par la loi des Douze Tables. Il suffit de constater que le paiement pouvait être remplacé. Il ne pouvait pas encore être simplement différé ; mais c'était déjà un premier pas accompli dans la voie du crédit que de suppléer une prestation effective immédiate par le simple engagement d'un répondant.

Si nous rapprochons maintenant les différents traits dont la réunion constitue le type de la vente, telle qu'elle nous apparaît à la période de son développement où nous sommes parvenus, c'est-à-dire à la veille de se transformer en vente consensuelle, nous voyons qu'elle garde toujours son caractère primitif de vente au comptant et d'acte translatif de propriété. Cependant, sur le premier point, elle est visiblement en voie de transformation, depuis l'introduction de la tradition. Et l'on ne peut contester que la tradition, mode non solennel d'aliénation, ne se prête plus facilement aussi que la mancipation à la conception de la vente consensuelle qui n'est pas encore soupçonnée, et qu'elle n'ait ainsi son influence, au moins indirecte, sur la métamorphose de la vente simple *negotium* à la vente-contrat.

A côté de la vente, le louage a certainement déjà son individualité économique. Mais au point de vue des formes juridiques, il n'a pas encore conquis son autonomie. Sa terminologie se confond avec celle de la vente. Le départ entre les deux *negotia* reste encore à faire.

Puisque la vente ne produit point encore d'obligation et qu'elle n'engendre pas d'action (si ce n'est la revendication qui suit la propriété entre les mains de l'acquéreur), il ne peut être encore question pour elle de bonne foi. Mais il faut remarquer, pour comprendre à quelle distance nous sommes encore de la vente classique, que la notion de bonne foi est totalement absente des actions de la loi qui sont encore les seuls moyens ouverts aux parties pour protéger leurs droits et faire respecter les effets des actes juridiques qu'elles ont accomplis.

En résumé, l'on peut bien prétendre, jusqu'à un certain point, que les circonstances paraissent favorables à l'éclosion de la vente consensuelle. Mais on ne peut pas soutenir que la vente consensuelle existe déjà en puissance dans la vente primitive et qu'il suffit d'une évolution régulière pour l'en dégager. Pour qu'elle prenne son rang à côté de la vente primitive et qu'elle la remplace enfin définitivement, pour que le louage, sous ses trois aspects, prenne place auprès d'elle, il faut une cause extérieure, une analogie saisissante et capable de déterminer une *révolution*.

III. — Nous allons voir que cette cause analogique, les Romains l'avaient, en quelque sorte, sous la main et qu'ils n'avaient pas besoin de la recevoir de l'étranger. Mais pour que notre argumentation ait toute sa valeur, il faut dire quelques mots de la question de date et préciser, autant qu'il est possible, ce qui n'est pas, sans doute, beaucoup dire, l'époque où la vente et le louage consensuels sont apparus en droit privé.

Les romanistes modernes ont beaucoup agité ce problème et ils sont aujourd'hui encore bien loin d'être complètement d'accord.

M. Baron avait soutenu que nos contrats n'ont été munis d'actions qu'avec l'apparition de la procédure formulaire, c'est-à-dire vers le milieu du vi^e siècle de Rome (1). Cette opinion a semblé excessive à l'auteur lui-même qui, dans un ouvrage plus récent, revenant sur ses premières affirmations, admet que les actions des contrats consensuels peuvent remonter jusqu'à l'introduction de la *legis actio per condictionem*, c'est-à-dire jusqu'au temps des lois *Silia* et *Calpurnia* qui datent elles-mêmes des premières années du vi^e siècle (2).

M. Bechmann recule davantage encore l'apparition de ces actions. Il estime que l'*actio empti* a pu s'exercer dans la forme du *Sacramentum*. Mais il reconnaît cependant que la vente consensuelle n'existait pas encore au temps des Douze Tables (3). Au fond, c'est par conjectures qu'il procède et il ne se pique pas lui-même d'une précision rigoureuse dans la détermination de la date.

Les premiers témoignages positifs de l'existence de la vente et du louage consensuels sont de beaucoup postérieurs à la loi des Douze Tables, et s'il fallait croire que la naissance de ces contrats fût

---

(1) *Baron*, Festgaben für Heffter, 1873.
(2) *Id.*, Die Condictionen, 1881.
(3) *Bechmann*, der Kauf, I. — cf. *Bekker*, Actionen, I ; Zeitschrift für Rechtgeschichte, III, p. 437, 442. — *Dernburg*, Compensation, 1868. — *Voigt*, Jus naturale, III. — *Wlassack*, Zur Geschichte der negotium gestio, 1879. — *Kuntze*, Excurse, 1880. — Tous ces auteurs admettent le caractère récent des contrats consensuels.

contemporaine des titres qui la constatent, c'est bien plus tard qu'il faudrait la reporter. Mais il faut remarquer que ces documents ne sont pas l'œuvre de juris consultes, ce sont des textes littéraires, dans lesquels des observateurs « du dehors », des peintres de mœurs, ont noté les traits saillants de la vie juridique de leurs comtemporains. Il est donc probable que ces institutions existaient déjà dans la pratique quand ils nous les ont décrites, et l'on ne saurait inférer de l'âge de nos documents une conclusion trop absolue sur l'âge de nos contrats.

Ces documents, que je tarde à nommer, ce sont en première ligne les comédies de Plaute.

Plaute a-t-il connu la vente consensuelle ? a-t-il connu le louage ?

A vrai dire, la question n'a peut-être pas l'importance que lui ont donnée les longues et multiples discussions des romanistes (1). Car il ne faut pas perdre de vue que Plaute, tout comme Térence, travaillait sur des modèles grecs, qu'il les traduisait souvent littéralement et qu'il ne se faisait aucun scrupule de respecter la couleur locale. Que de fois ses personnages ne mêlent-ils pas dans leur langage les locutions du Forum et celles de l'Agora ? Que de fois ne place-t-il pas des personnages romains dans des situations invraisemblables partout ailleurs qu'à Athènes ? Et, loin de s'en dé-

---

(1) *Bechmann*, Der Kauf, I, VII, § 66. — *Bekker*, Die romischen Komiker als Rechtszeugen, ap. Zeitschrift der Savigny-Stiftung, XIII. — *Costa*, Il diritto privato romano nelle comedie di Plauto, Turin, 1890.

fendre, il en prévient loyalement ses auditeurs dans le prologue d'une de ses pièces :

Sunt hic quos credo nunc inter se dicere :
« *Quæso hercle quid istud est, serviles nuptiæ,*
Servine uxorem ducunt aut poscunt sibi ?
Novum attulerunt, quod fit nusquam gentium. »
« *At ego ajo hoc fieri in Græcia et Carthagine* (1). »

Lors donc que nous trouverions chez Plaute des exemples qui nous paraîtraient caractéristiques de la vente et du louage consensuels, il ne faudrait pas nous hâter d'en conclure que les Romains du temps de Plaute pratiquaient déjà ces contrats. Car rien ne nous garantirait que nous ne sommes pas en présence d'un passage grec plus ou moins adroitement habillé à la mode latine. Cette observation, ce nous semble, a été un peu trop négligée par les interprètes du comique d'Apulie (2).

A la vérité, Plaute n'est pas demeuré un servile copiste. Il a brodé sur la trame grecque, il l'a enrichie d'une abondance de traits originaux, d'observations pittoresques recueillies à côté de lui, et par là il est bien Romain. Il décrit, par exemple, la mancipation ou la procédure des enchères très fidèlement et très naïvement. Mais il est difficile de fixer le point où il cesse d'imiter ses modèles pour ne s'inspirer que de lui-même, et il faut reconnaître que souvent il a mêlé les éléments helléniques et les éléments latins d'une façon si complexe qu'ils sont pour nous presque indiscer-

(1) Casina, prol.
(2) Cf. *Dareste*, Journal des Savants, mars 1892.

5*

nables. Cette confusion était un élément comique de plus pour ses contemporains; pour les lecteurs d'aujourd'hui, ce n'est plus qu'un danger contre lequel ils doivent se tenir en garde.

D'ailleurs, si fidèle qu'on le suppose dans la peinture des mœurs romaines, c'est la langue des gens du monde ou des gens de la rue que parlent ses personnages, ce n'est pas celle de l'école ni du barreau, et il serait injuste de compter sur une exactitude rigoureuse dans l'exposition, si fréquente chez lui, des marchés ou des procès de la vie quotidienne.

Ces réserves faites, nous reconnaissons sans plus de difficultés que l'on peut relever chez Plaute des citations assez nombreuses et assez importantes pour en dégager l'idée d'une vente et d'un louage distincts, en tant que conventions, de l'acte matériel qui les réalise. Nous y voyons la mancipation précédée d'un accord des parties, parfois même de promesses échangées, de stipulations et de remise d'arrhes.

Nous rencontrons des ventes plus simples, des achats de denrées conclus de gré à gré, sans autre formalité que la livraison de la chose et le paiement du prix.

Si œs habent, dant mercem...

Nous trouvons enfin des exemples fréquents de louages de choses et même de louages de services. Mais quelle est la valeur juridique de ces conventions? Engendrent-elles une action contractuelle? L'acheteur qui a payé son prix a-t-il le pou-

voir de contraindre judiciairement le vendeur à
livrer la marchandise? C'est ce qu'il semble impossible de décider avec précision. Les textes, en effet,
qui paraissent se concilier avec cette solution se prêtent mieux encore à une explication moins décisive :
c'est que l'acheteur qui a payé son prix a seulement une *condictio* pour le répéter (1).

C'est uniquement, d'ailleurs, de l'action *empti*
en livraison, mais non pas encore de l'action en
garantie qu'il peut être question. Car la pratique
de l'*auctoritas* est très clairement exposée dans le
théâtre de Plaute ; on la retrouvera en vigueur au
temps de Cicéron, et l'on peut dire, d'une façon
très exacte, que la théorie de la garantie est complètement distincte et indépendante de la théorie
principale de la vente. Cette raison nous dispensera
de suivre, à travers l'édit des édiles, le développement des stipulations de garantie qui succédèrent
à l'*auctoritas* et précédèrent l'action *empti* en
garantie. Ce chapitre spécial de l'histoire de la
vente a été fait déjà, et d'une façon trop remarquable pour que nous voulions le rouvrir (2). Nous
ne pourrions que perdre en clarté en mêlant ici
deux sujets complètement différents, quelques
soient les rapports qui les rapprochent l'un de
l'autre.

Laissant maintenant de côté les auteurs comiques,

---

(1) C'est l'opinion de *Bekker*. Au contraire, *Demelius* croit reconnaître l'*actio empti*. *Bechmann* ne conclut pas nettement.
(2) *Girard*. Les stipulations de garantie, ap. *Nouvelle revue historique*, 1883.

dont la valeur est si contestable au point de vue des renseignements juridiques que l'on en peut tirer, nous devrions peut-être nous arrêter à un auteur purement romain, de plus éminemment pratique et, à ce double titre, digne d'être sérieusement consulté : c'est Caton l'Ancien que je veux·dire. Son Traité *de re rustica* renferme un véritable formulaire des clauses usitées dans les contrats familiers aux agriculteurs. Le malheur est que ces formules ont un caractère trop technique, une signification trop étroite pour nous apporter grande lumière. Elles se rapportent toujours à des clauses accessoires et l'on n'en peut tirer aucune conclusion assez générale pour résoudre un problème dont la portée échappait vraisemblablement au vieil agronome, praticien empirique et non point dogmatiste ni philosophe.

Il faut vraiment attendre les écrits de Varron et de Cicéron pour rencontrer des traces claires et incontestables de l'existence des contrats de vente et de louage, non point tels encore qu'ils seront à la fin de l'âge classique, mais déjà pourvus d'actions de bonne foi et nettement séparés par ce trait caractéristique des autres contrats de droit civil.

Depuis combien de temps étaient-ils déjà entrés dans la vie juridique ? C'est ce qu'il faut renoncer à savoir avec certitude. Il ne semble pas que l'on puisse indiquer de date plus vraisemblable que la période assez longue qui va du commencement du vr^e aux premières années du viie siècle de Rome.

CHAPITRE III

LES CONTRATS DU DROIT PUBLIC

I. — A cette époque, depuis longtemps déjà l'Etat pratiquait, dans l'administration de la fortune publique, de véritables contrats consensuels. Les circonstances particulières qui avaient présidé au développement du droit public et les nécessités inhérentes à l'administration des magistrats avaient introduit dans les relations entre l'Etat et les particuliers la notion du crédit, l'usage des traités et des conventions obligatoires en dehors de toute forme préconçue et la substitution de l'équité au droit strict dans le règlement des conflits auxquels l'interprétation et l'exécution de ces traités pouvait donner lieu. La théorie des obligations conventionnelles, dominée dans le droit privé par le principe du formalisme et du *strictum jus*, s'était formée concurremment dans le droit public, mais sans y rencontrer cette direction ni ces entraves. Et tandis qu'elle avait abouti, dans le droit privé, à des formes contractuelles rigoureusement déterminées, mais propres à servir d'enveloppe à toute espèce de conventions indistinctement, c'est la convention en elle-même sur laquelle se concentra tout l'effort du droit public. Il en résulta que le droit public développa seulement parmi les conventions celles qui, par leur objet, étaient de quelque utilité pour lui, et qu'il arriva à les distinguer entre elles par leurs éléments essentiels et nécessaires et non plus, comme faisait le droit privé, par exemple, entre le contrat *verbis* et le contrat *litteris*, par leurs éléments extérieurs et accidentels.

Le droit public est de formation beaucoup plus récente que le droit privé. Tandis que celui-ci remonte au berceau des sociétés et prend ses racines dans la religion, ce qui explique les rites, les solennités et la rigidité qu'il conserve, le droit public ne date que de l'organisation définitive de la cité et ses assises sont l'œuvre de la politique. Quand il naît, les usages religieux qui ont si fortement imprimé leur trace sur le vieux droit privé n'ont plus la force de s'imposer à lui, le formalisme a cessé d'être l'expression de la réalité, il n'en est plus que le symbole, et l'on ne prend pas un symbole, en tant que tel, pour fondement d'une institution nouvelle.

D'autre part, le droit public répond à des nécessités pratiques un peu différentes de celles du droit privé. Vis-à-vis d'un particulier avec lequel il traite, l'Etat n'est pas une partie ordinaire. Il ne peut pas se plier à ses commodités, attendre ses avances et faire cadrer exactement l'offre avec la demande. Mais il est obligé d'appeler la concurrence par l'importance même des marchés qu'il passe. Pour cela il publie ses offres avant d'être assuré que les demandes y correspondront et, pour attirer les contractants, il s'engage d'avance envers eux. Voilà le crédit qui apparaît ainsi, non pas comme une conception réfléchie, mais comme un effet spontané de la nécessité particulière où se trouve l'Etat.

Dans ses relations avec les particuliers qui contractent avec lui, ou si l'on aime mieux, dans la gestion de son patrimoine, l'Etat est représenté par ses magistrats. Quand les affaires publiques s'étendent et se compliquent, les magistrats se multiplient et il s'opère entre eux une véritable division du travail. De la sorte, des magistrats différents se consacrent plus ou moins exclusivement à des opérations différentes, et la distinction des magistratures réagit à son tour sur la distinction des contrats.

Enfin, comme il n'y a pas de commune juridiction entre le magistrat qui agit au nom de l'Etat et le particulier qui traite avec lui, les conflits échappent aux voies de procédure ordinaire, aussi bien que l'interprétation des actes des magistrats, qui sont à Rome, il ne faut pas l'oublier, de véritables législateurs, échappe à la mesure rigoureuse de la loi. L'Etat est juge et partie dans sa propre cause, et le magistrat règle le litige d'après l'équité ou d'après l'arbitraire. Car nous verrons que ces deux termes auxquels la pensée moderne attache une signification si contradictoire furent d'abord, à Rome, deux expressions à peu près synonymes.

Chacun de ces traits par lesquels le droit public diffère du droit privé se retrouve dans les contrats du droit public.

II. — Aliéner des objets mobiliers, tels que les fruits du domaine public, le produit des confiscations ou le butin fait à la guerre, affermer les fonds publics, donner à l'entreprise l'exécution des travaux publics et la perception des impôts, recruter enfin, moyennant salaire, certains fonctionnaires d'ordre inférieur dont les attributions n'ont pas mérité l'institution d'une magistrature élective, car elles offrent trop peu d'honneur et trop de peine matérielle pour attirer des hommes libres sans l'appât d'une juste rémunération : telle est à peu près la liste des opérations juridiques auxquelles les magistrats procédaient, dans des formes que les historiens nous font très exactement connaître.

Tous les baux, les ventes et les marchés de travaux, à raison desquels des paiements devaient être faits au trésor de la cité ou par lui étaient conclus aux enchères publiques, par une licitation préalablement annoncée (1). Cette annonce, qui

---

(1) L'exclusion frauduleuse de personnes déterminées des enchères tient une place considérable dans les griefs relevés contre Verrès. *Cic. Verr.*, 1, 54. — Cf. *Tite-Live*, 39, 44, 8 et 43, 16.

doit être faite en plein Forum (1), comprend l'in-
dication des conditions auxquelles le traité sera
conclu par l'Etat. Ces clauses, probablement écrites
sur un *titulus* comme le furent plus tard les déclarations relatives aux vices prescrites par l'édit des
édiles pour les ventes privées d'esclaves et d'ani-
maux, portent le nom de *leges censoriæ*, parce
qu'elles sont surtout fréquentes dans les contrats
passés par les censeurs. Mais leur usage est général dans les contrats administratifs (2).

L'adjudicataire qui acceptait ces conditions se
liait donc avec le magistrat ou plutôt avec l'État
par le simple concours de sa volonté avec celle de
l'autre contractant. Sans doute, il ne traitait pas
sur pied d'égalité, il ne pouvait pas discuter les
conditions qui lui étaient proposées ni proposer les
siennes. Le contrat n'était pas un *pacte*, si l'on
veut, mais son caractère à la fois bilatéral et consensuel s'affirmait déjà clairement (3).

En même temps, les clauses de l'acte apparais-
saient nettement distinctes de sa réalisation. Et
cette distinction trouvait une nouvelle expression
dans l'interrogation et la réponse qui servaient non
pas à créer le droit, mais à le déclarer publique-
ment en constatant la conclusion du contrat. L'en-

(1) *Censoribus vectigalia locare nisi in conspectu populi Romani
non licet. Cic.*, De lege agr., 1, 3, 7.

(2) Sur les *leges censoriæ*, cf. CIC., *De prov. cons.*, 5, 12; *De
deorum natura*, 3, 19, 49; *Ad. Quint. fr.*, 1, 1, 12, 35. — VARRON,
De re rustica, 2, 1, 6. — PLINE, *Hist. nat.* 33, 4, 78. — FESTUS,
passim.

(3) *Th. Mommsen*, le Droit public romain, traduction de *P. F.
Girard*, t. IV, Paris, Thorin, 1894, p. 116.

chérisseur demandait à ce que le marché lui fut adjugé *(Emptum rogare)*, et le magistrat faisait droit à cette demande par l'*addictio* (1).

On ne voit pas que l'adjudicataire ait été jamais obligé de fournir immédiatement son prix. Le magistrat suivait sa foi. Aussi s'entourait-il des plus sérieuses garanties. L'adjudication était faite au plus offrant *(manceps, idem præs)* (2), mais seulement s'il fournissait soit des gages *(prædia)* soit des cautions *(prædes)* suffisantes (3). L'institution des *prædes* reçut de très bonne heure un développement considérable qui fut précisément la conséquence de l'importance reconnue au crédit par le droit public.

Tous ces contrats rentraient, à l'origine, dans la compétence de l'unique magistrature : celle des rois et de leurs successeurs, les consuls. Ce fut seulement quand les diverses magistratures, entre lesquelles la puissance royale se partagea, se les furent distribués, qu'ils se perfectionnèrent et s'affinèrent dans un sens qui les rapprochait de plus en plus des contrats consensuels du droit privé (4).

Les questeurs, en leur qualité d'administrateurs

---

(1) *Jul.*, 3, *ad Urs. fer*, D., XVIII, I, 41 *pr.* — *Plaute, Pœn.* II, 1 50 ; *Capt.* I, 2, 78. — *Cic. De Harusp.*, 13.

(2) *Festus, Ep.* p. 151. — *Corpus Insriptionum latinarum*, Berlin 1863, nᵒ 577.

(3) *Ubi illa consuetudo in bonis prædiis prædibusque vendundis omnium consulum, censorum, prætorum quæstorum denique ?* *Cic.* Verr. 1, 54,142.

(4) *Th. Mommsen*, ap. Zeitschrift der Savigny-Stiftung für Rechtsgeschichte, Romanische Abtheilung, VI, 1, 1885.

du Trésor (1), procédaient régulièrement à la vente des fonds de l'Etat dont le prix devait profiter à l'*Erarium* ; mais ils partageaient avec les censeurs cette première attribution. Au contraire, les ventes du butin, des prisonniers de guerre *(sub corona)*, la mise aux enchères du patrimoine des débiteurs insolvables de l'*Erarium*, des patrimoines dont le peuple était devenu l'héritier soit testamentaire, soit *ab intestat* et de ceux qu'il avait acquis par l'effet de la confiscation, leur étaient exclusivement réservées. Elles formaient ce que l'on peut appeler le « contrat des questeurs ».

La mise en valeur des immeubles de l'Etat *(pascua vectigalia)*, par la vente des fruits, par les baux à ferme, et l'adjudication des travaux publics formaient le « contrat des censeurs », le plus complexe et le plus compréhensif, puisqu'il comprenait, d'une façon générale, tous les actes par lesquels l'Etat devenait soit débiteur soit créancier.

Enfin chaque magistrat engageait, dans la sphère de ses fonctions, des officiers auxiliaires, des appariteurs, par un véritable louage de services.

Chacun de ces trois types de contrats s'appropria, à l'usage, des formes et surtout une terminologie spéciales. Le contrat des questeurs fut désigné par l'expression *vendere=venum dare*, c'est-à-dire transmettre contre argent. En soi, ce terme très

(1) *Varron, L. L.*, 5, 81.

général s'appliquait aussi exactement à tous les
contrats du droit public qui apportaient à l'Etat
un accroissement de richesses, à la vente des fruits
du domaine faite par les censeurs, par exemple,
au même titre qu'à la vente des prisonniers de
guerre faite par les questeurs.

Aussi le terme *vendere* caractérise également le
contrat des censeurs. Toutefois le mot *locare* est
ici employé concurremment avec *vendere*, qu'il finit par exclure complétement. *Locare* désigne également l'engagement des appariteurs.

Le sens propre de ce verbe c'est : placer, caser.
On dit du capitaliste qui place son argent à intérêt :
pecunias locat ; on dit du père qui marie sa fille :
filiam locat. Ainsi l'Etat place ses fonds de terre
quand il les confie à un fermier pour en jouir contre
un prix donné. Il place ses entreprises de travaux
publics quand il les confie à un entrepreneur contre
une somme d'argent. Mais à l'inverse, on considère
que c'est l'appariteur lui-même et non plus le magistrat qui place sa chose, c'est-à-dire sa force et
ses talents. Dans le premier cas, c'est l'Etat qui a
l'initiative du contrat et fait les premières offres ;
dans le dernier, c'est le particulier. Les gens portés par leur attrait ou leurs aptitudes à exercer les
fonctions d'appariteur, et tout spécialement les appariteurs sortants, se présentaient eux-mêmes aux
magistrats et instituaient ainsi une sorte de concours spontané. Les magistrats n'avaient qu'à choisir entre eux. Nous savons, au contraire, que pour
les adjudications de terres ou de travaux publics,

c'était le magistrat lui-même qui faisait les offres et publiait les *leges venditionis*. Les appariteurs sont donc *locatores*, dans le contrat de droit public qui ressemble exactement au louage de services ; c'est l'Etat et non l'entrepreneur qui est, au contraire, *locator* dans le contrat analogue au louage d'ouvrage. Nous relevons simplement ce piquant contraste sur lequel nous aurons bientôt à insister davantage.

Il faut remarquer que l'emploi simultané des termes *vendere* et *locare* dans le contrat des censeurs s'explique fort bien par la nature mixte de cette opération. C'est une *venditio* en tant qu'elle transfère bien au fermier la propriété des fruits et des produits du sol, et c'est une *locatio* en tant que l'Etat y place avantageusement ses fonds. Il n'en est plus de même du contrat des questeurs et c'est pour cela, sans doute, qu'on ne le voit jamais désigné comme une *locatio*.

Les termes de *vendere* et de *locare* ne s'appliquent qu'à une des faces du contrat. Il leur faut un corrélatif. Le plus usité, tant en regard de *locare* que de *vendere*, c'est le terme *emere* ou son composé *redimere. Emere* signifie proprement : prendre. Festus lui donne pour synonyme *accipere* ; mais les formes *d-emere, ad-imere, sub-imere* contracté en *sumere, red-imere* indiquent plus qu'une réception toute passive ; c'est un acte positif dont il s'agit et qui s'oppose plus justement encore à *locare* qu'à *vendere* : Une partie place sa chose, l'autre la prend.

Toutefois, tandis que le terme *emere* devint de bonne heure le corrélatif unique de *vendere* dans le contrat des questeurs, le contrat des censeurs employa tout à la fois *emere*, *redimere* et une troisième expression *conducere*.

Emere fut, ce semble, d'abord plus particulièrement affecté aux contrats d'exploitation. *Redimere*, qui finit par l'emporter même dans cette hypothèse, s'appliquait plus spécialement aux contrats de travail. Festus nous fait bien comprendre la valeur de la forme *redimere* dans la langue primitive. «*Redemptores proprie atque antiqua con-* « *suetudine dicebantur, qui, cum quid publice* « *faciendum vel præbendum conduxerant effe-* « *cerantque, tum demum pecunias accipiebant.*» Les *redemptores* reprenaient en quelque sorte, sous forme de *pecunia*, le travail qu'ils avaient avancé. La langue perdit cette clarté et cette précision en s'éloignant des origines et l'on ne vit plus dans *redemptor* qu'un synonyme d'*emptor* : « *At hi nunc dicuntur redemptores qui quid conduxerunt præbendum utendumque* (1). »

Ce dernier texte de Festus a le mérite de nous faire également saisir l'analogie de *redimere* et de *conducere*. Au fond tous ces vocables diffèrent peu par leur signification. Si on finit par les affecter chacun plus particulièrement à un contrat, c'est moins encore peut-être à cause de leur corrélation intime avec chaque *negotium* que par une

(1) *Festus,* v° *Redemptores.*

conséquence irraisonnée de la distinction des contrats qui suivit la distinction des magistratures.
Pourtant il serait inexact de contester absolument
que les nuances délicates qui caractérisent leur
sens n'aient pas eu aussi leur influence sur leur
emploi définitif. Ainsi nous voyons que le contrat des
censeurs, précisément parce qu'il participe un peu
de tous les autres, est celui où l'emploi simultané
de *vendere* et *locare*, d'une part, et d'*emere, redimere, conducere*, d'autre part, s'est le plus longtemps conservé. Le contrat des appariteurs, au
contraire, n'a jamais été désigné, du côté du particulier, que par le terme *conducere*. Et en effet,
les appariteurs étant déjà envisagés comme *locatores* ne pouvaient plus l'être comme *emptores*.
L'Etat, d'ailleurs, les prenait, les recevait moins
qu'il ne les recrutait. Il agissait à leur égard
comme le général qui rassemble ses troupes :
Copias conducit; et l'idée de rassemblement était
d'autant plus juste que les appariteurs n'étaient pas
des fonctionnaires isolés, mais qu'on les voit partout groupés en décuries. Les deux mots *locare* et
conducere se répondent si justement ici qu'il est
probable que c'est dans le contrat des appariteurs
qu'ils ont d'abord été associés. Plus tard, le terme
locare, déjà employé avec un sens très topique
dans le contrat des censeurs, y a introduit, en quelque sorte, comme un corollaire usuel, le mot *conducere*, beaucoup moins à sa place quand il s'applique au particulier qu'à l'Etat.

Nous nous sommes arrêtés longuement à ces

explications philologiques. C'est que, comme le dit Ihering, « parmi les sources des idées primitives des peuples, l'étymologie est une des plus éloquentes et des plus certaines. Elle conserve à la curiosité des temps à venir ce qui, depuis longtemps, a cessé d'exister, ce qui s'est complètement effacé de la mémoire des peuples (1). » C'est qu'il nous semble, en particulier, que l'étymologie jette une vive lumière sur le délicat problème des origines de la vente et du louage.

III. — Quand nous rencontrons, en effet, trois contrats de droit public qui présentent de si grandes analogies avec nos deux contrats du droit privé, quand ces analogies sont confirmées par une identité presque absolue dans la terminologie, et quand nous pouvons affirmer avec toutes les apparences de la certitude que les contrats du droit public existaient sous cette forme, avec cet objet et ces vocables, alors que les contrats du droit privé étaient encore ou bien confondus dans la vente solennelle et translative de propriété, ou bien dépourvus de toute sanction légale et abandonnés à la loyauté des parties (2), il semble qu'il est permis de conclure à un rapport de cause à effet et de dire que la vente et le louage sont devenus ce qu'ils sont en droit civil, sous l'influence du droit public.

(1) *Von Ihering*, op. cit., t. I, p. 92.
(2) L'institution de la censure est de l'an 312, U. C., celle de la questure est peut-être antérieure. Les comédies de Plaute, dans lesquelles la vente apparaît à peine comme contrat consensuel, mais pas encore comme contrat de bonne foi, sont du vi° siècle.

Nous ne prétendons pas, sans doute, que le droit privé n'ait eu qu'à transporter dans son domaine les trois contrats des questeurs, des censeurs, des appariteurs, sans y rien changer. Les conditions du droit privé ne sont plus celles du droit public et les mêmes contrats, placés dans un milieu différent, se sont nécessairement modifiés pour s'y adapter. Mais il est très facile de suivre cette métamorphose et l'on peut en décrire, sans trop de chance d'erreur, les phases principales.

Et d'abord, le droit privé n'offre rien de semblable à la distinction des magistratures. Mais comme la distinction des contrats du questeur, du censeur et des appariteurs présentait une utilité évidente, le droit public la conserva, en l'expliquant désormais par les différences intrinsèques des *negotia*. Mais il n'entreprit pas de modifier cette classification dans un sens plus rationnel et il garda scrupuleusement les termes propres à chaque type.

A la vente des questeurs correspondit l'*emptio-venditio*. Seulement, comme les parties traitaient ici sur pied d'égalité, toute *venditio* fut en même temps une *emptio*. Le questeur n'apparaissait jamais qu'en qualité de vendeur. Lorsque l'Etat jouait le rôle d'acheteur, le contrat était une *locatio-conductio* de la compétence des censeurs. Cette distinction n'avait plus de raison d'être, et le contrat destiné à la livraison d'un esclave, par exemple, fut toujours regardé désormais comme une vente. La ferme du sol, au contraire, qui était qualifiée de *locatio* en droit public, mais qui était, en fait, considérée à la fois comme un louage d'immeubles et comme une vente de fruits, en droit privé ne garda plus que le premier de ces caractères, et cela très probablement parce que le mot décida la chose et que tout ce qui découlait du contrat des censeurs était désormais tenu pour un louage.

La *locatio-conductio rei et operis* est, en effet, calquée jusqu'à la minutie sur le contrat des censeurs. Nous avons vu comment le terme *locator* servait à désigner dans ce contrat tantôt la partie qui reçoit le salaire *(locatio rei)* et tantôt celle qui le paie *(locatio operis)*. Rien ne peut se concevoir de plus incommode et de moins logique qu'un pareil usage, et je ne sache pas qu'on en puisse donner une seule explication raisonnable, si l'on ne tient compte de l'influence du droit public (1).

Enfin, la *locatio-conductio operarum*, l'engagement fait par un homme libre de sa puissance de travail, n'est rien autre que la généralisation de l'ancien contrat des appariteurs. Et il fallut, sans doute, que l'engagement des appariteurs ait été distinct en droit public de la *locatio operis* des censeurs, pour que le droit privé n'ait pas confondu les deux types si étroitement apparentés du louage d'ouvrage et du louage de services.

Ces trois formes de contrats du droit privé gardèrent d'ailleurs jusque dans les détails secondaires

(1) Le terme *conductor* a complètement évincé celui de *redemptor* dans le louage du droit privé. On ne trouve pas même le mot *redemptor* dans Caton (*De re rustica*, 137).

de la pratique des analogies caractéristiques avec leurs prototypes du droit public.

C'est ainsi que nous avons vu l'usage de la *lex venditionis* imposé par la nécessité dans les ventes passées par les questeurs ou par les censeurs. Ici, c'était le vendeur qui avait l'initiative de l'opération, c'était lui qui faisait les premières offres, tandis que la formule de la mancipation nous montre clairement que dans la vente ordinaire de cette époque, c'est l'acheteur qui cherchait lui-même la marchandise et jouait le premier rôle dans le contrat. Eh bien, le souvenir de la *lex venditionis* se retrouvera dans la vente consensuelle, où ce sera toujours le vendeur que l'on présumera l'auteur des clauses et conditions du contrat, le rédacteur du cahier des charges, si l'on veut, en sorte qu'en cas de difficulté, on interprétera contre lui les clauses douteuses, et qu'on lui imputera même ses réticences (1).

Il en sera de même dans le louage de choses qui subit les mêmes influences que la vente ; le *locator* ayant, comme jadis le censeur, l'initiative du contrat, on interprétera le bail dans le sens le plus favorable au locataire. Il semblera que le bailleur, ayant fait ses conditions à son gré, est sans excuse s'il les a posées dans des termes fâcheux pour lui, et qu'il faut surtout l'empêcher d'abuser de l'avantage de sa position.

N'est-ce pas encore dans l'influence des baux censoriens, forcément limités à la durée même des

(1) Cf. *Cuq.*, op. cit., p. 598.

fonctions des censeurs, qu'il faut chercher l'explication de l'usage si fréquent à Rome pour les fonds
ruraux des baux de cinq ans ?

Nous avons vu le droit public réaliser dans ces
contrats la notion du *solus consensus*, développer
celle du crédit, opérer enfin le départ entre des
opérations longtemps confondues. Il nous faut, pour
apprécier toute son influence, rechercher jusqu'à
quel point il a préparé le triomphe de la bonne
foi sur le *strictum jus* dans les actions de la vente
et du louage.

Si le droit public ne présente rien d'analogue
au *strictum jus* du droit privé, ce n'est pas à dire
pour cela qu'il n'ait connu aussi des règles rigoureuses dont l'observation viciait les contrats. Ces
règles étaient d'abord des règles de compétence.
Chaque magistrat n'engageait valablement l'Etat
que dans les limites de ses attributions. L'adjudication de travaux publics, par exemple, faite par
un questeur, aurait été radicalement nulle. Dans
le droit privé, aucune restriction de ce genre ne
pouvait plus peser sur la vente et le louage.

Les magistrats étaient encore astreints à des règles particulières de procédure, telles que la publicité des enchères au Forum. Le magistrat était vraiment un fonctionnaire, tenu, à ce titre, de suivre
des instructions formelles. Le particulier, libre de ses
actes, avait, au contraire, une indépendance illimitée. De telle sorte que c'est en droit privé seulement
que la puissance du consentement fut vraiment
illimitée dans le cercle des contrats consensuels.

Par une sorte de compensation, le droit public avait des franchises et des commodités qui ne passèrent pas au droit privé. L'Etat, alors même qu'il traite avec un particulier, n'en est pas moins souverain. Il lui appartient, à ce titre, de constituer tout citoyen débiteur d'un autre citoyen, et par ce moyen il peut transmettre à un particulier l'action qu'il tient d'un contrat de droit public. Quand il adjuge un fonds de terre ou un esclave, l'acte par lequel il le fait est une sorte de loi qui transfère immédiatement et par elle-même la propriété à l'acquéreur. A ces deux points de vue, l'infériorité de la vente et du louage du droit privé est évidente.

Elle apparaît encore dans la formation des garanties dont ces contrats peuvent être munis. Les *prædes* du droit public s'engagent par simples pactes. Le droit privé ne connaît pas de cautions de cette sorte; il s'en tient aux *cosponsores* et aux *adstipulatores*.

Ces différences qu'il importait de relever entre la valeur de nos contrats dans l'un et l'autre droit n'empêchent pas qu'il n'y ait entre eux une analogie capitale, au point de vue de leur sanction.

Quand, à la suite d'un contrat passé avec l'Etat, un particulier élève un conflit, il ne peut pas le soumettre à la juridiction ordinaire, mais c'est au magistrat lui-même, à celui avec lequel il a traité ou à son supérieur hiérarchique qu'il s'adresse. Il y a dans ce procédé quelque ressemblance avec le recours gracieux de notre procédure administrative. Le magistrat apprécie les faits qui lui sont soumis et décide, non pas d'après une formule, non pas *ex lege*, mais d'après sa seule appréciation, *ex arbitrio*. Il décide ce qu'il pense équitable, *quod censet*, et il rend une décision d'autant plus près de l'équité qu'elle est arbitraire, au lieu d'être dictée par les termes préconçus d'une action de la loi ou d'une formule de droit strict (1).

Il est d'autant plus libre de le faire qu'il procède par voie de *cognitio* (2), c'est-à-dire seul, sans jurés. Et il ne faut pas redouter ici les dangers de l'arbitraire. Le magistrat était intéressé, pour ne pas ruiner son crédit et celui de l'Etat, à se montrer équitable vis-à-vis de ceux qui traitaient avec lui. Bien plus, alors que le juge, placé entre les intérêts opposés de deux parties, ne peut sans injustice en sacrifier aucun et doit interpréter les conventions avec la plus grande rigueur, le magistrat peut, sans violer la justice, relâcher quelque chose des droits de l'Etat qu'il représente et donner une interprétation bénigne aux contrats qui lui sont soumis. C'est ainsi qu'il juge *ex æquo et bono* ou encore *ex fide bona* (3).

La bonne foi n'était pas inconnue dans les contrats de droit privé. L'expression « *ex fide bona* »

___

(1) *Varron*, L. L., 6, 71, oppose le *censorium judicium ad æquum* au *prætorium jus ad legem*.

(2) Arg., *Cic., Varr*, 1, 50. sqq.

(3) *Bechmann*, op., cit., I, 449.— *Mommsen* (art. cité) caractérise ainsi cette situation : Le fermier d'impôts peut obtenir, dans un procès administratif, la remise de sa ferme ; mais jamais, plaidât-il contre Shylock, un débiteur n'obtiendra remise de sa dette, dans la procédure ordinaire.

revient fréquemment sous la plume des poètes
comiques du vi° siècle de Rome. L'obligation de
respecter les pactes et les simples conventions fut
sans doute consacrée par l'usage des honnêtes,
gens avant d'être sanctionnée par le droit. Mais
quand le droit positif vint reconnaître sur ce point
les progrès de la morale juridique, il trouva dans
le droit public un modèle qu'il n'eut qu'à imiter. Au
lieu du magistrat il mettra un arbitre, arbitre libre,
d'abord, et dont le verdict n'a d'autre garant que
l'opinion, puis véritable juge enfin, dont la décision est légalement exécutoire (1). Le pouvoir de
cet arbitre sera discrétionnaire, et les parties qui
se défieront de cette latitude d'appréciation pourront lui soustraire la connaissance de leurs conventions en revêtant celles-ci des formes de la stipulation. Nous voyons fonctionner cet *arbitrium* dès
le milieu du vi° siècle, au temps de S. Ælius et de
Caton l'Ancien (2). C'est déjà l'action *empti* ou
l'action *ex conducto*, de fait sinon de nom.

Ce qu'est à cette époque l'*arbitrium ex bona
fide*, une procédure en quelque sorte extra légale,
on pourrait presque dire qu'il le sera jusqu'à la fin.
La formule délivrée par le magistrat renferme en
elle la preuve que les contrats qu'elle sanctionne
sont en dehors du droit pur. Elle ne fait aucun

---

(1) Caton est peut-être le premier qui mentionne en ce sens l'ar-
bitrage d'un *bonus vir*. C'est encore l'arbitre bénévole et dépourvu
de la puissance d'obliger les parties par sa sentence. (*De re
rustica*, 144.)

(2) *Appleton*, Histoire de la propriété prétorienne et de l'action
publicienne, Paris, 1889, I, ch. x.

appel au droit, elle ne constate pas que le débiteur, acheteur ou vendeur, suivant les cas, est obligé directement par son contrat. Elle vise simplement l'équité, et elle considère plutôt la violation d'un devoir de conscience et de bonne foi commis par le défendeur que les conséquences normales de sa promesse. On peut dire que c'est de l'inexécution de sa promesse plutôt que de sa promesse elle-même que résultera pour lui la condamnation prononcée par le juge. La tradition faite par le vendeur, la remise du prix par l'acheteur ne sont pas vraiment des paiements. Si le vendeur et si l'acheteur exécutent ce dont ils sont convenus, ce n'est pas précisément parce qu'ils y sont obligés en droit, c'est parce que, s'ils ne le faisaient pas, ils seraient indubitablement condamnés par l'arbitre.

Mais aussi l'arbitre ne peut les condamner, dès lors qu'ils n'ont commis aucune faute, quand même ils n'auraient pas, en fait, accompli leur promesse. Tel est le cas de la partie qui a vendu de bonne foi la chose d'autrui. Comme, en droit pur, elle n'est tenue à rien, l'arbitre n'a qu'à examiner si tout s'est passé loyalement. Mais il ne saurait la contraindre à transférer la propriété de la chose ou à indemniser l'acheteur, si elle ne peut le faire. Ainsi s'explique cette particularité si étrange à première vue, que nous retrouverons dans la vente classique, savoir que le vendeur n'est pas tenu précisément à transférer la propriété, mais seulement à *rem recte habere licere* (1).

_____

(1) *Cels.*, 8, *ad Dig.*, *D.*, XIX, I, 38, 1. — *Cic.*, *De off.*, III, 15.

Ces concordances si exactes et si multiples dé-
montrent suffisamment, ce nous semble, l'influence
du droit public sur la formation des contrats de
vente et de louage, et nous croyons avoir ample-
ment rempli notre programme : justifier par des
raisons positives et des arguments précis une conjecture, en soi parfaitement plausible. Toutefois
l'explication est encore si nouvelle en France qu'il
n'est peut-être pas inutile de l'étayer par quelques
exemples qui permettent de supposer que ce n'est
point là le seul emprunt qu'ait fait le droit privé au
droit public à Rome.

IV. — C'est ainsi que l'on a relevé entre le
mutuum et l'impôt foncier des premiers siècles de
la République une grande similitude. N'est-il pas
permis de voir dans cette analogie le témoignage
d'une adaptation du *tributum* aux besoins du droit
privé ? Si l'on songe, d'une part, que le *mutuum* est
le plus ancien des contrats réels et qu'il s'est introduit
au milieu des contrats formalistes à une époque très
prochaine de l'apparition de la vente et du louage ;
et si l'on se rappelle, d'autre part, les particularités
si curieuses que nous ont rapportées les historiens sur
l'irrégularité de la perception de l'impôt foncier (1),
sur son intermittence, bien plus, sur le remboursement qui en fut fait plusieurs fois aux citoyens
à la suite d'une campagne heureuse et au moyen

---

(1) Il n'était pas perçu lorsqu'il n'y avait aucune armée à entretenir, comme en 407 (Liv. VII, 27, 4), ou lorsque l'État avait les
ressources suffisantes pour entretenir l'armée, comme en l'année 448, après la victoire sur les Samnites. (Liv. V, 20, 5 ; IX, 43, 2
— *Pline*, Hist. nat., XXXIV, § 4.)

d'un prélèvement sur les contributions de guerre et sur le butin (1), on en vient à penser que *mutuum* et *tributum* étaient l'un et l'autre une même opération de crédit, un emprunt remboursable.

Sans doute, il subsiste des obscurités sur le caractère juridique du *tributum*. Il arriva une époque où il fut perçu régulièrement et sans l'excuse d'une nécessité exceptionnelle de l'Etat, et où il ne fut plus jamais question de le rembourser (2). Ce remboursement, au temps où il était usité, était-il autre chose qu'une mesure bienveillante de l'Etat? Les citoyens qui avaient supporté l'avance de l'impôt avaient-ils un moyen juridique d'obliger l'Etat emprunteur à les indemniser? Toutes ces questions n'ont pas encore reçu de réponse bien concluante. Mais il faut aussi tenir compte des offrandes volontaires consenties à plusieurs reprises, sous la République, par les citoyens à l'Etat, pour suppléer à l'insuffisance du *tributum*. Ces prêts étaient faits librement, *sine edicto, sine coercitione magistratum;* nous en connaissons un avec assez de détail : Il était remboursable en trois termes, et donnait ouverture à une véritable action contre l'Etat (3). N'est-ce pas le modèle sur lequel le *mutuum* s'est formé?

(1) *Dyonis,* V, 47, pour l'année 251.— Cf. *Huschke,* Die Verfassung des Königs Servius Tullius, Heidelberg, 1838, p. 490.

(2) Ce que l'on constate dès l'année 461 (L. X, 46, 8).

(3) *Liv.* XXIX, 16; XXXI, 13; XXXIII, 42.— Cf. *Mommsen,* Romisches Staats recht, Leipzig, 1875, II, 389. — *Marquardt,* Organisation financière chez les Romains traduction d'*A. Vigié.* Paris, Thorin, 1888, p. 210.

On pourrait être fort tenté aussi de rattacher le pacte d'hypothèque au *jus prædiatorium*. Car, tandis qu'en droit public les garanties réelles se développaient parallèlement aux garanties personnelles et dans le même sens qu'elles (1), en *droit privé*, au contraire, la théorie des cautions était sortie tout entière du développement de la *sponsio*, mais le gage réel, l'hypothèque, n'avait aucune attache avec cette théorie : c'est un contrat ou un pacte isolé et dont l'origine doit avoir une explication toute spéciale. Or, il est incontestable que le *prædium subsignatum*, usité de très bonne heure en droit public, présentait exactement les caractères et répondait exactement à l'objet de l'hypothèque du droit privé. Toutefois l'étymologie vient contredire ces données. Il semble impossible qu'un contrat directement dérivé du *prædium* ait laissé tomber cette appellation pour emprunter son nom au vocabulaire grec. L'hypothèque ne peut être que d'origine hellénique et c'est par le droit provincial qu'elle a dû s'introduire à Rome. Mais il demeure très vraisemblable que lorsqu'elle y eut prit pied, le système du *jus prædiorum* ne fut pas sans action sur le développement de la nouvelle institution (2).

Les rapports du droit public et du droit privé sont une mine ouverte aux chercheurs et aux curieux d'explications originales. Il est probable que

---

(1) *Præs, prævides = prædes et præ vidia = prædia.*
(2) *Mommsen*, art. cité.

l'éveil donné sur ce point à la critique historique par le maître éminent dont j'ai suivi et commenté l'ingénieuse et suggestive leçon va provoquer des découvertes intéressantes et des aperçus nouveaux. Est-il besoin de rappeler que la première condition pour que ces travaux soient féconds, c'est qu'ils soient conduits avec une prudente méthode et qu'ils n'abandonnent rien aux hypothèses brillantes et aux généralisations faciles?

CHAPITRE IV

LES DESTINÉES DE LA VENTE ROMAINE

Caractère définitif du louage. — La vente nouvelle, productrice d'obligations et non plus translative de droits réels. Fusion de ces deux caractères dans la vente moderne. — Quelques hypothèses curieuses dans le droit romain classique. — Tradition *brevi manu*; — constitut possessoire ; — tradition d'une *res nec mancipi* à un mandataire ; — vente sous condition résolutoire. — Conclusions.

Nous n'avons pas ici à creuser plus avant le sillon. Nous avions borné notre tâche aux origines de la vente et du louage. Parvenus au seuil de l'époque classique qui sera celle de leur plein épanouissement, nous n'y poursuivrons pas l'étude de nos contrats. Il y aurait trop à dire ou plutôt trop à répéter. Car quelle partie du droit fut jamais plus fouillée, mieux retournée dans tous les sens que la théorie des contrats consensuels?

D'ailleurs, que pourrions-nous ajouter, à moins d'entrer dans les détails des pactes accessoires et les particularités des actions, qui ne soit implicitement contenu dans les prémisses que nous avons posées? Trois types distincts de contrats, diversifiés par leur objet et leur rôle économique; dans chacun, la volonté des parties maîtresse d'elle-même et soustraite à l'empire de la formule, aboutissant non plus au transfert des droits réels, mais à la création d'un lien personnel; enfin l'intention seule des contractants, mesure en même temps que source de leurs obligations et guide unique du juge chargé de connaître leur exécution : n'est-ce pas toute la vente et tout le louage?

Tout le louage, surtout. Car en se dégageant de l'échange où il était d'abord confondu, il semble que le louage ait conquis sa personnalité, son caractère, son existence enfin, sans rien laisser de lui dans cette forme première où il avait été si longtemps comprimé.

La vente, au contraire, en devenant contrat productif d'obligation, a perdu le caractère qui lui était d'abord essentiel : celui d'acte translatif de droits réels. Désormais elle se distingue absolument des actes de transfert de la propriété, si bien que dans la pure doctrine romaine, le vendeur n'est pas directement obligé à transmettre à l'acheteur la propriété de la chose aliénée. Le consentement y a bien reçu le pouvoir d'engager la volonté, d'obliger les parties à accomplir un fait ou une dation. Il n'a pas, il n'aura jamais à Rome, le pouvoir de transférer abstractivement, et indépendamment de tout acte matériel, la propriété du vendeur à l'acheteur.

Réunir ces deux caractères, celui de la vente primitive et celui de la vente classique, faire la vente à la fois créatrice d'obligation et translative de droits réels, ce sera l'effort d'une autre génération de jurisconsultes. Canonistes et coutumiers y travailleront isolés les uns des autres pendant tout le moyen âge, et ils ne se rencontreront qu'au XVIIIᵉ siècle pour formuler enfin la règle posée dans notre Code civil : « La propriété est acquise de droit à l'acheteur dès qu'on est convenu de la chose et du prix, quoi que la chose n'ait pas été livrée ni le prix payé (1). »

Mais si les jurisconsultes de Rome n'ont pas entrevu cette dernière simplification, il est vrai cependant qu'ils s'en sont approchés parfois de bien près. Il est telles hypothèses de leur droit classique dans lesquelles on croirait reconnaître à l'avance les déductions du système moderne. Il faut au moins noter ces curieuses rencontres.

Le premier cas est celui de la tradition *brevi manu*.

L'acheteur, par hypothèse, détient déjà, au moment de la vente, la chose à titre précaire. Lorsque le contrat de vente est conclu, il en devient immédiatement propriétaire. Ce n'est pas, assurément, par une tradition réelle. Les commentateurs expliquent que c'est par une tradition feinte : *brevi manu*. N'est-il pas plus simple de penser avec Pothier que, dans ce cas, le transfert de la propriété a lieu par simple consentement et qu'il est l'effet immédiat du contrat de vente ? Cette conception n'est pas, du reste, aussi étrangère qu'on pourrait le croire aux jurisconsultes latins eux-mêmes et Gaïus déclare expressément — sa phrase passera presque textuellement dans les Institutes de Justinien — que la propriété est transférée *nuda voluntate* : « *Interdum etiam sine traditione nuda voluntas domini sufficit ad*

---

(1) *Code civil*, art. 1583.

rem transferendam, veluti si rem, quam commo-
davi aut locavi tibi aut apud te deposui, vendi-
dero tibi (1). »

De cette première espèce on rapproche naturellement celle du *constitut possessoire.* Cette fois,
c'est le vendeur qui garde à titre précaire la chose
vendue. Il n'y a pas davantage ici de tradition
apparente. Et cependant on ne conteste pas le
droit de l'acquéreur d'agir, s'il en est besoin, par
l'action en revendication (2).

Il est une troisième hypothèse qui présente avec
les deux précédentes une analogie suffisante pour
qu'il soit permis d'y voir encore un jeu des mêmes
principes, — tout au moins une conséquence des
mêmes nécessités pratiques. Nous voulons parler
de la propriété acquise, aux termes d'une constitution de Septime-Sévère (3), par un mandataire,
lorsque celui qui fait la tradition au mandataire
est lui-même propriétaire et qu'il s'agit d'une *res*
nec mancipi. Il est vrai qu'il y a bien, cette fois,
une tradition effective. Mais ce n'est pas cette tradition à laquelle le mandant n'intervient pas directement qui peut, par elle-même, reporter la propriété sur la tête du mandant. Il faut nécessairement supposer une seconde tradition, tradition
brevi-manu, celle-ci, entre le mandataire ou le
mandant, ou reconnaître encore un effet anormal
de la *nuda voluntas.*

(1) *G.,* 1. II, *Rerum quotidianarum. — Inst.,* II, 1, 44.
(2) *Cels.,* 23 *Dig. D.* XLI, II, 18, pr. — Cf. cependant *in contrario.*
Ulp., 17, *ad Ed., D,* VI, I, 77.
(3) *C.,* VII, XXXII, 1.

Mais la situation la plus délicate où l'effet du consentement sur le transfert de la propriété soit en
jeu, c'est celle d'une vente sous condition résolutoire, lorsque la condition est réalisée. Les questions soulevées dans cette espèce sont si complexes,
elles se rattachent à tant de principes différents et
presque contradictoires, que l'on s'explique assez
les discussions et les conflits de doctrine auxquels
elles ont donné lieu.

Le problème se pose ainsi : Lorsque la vente est
résolue par l'avènement de la condition, l'acheteur
cesse-t-il d'être propriétaire, en sorte que le vendeur recouvre immédiatement sur la chose son
action en revendication ? Ou bien la résolution du
contrat lui donne-t-elle simplement une action
personnelle contre l'acheteur pour obliger celui-ci
à se dépouiller par une tradition d'une propriété à
laquelle il n'a plus aucun droit, mais dont il demeure toujours titulaire ? On comprend que si l'on
admet la première solution, il n'est pas possible
d'attribuer au retour de la propriété au vendeur
une cause matérielle, mais qu'il faut nécessairement
y reconnaître un effet de la clause de résolution,
c'est-à-dire de l'accord des volontés. Or cette doctrine, bien qu'elle ne fût pas en harmonie avec la
règle, certaine au temps de Gaius, nettement
affirmée encore à l'époque de Dioclétien, que la
propriété ne peut pas être transférée *ad tempus* (1),

---

(1) *G.*, II, 59, 60. — *Fragmenta vaticana*, 283. La constitution de
Dioclétien et de Maximien est reproduite au Code de Justinien,
mais avec des additions qui en changent absolument le sens. *C.* VIII,
v, 2.

7*

rallia cependant des voix considérables dans la jurisprudence. Ulpien s'était d'abord attaché fidèlement aux principes consacrés sur le caractère perpétuel de la propriété, et il n'accordait aux vendeurs, à propos de la *lex commissoria* et de *l'addictio in diem*, rien qu'une *actio venditi* contre l'acheteur (1). Mais devant l'avis contraire de Marcellus, il réforma sa première décision et déclara, pour le cas d'*in diem addictio*, que si la chose vendue avait été engagée par l'acheteur, elle cesserait d'être soumise au gage dès que la condition serait accomplie. C'est évidemment par application de l'adage : *resoluto jure dantis resolvitur jus accipientis*, ce qui implique bien que le vendeur est lui-même redevenu propriétaire (2). Déjà Scœvola, qui fut le maître d'Ulpien, avait pris parti, avec plus de fermeté encore s'il est possible, dans ce sens en donnant au vendeur la *vindicatio*, à la suite de la réalisation d'une *lex commissoria* (3).

Que faut-il conclure de ces exemples et d'autres analogues qu'il ne serait pas difficile, sans doute, de trouver dans le Digeste et le Code ? Est-ce que la vente, dans le dernier état du droit romain, faisant retour à ses origines, allait recouvrer la puissance de transférer la propriété ? Est-ce que

(1) *Ulp.*, 28 ad sab., D. XVIII, III, 4, pr. — *Id.*, 32, ad Ed., D. XVIII, II, 16.

(2) *Ulp.*, 28 ad sab., D. XVIII, II, 4,3.

(3) *Scœv.*, 7 *Dig. D.*, XVIII, III, 8. Cf. sur ces espèces *Daguilhon-Pujol*. De l'influence de la convention sur le transport du droit de propriété. Toulouse. 1879.

le principe de l'efficacité du consentement qui gagnait toujours du terrain, dans le domaine des obligations, allait pénétrer enfin dans le champ réservé des droits réels ? Est-ce que la ruine de l'Empire et la décadence des études juridiques ont seules arrêté le développement d'une évolution prête à aboutir ?

Le supposer serait accorder trop d'influence à la logique dans la genèse des institutions juridiques et trop d'importance aux réflexions et aux déductions des jurisconsultes. S'il en devait être ainsi, on ne concevrait guère comment une révolution dont tous les éléments existaient depuis plusieurs siècles n'était pas encore accomplie sous Justinien. Ce n'étaient pas les occasions de s'affirmer qui avaient manqué à l'idée nouvelle ; les exemples que nous avons rappelés, et maints autres qu'il serait aisé de retrouver au Digeste, s'étaient offerts en abondance aux méditations des prudents, et il n'avait tenu qu'à eux d'en prendre texte pour expliquer clairement leur pensée. Etait-ce le respect des antiques principes qui les entraînait ? Mais ils avaient trouvé depuis longtemps l'art de respecter les principes tout en les tournant et de développer en dehors d'eux les thèses les moins conciliables avec eux. Et pourtant, la lueur fugitive qui brille un instant dans une phrase de Gaius : « *Interdum sine traditione nuda voluntas domini sufficit...* » s'éteint aussitôt sans qu'aucun esprit en ait été éclairé. Si les philosophes exerçaient l'action qu'on leur prête souvent sur le développement du droit, n'avaient-ils pas dans cette ligne unique où nous lisons tant de choses l'étincelle première capable d'illuminer leur raison? Et ne devaient-ils pas découvrir aussitôt dans toute son étendue la vérité qui nous paraît si claire? Ils ne l'ont pas fait cependant. Tout au contraire, ils ont, en quelque sorte, tourné le dos à la lumière, et ils ont imaginé cette puérile fiction de la tradition *brevi manu.* Il faut se défier de la raison humaine, lorsqu'elle travaille toute seule et sur ses seules données. A la base de toutes ses créations puissantes et vraiment originales, on trouve la trace des faits contingents et des circonstances accidentelles.

Cette observation est un argument de plus à l'appui de notre système sur les origines de la vente et du louage.

TABLE DES MATIÈRES

— 102 —

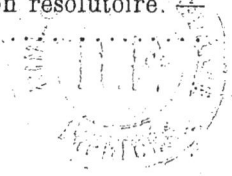

DROIT FRANÇAIS

LE CONTRAT DE FONDATION

BIBLIOGRAPHIE

AUBRY ET RAU. — *Cours de droit civil français*, Paris, 1869.

E. AUDOIN. — *Traité des dispositions en faveur des personnes incertaines*, Paris, 1890.

BARTIN. — *Traité des conditions impossibles, illicites ou contraires aux mœurs*, Paris, 1887.

BAUDRY-LACANTINERIE. — *Précis de droit civil*, Paris, 1894.

LÉON BÉQUET. — *Législation de l'assistance publique*, Paris, 1885. — *Répertoire de droit administratif*, Paris, 1884.

DE LA BIGNE-VILLENEUVE ET HENRY. — *Eléments de droit civil*, Paris, 1883.

BLANCHE. — *Dictionnaire général d'administration*, Paris, 1884.

BOISTEL. — *Précis de droit commercial*, Paris, 1884.

BÖHLAU. — *Rechtssubject und Personenrolle*.

BRINZ. — *Pandekten*, Erlangen, 1869-1871.

PAULUS CASTRENSIS. — *Prœlectiones ad digestum*, Lugduni, 1544.

CASSAGNADE. — *Etude sur les personnes morales et l'application de la théorie de la personnalité aux sociétés civiles et commerciales*, Paris, 1883.

CHARONDAS. — *Réponses du droit français*, Paris, 1594.

COIN-DESLILE. — *Commentaire du titre des donations et testaments*, Paris, 1855.

COLMET DE SANTERRE. — *Cours analytique de code civil*, Paris, 1880.

DEMANGEAT (BRAVARD-VEYRRIÈRES, annoté par). — *Traité de droit commercial*, Paris, 1862.

DEMOLOMBE. — *Traité des donations entre vifs et des testaments*, Paris, 1872. — *Traité des contrats*, Paris, 1875.

Duranton. — *Cours de droit français.* Paris, 1864.

L'Encyclopédie. — Edition de 1757.

Favre. — *De erroribus interpretum juris*, Lugduni, 1658.

Fenet. — *Recueil complet des travaux préparatoires du Code civil*, Paris, 1827.

Furgole. — *Traité des testaments*, Paris, 1777.

Fusier-Herman. — *Code civil annoté*, Paris, 1885.

Gaudry. — *Traité de la législation des cultes*, Paris, 1856.

Huc. — *Commentaire théorique et pratique du Code civil*, Paris, 1891

Ch. Jacquier. — *De la condition légale des communautés religieuses en France*, Paris, 1869.

Laferrière. — *Traité de la juridiction administrative.*

E. Lambert. — *Du contrat en faveur de tiers*, Paris, 1893.

Larombière. — *Théorie et pratique des obligations*, Paris, 1857.

Laurent. — *Principes de droit civil*, Bruxelles-Paris, 1874.

Laurière. — *Traité des institutions et des substitutions contractuelles*, Paris, 1715.

E. Lehr. — *Eléments de droit civil anglais*, Paris, 1885.

Locré. — *Législation civile et commerciale de la France, travaux préparatoires du code civil*, Paris, 1827.

Lory. — *Du mode d'établissement des fondations*, Paris, 1888.

Lyon-Caen. — *De la condition légale des sociétés étrangères en France*, Paris, 1870.

Lyon-Caen et Renault. — *Traité de droit commercial*, Paris, 1892.

Merlin. — *Recueil alphabétique des questions de droit*, Paris, 1828. — *Répertoire de jurisprudence*, Paris, 1827.

Orts. — *De l'incapacité civile des congrégations religieuses non autorisées*, Bruxelles.

Piébourg. — *De la condition des personnes civiles*, Paris, 1875.

Pont. — *Traité des sociétés civiles et commerciales*, Paris, 1872.

Postel. — *Étude sur le régime légal des congrégations religieuses*, Paris.

Pothier. — *Traité des personnes et des choses. — Traité des obligations. — Traité de la vente*, édition *Bugnet*, Paris, 1861.

Ricard. — *Traité des donations entre vifs et testamentaires*, Paris, 1783.

A. Rivet. — *La législation de l'enseignement primaire libre*, Lyon, 1891. — *De la capacité des établissements ecclésiastiques*, 1893.

De Savigny. — *Système du droit romain*, Paris, 1840.

Tissier. — *Des dons et legs aux établissements publics ou d'utilité publique*, Paris, 1890.

Toullier. — *Droit civil français*, Paris, 1819.

Trochon. — *Régime légal des communautés religieuses en France*, Paris, 1866.

Troplong. — *Le droit civil expliqué. De la vente*, Paris, 1837.

Truchy. — *Des fondations*, Paris, 1888.

Van den Heuvel. — *Situation légale des associations sans but lucratif en France et en Belgique*, Bruxelles, 1884.

de Vareilles-Sommières. — *Du contrat d'association*, Paris, 1893.

Vazeille. — *Résumés et conférences des commentaires du Code civil sur les successions, donations et testaments*, Clermont, 1837.

Vuillefroy. — *Traité de l'administration du culte catholique*, Paris, 1842.

Windscheid. — *Lehrbuch des Pandektenrechts*, 1876.

Zachariæ. — *Le droit civil français*, édition *Massé et Vergié* Paris, 1854.

Zitelmann. — *Begriff und Wesen der sogennanten juristischen Personen*, Leipzig, 1873.

Périodiques

Bulletin des lois.

Bulletin mensuel de la société de législation comparée

Bulletin des lois civiles ecclésiastiques.

Bulletin officiel du ministère de la justice.

Le Contemporain.

Gazette des tribunaux.

Journal des économistes.

Journal du droit international privé.

Journal du palais.

Journal officiel de la république française.

Kritisches Vierteljahrschrift.

Nouvelle revue historique du droit français et étranger.

Pasicrisie.

Revue catholique des institutions et du droit.

Revue critique de législation et de jurisprudence.

Revue des établissements de bienfaisance.

Revue du droit public.

Revue générale d'administration.

Roche et Lebon. — *Recueil des arrêts du conseil d'état.*

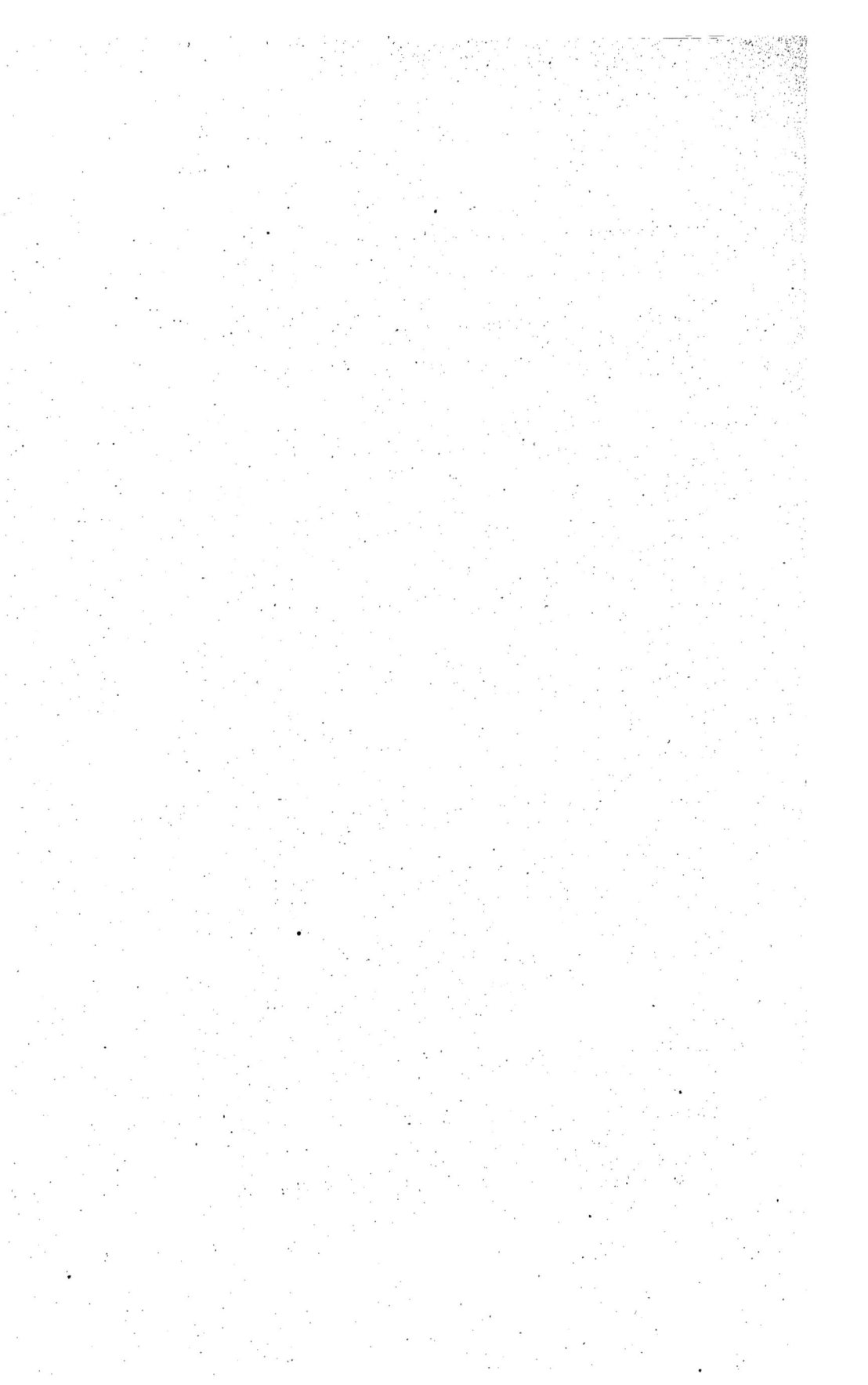

AVANT-PROPOS

———

La Faculté de droit de Paris proposait pour
l'un de ses derniers concours le thème suivant :
« Etude des procédés par lesquels une personne
peut, de son vivant ou pour le temps qui suivra
son décès, créer, au moyen d'une libéralité, une
œuvre charitable, scientifique ou littéraire. »

Ce sujet n'attira pas l'attention des concurrents
et la Faculté dut exprimer son regret de n'avoir
eu cette année aucun mémoire à couronner, aucun
même à examiner.

Cette indifférence tenait-elle au peu d'intérêt
de la matière? Cela n'est guère probable. La question des fondations soulève trop de discussions et
de conflits d'opinion, elle tient une trop grande
place dans l'ordre économique, les passions politiques et les préjugés philosophiques l'ont trop
souvent encombrée de leurs solutions radicales et
excessives pour que les étudiants de la Faculté de

Paris n'aient pas été séduits au premier coup d'œil jeté sur un champ aussi riche. Peut-être, au contraire, cette abondance, cette complexité des aperçus les a-t-elle effrayés, et leur abstention n'était-elle qu'une sage timidité.

Les guides, à vrai dire, ne leur eussent pas fait défaut pour les diriger dans ce labyrinthe. Car les thèses et les travaux spéciaux sur les fondations, les libéralités charitables et la capacité des établissements publics se sont multipliés ces dernières années (1). Les concurrents devaient moins redouter d'être isolés dans leur étude que de s'y voir devancés. Peut-être donc aussi est-ce la préoccupation de l'originalité qui les a fait porter ailleurs leur travail et leurs méditations.

En reprenant à mon tour le sujet qu'ils ont délaissé, ne vais-je pas me buter aux écueils qu'ils ont su fuir, et encourir le double reproche d'embrasser une œuvre trop vaste et de suivre des sentiers trop battus ?

Ce second péril aurait dû m'arrêter, si les livres de mes prédécesseurs avaient mis fin aux disputes et aux hésitations de la pratique judiciaire. Mais en voyant les tribunaux retentir toujours des mêmes controverses, il m'a semblé que le terrain n'était point encore fermé à la discussion, et qu'il était permis d'y suivre ceux qui ont pris les premières

---

(1) *Truchy*, Des fondations, Paris, Jouve, 1888. — *Lory*, Du mode d'établissement des fondations, Paris, 1888. — *Tissier*, Des dons et legs aux établissements publics ou d'utilité publique, Paris, Dupont, 1890.

positions, pour contrôler leur enseignement, y
adhérer quelquefois et parfois aussi s'en séparer
librement.

J'ai dû résister à la tentation de mêler à ce travail juridique des considérations d'économie politique et de législation. J'ai rencontré sur mon
chemin bien des appréciations qui appelaient d'elles-
mêmes la critique, j'ai vu quel rôle les fondations
avaient joué dans notre histoire, quelle influence
bienfaisante elles avaient exercée pendant de longs
siècles avant de succomber sous une funeste pros-
cription, et j'ai dû me demander si notre droit
actuel leur accordait assez et leur témoignait la
confiance qu'elles méritent.

Mais leur utilité ne fait plus de doute aujourd'hui
pour les esprits sérieux. Il n'en faut pour preuve
que le témoignagne de M. Léon Say, un descen-
dant intellectuel de ces économistes orthodoxes
d'il y a cent ans qui trouvaient, avec Turgot, que
les fondations étaient des institutions nuisibles (1).
Voici comment il s'exprimait naguère :

« Que de mainmortes nous font défaut pour
perfectionner notre outillage d'améliorations so-
ciales, prudentes, sincères, réfléchies! N'entre-
voyez-vous pas le nombre d'établissements d'utilité
publique que l'initiative individuelle pourrait faire
sortir d'une législation pratique et libéralement
conçue... (2)? »

---

(1) *Enclyclopédie*, édition de 1757, t. VII, vᵒ Fondation.
(2) *Journal des Economistes,* 15 octobre 1890.

Ce n'est pas à nous à fixer les principes de cette législation pratique et libéralement conçue que souhaite M. Léon Say. Nous voulons seulement rechercher quelles ressources offre aux fondations la législation telle quelle qu'il nous appartient de connaître et d'appliquer. Le lecteur jugera assez, par ce simple et sincère exposé, si les textes et l'esprit en méritent la critique déguisée sous le vœu de l'économiste.

DIVISIONS

Fonder, lit-on dans l'encyclopédie, c'est « assigner un fonds ou une somme d'argent pour être employé à perpétuité à remplir l'objet que le fondateur s'est proposé. »

La fondation se reconnaît donc à deux caractères : C'est, de la part du fondateur, une aliénation, et une aliénation avec affectation spéciale et permanente des biens aliénés.

C'est une aliénation. Car tant que le fondateur ne s'est pas dessaisi de la propriété des biens qu'il entend consacrer à une œuvre désintéressée, on ne peut pas dire qu'il les ait affectés de façon permanente à cette œuvre. Il reste libre d'en modifier l'emploi, et ses héritiers le pourront après lui. C'est le propre d'un propriétaire d'être maître de disposer selon son gré et son caprice.

Nous aurons à définir le caractère de cette aliénation et à décider par quel acte juridique elle se réalise. Ce sera l'objet de notre première partie, où nous poserons les principes essentiels du contrat de fondation.

Une aliénation suppose une acquisition correspondante. Si le fondateur remplit le rôle de *tradens*, il faut qu'un *accipiens* intervienne. Nous nous demanderons, dans notre seconde partie, quelles qualités juridiques doit posséder cet *accipiens*, et quel peut être, dans le contrat de fondation, le partenaire du fondateur.

Enfin, puisque l'aliénation et l'acquisition qui en est le corollaire ne sont destinées qu'à assurer l'affectation des biens au but de la fondation, il nous faudra expliquer comment le fondateur garantit cet emploi par l'acte précisément qui le dépouille de son pouvoir de disposer, et sous quelles sanctions l'acquéreur est tenu de respecter la destination des biens acquis. C'est à l'exécution du contrat que sera consacrée notre troisième partie.

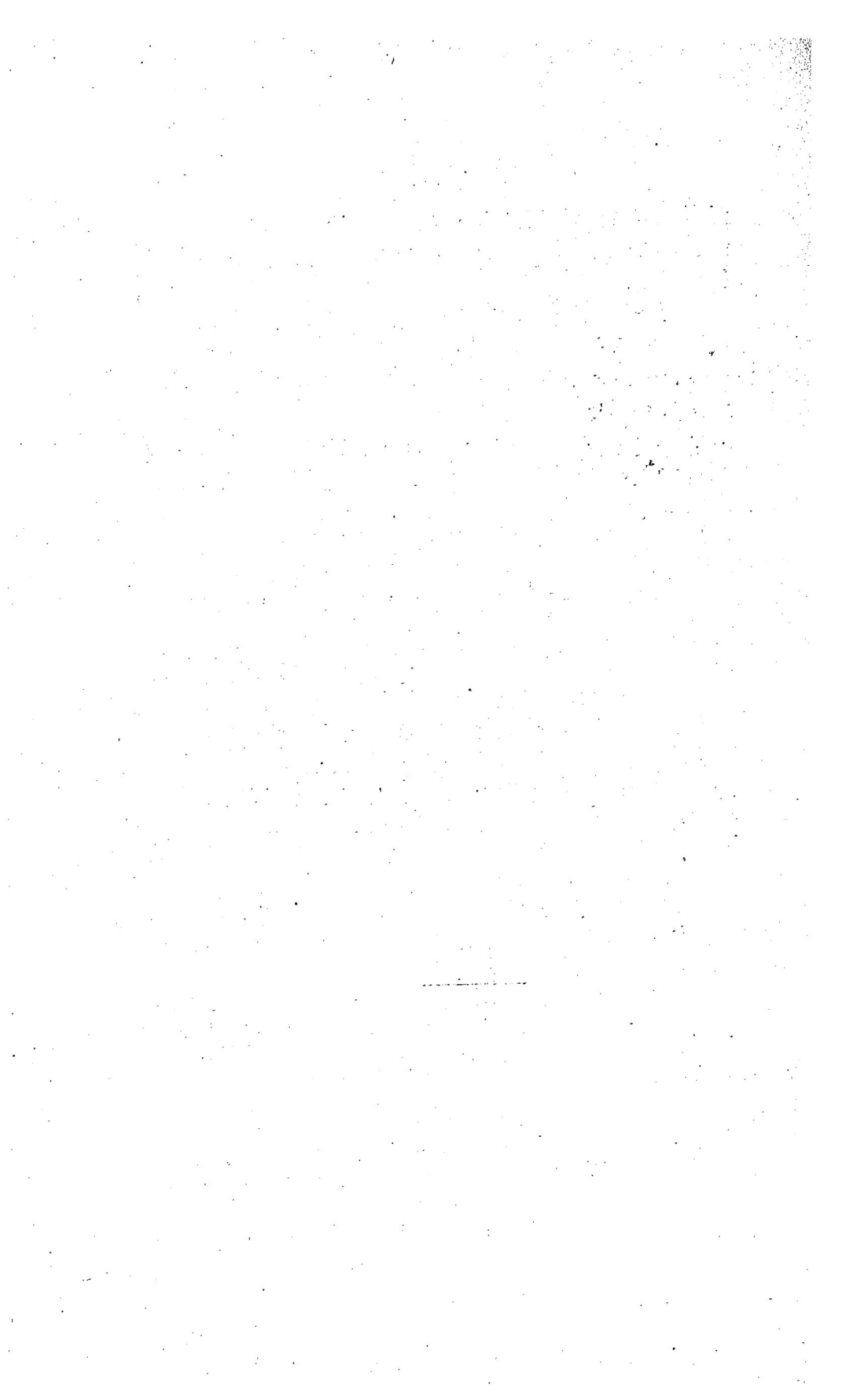

LE CONTRAT DE FONDATION

PREMIÈRE PARTIE

PRINCIPES GÉNÉRAUX DU CONTRAT DE FONDATION

CHAPITRE PREMIER

LA FONDATION EST UN CONTRAT

Pas de biens sans maître en droit français. — Les particuliers
ne peuvent pas créer de personnes morales en droit français.
— Fondements historiques et législatifs de cette règle. — Les
particuliers ne peuvent fonder que par contrats.

Il faut nous expliquer d'abord sur cette expression : contrat de fondation.

Lorsque le fondateur veut affecter ses biens à
une œuvre charitable, littéraire ou scientifique, on
pourrait concevoir qu'il mît directement ces biens
hors du commerce, par un acte de sa libre volonté.
Il créerait ainsi soit un « patrimoine autonome »,
soit une « personne juridique », c'est-à-dire, en définitive, un bien sans maître, à la propriété duquel

nul ne pourrait désormais prétendre. A cette masse
de biens, correspondant assez exactement à ce que
les Romains appelaient *universitas bonorum*, il
suffirait de donner des gérants, des administrateurs
qui en feraient l'usage prévu par le fondateur.
Cette conception est familière aux Allemands. Elle
a fait naître dans leurs écoles des dissertations sub-
tiles et ingénieuses plus encore qu'elle n'a engendré dans leurs lois de dispositions vraiment originales. Mais l'esprit de notre législation y répugne
absolument.

D'abord, la notion de biens sans maîtres nous
est absolument inconnue. Elle se confond, chez
nous, avec celle de droits sans sujets. Notre Code
civil, dans trois articles (1) où il ne fait que
reprendre les principes incontestés de l'ancien
droit, attribue les biens sans maîtres à l'Etat. C'est
couper par la racine la formation d'une semblable
propriété.

Ce que le fondateur ne peut pas faire directement : soustraire une partie de son patrimoine
à tout propriétaire déterminé, peut-il davantage
y parvenir indirectement, en créant, pour remplir
le rôle de ce propriétaire indispensable, un être
fictif, une personne morale?

Il faut encore répondre non.

L'idée de personne morale n'est pas, sans doute,
étrangère à notre législation, comme celle des
biens sans maîtres. S'il a prudemment évité de la

(1) Art. 539, 713, 768.

définir et d'en prononcer même le nom (1), il n'est pas douteux, cependant, qu'il ne l'ait eue plusieurs fois en considération. Quand, par exemple, il a parlé des biens qui n'appartiennent pas à des particuliers (2), c'est les biens des personnes morales qu'il visait. Et lorsque, dans l'art. 529, il donnait le caractère mobilier aux actions et intérêts des associés dans les compagnies de finance, de commerce et d'industrie, il est vraisemblable qu'il ait entendu se référer tacitement aux règles de la personnalité déjà exposées par les jurisconsultes de Rome (3).

Mais ce que notre législateur n'admet pas, c'est que la création des personnes morales soit au pouvoir des particuliers (4).

L'ancien droit avait déjà revendiqué pour le pouvoir royal le privilège d'autoriser par lettres

---

(1) L'expression de personnalité civile a été employée dans l'art. 111 de la loi du 5 avril 1884, sur l'organisation municipale. C'est la première fois qu'elle était transcrite dans un texte de loi. Elle avait déjà paru dans les avis du Conseil d'Etat des 29 avril, 7 et 13 mai 1874 et dans la circulaire du Ministre des cultes du 15 mai 1874.

Cf. loi du 15 juillet 1893, sur l'assistance médicale, et [projet de loi sur les enfants assistés.

(2) Art. 537, 713, 768 du Code civil.

(3) Je dis que cela est seulement *vraisemblable*. C'est qu'on peut donner de l'art. 529 une tout autre explication.

Cf. *Marcel Mongin*, Revue critique, 1890, t. LVI, p. 697.

(4) Il faut écarter ici une objection qu'on ne manquera pas de nous faire. La création des sociétés, dont la plupart, sinon toutes, ont la personnalité, est bien laissée au pouvoir des particuliers. Nous répondons que ce n'est que par une concession générale, mais néanmoins formelle de la loi que les sociétés ont la personnalité. D'ailleurs, la personnalité des sociétés, comme nous aurons lieu de le voir plus tard, n'est qu'une espèce inférieure de personnalité.

patentes les corps et communautés. Le droit intermédiaire les supprima. Les fabriques, les hospices et les établissements d'enseignement succombèrent sous les lois des 12 juillet – 24 août 1790, 23 octobre – 7 novembre 1790, 10 février 1791, 26 septembre 1791, 18 août 1792, 19 mars 1793, 1er mai 1793, 13 brumaire et 23 messidor an II.

Seules, quelques fondations particulières durent à leur minime importance d'être oubliées des rénovateurs et survécurent à la destruction générale. Telles sont les deux fondations du curé de Ruette et du sieur Fontaine dont l'objet était des bourses d'études et dont M. Lory a signalé l'existence. Elles subsistent encore aujourd'hui et datent, la première de 1631, la seconde de 1737. Cette dernière a même été l'objet d'une reconnaissance spéciale du Conseil d'Etat, le 20 septembre 1809 (1).

Mais ce n'étaient là que des exceptions curieuses, mais sans conséquence. A la reconstruction de l'édifice social, il fallut rétablir les anciens établissements que l'Etat n'avait pas remplacés. L'Etat intervint pour les reconnaître et déterminer leur capacité légale à l'avenir. Dès le 9 fructidor an III, la Convention nationale avait décrété qu'il serait sursis provisoirement à la vente des biens des hospices et autres établissements de bienfaisance. Les lois des 28 germinal an IV et 16 vendémiaire

(1) Cf. *Roche et Lebon*, Recueil des arrêts du Conseil d'Etat, t. I p. 193. — *Lory*, op. cit., p. 72.

an V allèrent plus loin ; elles remirent les hospices civils en possession de leurs biens, reconnaissant ainsi formellement le principe de leur existence. La loi du 7 frimaire an V institua, quelques mois plus tard, les bureaux de bienfaisance et leur permit, dans son article 8, de recevoir des dons ; la loi du 20 ventôse an V leur rendit applicable celle du 16 vendémiaire et leur créa un patrimoine.

Des trois grands services publics que la Révolution avait détruits, assistance, cultes, enseignement, le premier était ainsi restauré. Les deux autres ne le furent qu'un peu plus tard. L'art. 15 du concordat signé le 26 messidor an IX entre le Saint-Siège et le gouvernement du premier Consul, contenait cette clause : « Le gouvernement prendra des mesures pour que les catholiques français puissent, s'ils le veulent, faire en faveur des églises des *fondations*. »

La loi du 18 germinal an X (art. 73), celle du 2 janvier 1817 (art. 1 et 3), un décret du 22 fructidor an XIII et un autre du 19 juin 1806 réglementèrent les applications pratiques de cette règle générale. Il faut noter ici que la loi du 18 germinal an X ne s'appliquait pas exclusivement aux établissements du culte catholique, mais que l'article 8 des articles organiques du culte protestant qui en forment l'appendice étendait aux églises protestantes « les dispositions sur la liberté des fondations et sur la nature des biens qui peuvent en être l'objet. » L'ordonnance du 22 mai 1844 a fait de même pour les consistoires israélites.

Enfin la loi du 11 floréal an X sur l'instruction publique décida « que le gouvernement autoriserait l'acceptation des dons et fondations des particuliers en faveur des écoles ou de tout autre établissement d'instruction publique. »

Ces mesures réparatrices avaient-elles une portée doctrinale, et faut-il y voir la condamnation des principes de la Révolution sur la mainmorte et les fondations? Il n'est pas possible de l'admettre.

Il faut, pour en apprécier sainement la valeur, remarquer d'abord le soin avec lequel le législateur s'est abstenu de poser des règles générales. Chacun de ces textes vise un objet particulier, la reconnaissance de tel établissement ou de telle catégorie d'établissements publics. Aucun ne détermine dans quelles conditions et dans quelles limites de semblables établissements pourront être établis à l'avenir. Il semble bien, par le fait même de ces reconnaissances spéciales, que l'Etat n'entend abdiquer aucun des droits qu'il avait sous l'ancien régime, mais qu'il prétend, au contraire, faire toujours régner la règle de l'édit d'août 1749, résumé et conclusion de la législation antérieure codifiée par d'Aguesseau : « Il ne peut être fait aucun nou-
« vel établissement de chapîtres, collèges, sémi-
« naires, maisons ou communautés religieuses,
« même sous prétexte d'hospices, congrégations,
« confréries, hôpitaux ou autres corps et commu-
« nautés, soit ecclésiastiques, soit laïques, sans
« permission expresse délivrée par lettres patentes,

« enregistrées en les Parlements ou Conseils supé-
« rieurs (1). »

Un avis du Conseil d'Etat du 17 juin 1806 (2)
justifie en ces termes la nécessité de l'intervention de l'Etat dans la création des personnes morales. Il y est question des établissements de bienfaisance que le zèle et la piété des personnes charitables tendaient, à cette époque, à multiplier.

« De pareils établissements ne peuvent être
utiles et inspirer une confiance fondée, quels que
soient le prétexte et les intentions qui les ont fait
naître, tant qu'ils ne sont pas soumis à l'examen de
l'administration publique, autorisés, régularisés par
elle. »

« Il y aurait de graves inconvénients à tolérer
et à reconnaître, sans ces formes salutaires et conservatoires, l'existence de ces sociétés. » C'est bien
là la pensée des hommes qui fondaient l'ordre nouveau sur la table rase de la Révolution. Leur bon
sens répudiait le socialisme de 1792 qui absorbait
les établissements publics dans l'Etat universel ; ils
proclamaient la distinction de l'Etat et de ces orga-
nismes spéciaux. Mais ils n'allaient pas, pour cela,
jusqu'à reconnaître leur indépendance réciproque.

Au reste, l'avis du 17 juin 1806 n'est pas isolé.
La même année, le 17 janvier, le Conseil d'Etat en
avait émis un autre non moins formel et non moins
caractéristique. Il s'agissait, pour le gouvernement,

---

(1) Cf. *Pothier*, Traité des personnes et des choses, 1re partie,
t. VII, nos 219 sqq.

(2) *Roche et Lebon*, op. cit., t. I.

de destituer des fonctions qu'ils s'étaient eux-mêmes attribuées, deux particuliers qui avaient établi et entretenu de leur fortune un hospice. Le Conseil d'Etat fut d'avis qu'il n'y avait aucun abus de pouvoir dans cet acte de police, et que l'établissement, non reconnu, n'avait aucun droit à l'existence. C'est conformément à cette jurisprudence que, le 8 février 1835, une ordonnance royale mettait en possession des biens de cet établissement la liste civile et les hospices.

Cette conception du droit souverain de l'Etat fut encore affirmée par l'ordonnance royale du 12 juillet 1832. La baronne de Feuchères, exécutrice testamentaire du duc de Bourbon, voulait fonder un établissement pour les fils et petits-fils des anciens soldats vendéens. L'ordonnance déclara qu'il n'y avait pas lieu d'autoriser cette fondation.

Rien ne serait plus facile que de multiplier les exemples de pareilles décisions dans des espèces analogues. Au surplus, des textes législatifs sont venus corroborer cette doctrine qui n'était jusque-là qu'une interprétation peut-être contestable des organes administratifs. La loi du 2 janvier 1817 la formule nettement pour les établissements ecclésiastiques : « Tout établissement ecclésiastique *reconnu par la loi* pourra accepter, avec l'autorisation du Roi, etc. » (Art. 1.)

La loi du 24 mai 1825 n'est pas moins explicite : « Les établissements *dûment autorisés* pourront, avec l'autorisation du Roi, etc. » (Art. 4.)

On peut encore citer l'ordonnance du 14 janvier 1831, la loi du 3 juin 1835 (art. 1 et 6), le décret du 31 janvier 1832, le décret dictatorial du 25 mars 1852 (art. 1, tableau A, exception Y), la loi du 12 juillet 1875.

Tous ces documents supposent un principe qui n'est nulle part écrit dans nos lois, mais qui les anime, en quelque sorte, de son souffle invisible : L'Etat seul peut conférer l'existence à des « établissements permanents » et leur donner une capacité qui en fasse, dans le domaine du droit privé, de véritables personnes.

La conclusion s'impose. Pour affecter ses biens à une destination charitable, littéraire ou scientifique, pour abdiquer valablement sur eux son droit de propriété, il faut que le fondateur les cède à un autre sujet de droit, et il faut que celui-ci les accepte et s'engage, de son côté, à en respecter l'affectation. Si le fondateur pense avoir besoin, pour cela, du concours d'un être moral, il n'a pas la puissance de forger cet être à sa guise, d'en faire comme un prolongement de lui-même dans l'avenir par un acte isolé de sa volonté. Il peut seulement en choisir quelqu'un pourvu déjà de la reconnaissance légale, et traiter avec lui. Il faut qu'il lie sa volonté à celle d'une autre personne. Il ne peut rien faire par un acte unilatéral.

Voilà dans quel sens nous disons que toute fondation se réalisera, chez nous, par un contrat.

Sans doute, il est contre cette expression une objection facile, et qu'on ne manquera pas de nous faire : Les fondations résultent plus souvent d'une

2

disposition de dernière volonté que d'un acte entre
vifs. Prétendez-vous donc exclure de notre théorie
toutes les fondations testamentaires ? — Loin de
là, nous entendons bien que le système que nous
allons exposer embrasse les fondations réalisées au
moyen d'un legs aussi bien que les fondations réalisées au moyen d'une donation. Aussi demandons-
nous que l'on prenne ces mots : *contrat de fondation* dans un sens large, en s'attachant plus à la
pensée qu'ils recouvrent qu'à la rigoureuse correc-
tion de l'expression.

Nous savons bien que le legs avec charge, pour
être assimilé au contrat, manque d'un élément nécessaire : la concordance des volontés dans le
temps. Le légataire accepte le legs, alors que la
volonté du testateur est éteinte par sa mort. Mais
s'il n'y a pas concordance, il y a pourtant concours
des consentements. On peut justement considérer
que la volonté du testateur, devenue par sa mort
définitive et irrévocable, subsiste idéalement jusqu'à ce qu'elle soit complétée ou annulée par
l'acceptation ou le refus du légataire. Et quand le
legs supporte une charge, c'est vraiment de l'accord, sinon de la simultanéité, de la volonté du
testateur et de celle du légataire que résulte l'obligation de ce dernier. M. Laurent a très justement
relevé ce point de vue : « Il est vrai, dit-il, que
le legs n'est pas un contrat. Mais en acceptant le
legs fait avec charge, le légataire s'oblige à remplir
la charge ; le débiteur du legs a droit et intérêt à
exiger l'accomplissement de la charge ; c'est ce

que les interprètes appellent un quasi-contrat. *Il y a plus que quasi-contrat, puisqu'il y a concours de consentement* (1). »

Deux prestations, deux obligations réciproques, nées d'un double engagement libre, voilà les éléments que l'analyse découvre dans toute fondation. En parlant de contrat de fondation, nous n'avons eu qu'une pensée : mettre en lumière ces éléments et résumer cette analyse dans une formule nette.

(1) *Laurent*, Principes de droit civil, t. XIII, p. 601.

CHAPITRE II

Quel sera donc le contrat de fondation? Dans
quel cadre expressément prévu par la loi le ferons-
nous rentrer, ou de quel type mieux défini, s'il
devait rester lui-même dans la catégorie des contrats innommés, le rapprocherions-nous?

Essentiellement, c'est une aliénation par laquelle
le fondateur se dépouille sans poursuivre aucun
gain réciproque. C'est donc de la donation qu'il se
rapproche tout d'abord.

Mais cette donation n'est pas faite directement
aux personnes auxquelles elle doit profiter en définitive. Qui dit fondation n'entend pas : distribution
d'aumônes, mais bien : constitution d'une œuvre
durable, d'un fonds de réserve permanent auquel
les bénéficiaires viendront puiser au fur et à mesure
de leurs besoins et selon les dispositions du fondateur. Il faut, par conséquent, que les biens aliénés par le fondateur soient remis à une personne
de confiance, laquelle, comme un mandataire ou
comme un exécuteur testamentaire dont les attributions seraient suffisamment étendues pour cela,

conservera les biens, les administrera et les distri-
buera suivant ses intentions. Il y a donc, dans la
fondation, un contrat qui tient autant du mandat
que de la donation, au moment où il se forme.

Mais, aussitôt qu'il est formé, la donation l'emporte sur le mandat. Car la partie qui s'est obligée
à accomplir les instructions du fondateur est désormais propriétaire des biens affectés à la fondation.
Ce n'est pas un simple mandataire, c'est réellement
un donataire ou un légataire ; seulement, c'est un
donataire ou un légataire grevé de charge.

Dans la propriété des biens qui lui est acquise,
il trouve le moyen de remplir la charge. Et comme
ce n'est point assez qu'il soit capable de le faire,
mais comme il faut encore qu'il y soit obligé, il est
en même temps donataire sous condition résolutoire. L'exécution de la charge est la condition de
la donation. La condition cesse-t-elle d'être remplie ? Les héritiers du fondateur sont en droit de
réclamer la révocation de la libéralité et de recouvrer les biens donnés.

De cette manière, le fondateur n'échappe pas
encore à tout danger de laisser après lui son œuvre
interrompue. Le sort en dépendra toujours de
volontés étrangères à la sienne : celle du donataire
et celle des héritiers. Il ne peut pas s'assurer contre
leur mauvais vouloir ou leur indifférence combinés.
Du moins, la contrariété de leurs intérêts sera le
plus souvent une garantie de leur fidélité.

Une seconde question se pose ici : cette donation
avec charge constituera-t-elle une véritable libéralité ou bien plutôt un acte à titre onéreux ?

C'est là une question d'un trop grand intérêt et la solution qu'on lui donnera aura sur tout notre sujet de trop importantes conséquences pour que nous en reculions l'examen.

Ce n'est pas seulement, en effet, la forme de l'acte de fondation qui est en jeu, solennelle s'il constitue une donation, non solennelle s'il est à titre onéreux. Ce n'est pas encore, point déjà plus intéressant, la proportion et l'assiette du droit de mutation différentes dans l'une ou l'autre hypothèse ; mais ce sont des règles de fond qu'il faudra retenir ou écarter selon le cas.

Par exemple, le fondateur sera-t-il tenu de garantir son ayant cause contre l'éviction ? Pourra-t-il réciproquement invoquer contre ce dernier le privilège du vendeur pour le forcer à exécuter la charge convenue ?

La fondation sera-t-elle révocable pour cause de survenance d'enfant ou d'ingratitude ? Sera-t-elle soumise au rapport et réductible à la quotité disponible ?

Et quand elle sera faite en fraude des droits des créanciers du fondateur, ceux-ci auront-ils besoin d'établir la complicité du donataire pour triompher dans l'action Paulienne ?

La condition impossible ou illicite sera-t-elle régie par l'article 900 ou par l'article 1172 ?

Et, dans le cas très général où la fondation est adressée, soit aux pauvres, soit aux hospices et hôpitaux, soit à un établissement d'utilité publique, l'autorisation des articles 910 et 937 sera-t-elle nécessaire ?

Les legs échappent à la plupart de ces difficultés. Ils doivent toujours être contenus dans des actes solennels. Pour l'obligation de garantie et le privilège du vendeur, le rapport ou la révocation pour ingratitude et survenance d'enfant, ils y échappent par leur nature. Il ne faut pas cependant se hâter d'affirmer que les legs avec charge sont nécessairement des actes de libéralité. Et ce point serait-il assuré, il faudrait se garder d'en induire par voie d'analogie une conclusion prématurée à propos des actes qui affectent la forme de donations entre vifs (1).

Le danger qu'il pourrait y avoir pour l'ordre public à soustraire au domaine des articles 910 et 937 les donations grevées de charge (2) ne serait pas davantage un motif suffisant de conclure à la gratuité de la fondation. Assurément la jurisprudence la plus constante exige, même et surtout dans ce cas, l'autorisation du gouvernement. Mais la jurisprudence n'est pas la loi. C'est par des raisons de droit tirées de plus loin et de plus haut, c'est par un examen plus approfondi du contrat lui-même qu'il faut justifier le parti que l'on prend.

Pothier avait proposé de décomposer l'acte et d'y voir un contrat à titre onéreux pour la part de la donation qui était compensée par la charge et un contrat à titre gratuit pour le surplus : « La donation onéreuse, disait-il, est la donation d'une

(1) C'est cependant ce que fait M. *Truchy*, op. cit.
(2) *Ibid.*

chose qui est faite sous certaines charges que le donateur impose au donataire. Si ces charges sont appréciables à prix d'argent et qu'elles égalent la valeur de la chose donnée, une telle donation n'a de donation que le nom et elle tient du contrat de vente... Si les charges sont, à la vérité, appréciables à prix d'argent, mais d'une moindre valeur que la chose donnée, par exemple, si je vous ai donné un héritage de la valeur de 3.000 livres sous des charges appréciables à 2.000 livres, *l'acte sera d'une nature mixte* : il tiendra de la vente pour les deux tiers et de la donation pour un tiers... Lorsque les charges ne sont pas appréciables à prix d'argent, l'acte est une vraie donation qui ne tient en rien du contrat de vente (1). »

Ainsi donc, selon Pothier, si les charges sont équivalentes à la libéralité, il y a contrat à titre onéreux sous le nom de donation. Quand elles sont inférieures, l'acte se décompose ; il est à la fois contrat à titre onéreux pour une part et donation pour une autre.

La première de ces deux propositions n'a pas, je crois, été discutée. C'est l'application pure et simple du principe que la nature d'une convention est déterminée par l'intention des parties et non par la forme extérieure, bien moins encore par le nom qu'on s'est plu à lui imposer.

Mais la seconde proposition n'a pas rencontré le même assentiment.

---

(1) *Pothier*, De la vente, n. 612.

Quelques auteurs l'ont reproduite, sur la foi du maître (1) ; quelques tribunaux, moins nombreux encore, s'y sont conformés (2).

Mais l'immense majorité de la doctrine et la presque unanimité de la jurisprudence ont repoussé ce dédoublement de la donation avec charge. L'acte est unique ; il faut qu'il soit onéreux ou gratuit, il ne saurait être l'un et l'autre. MM. Aubry et Rau me paraissent avoir très exactement signalé le point faible du système de Pothier : « Ce procédé de décomposition est contraire à ce qui, dans ces sortes de donations, se passe entre les parties, à la nature du *quod gestum*. Le donateur n'entend pas disposer à titre gratuit d'une quote-part seulement de ses biens, et faire du surplus l'objet d'une vente. Quant au donataire, il n'entend pas acheter une partie quelconque des biens ; il accepte la donation comme telle pour la totalité des biens qui lui sont cédés (3). »

La Cour de cassation, dès 1818, avait consacré la doctrine de l'unité du contrat (4). De nombreux arrêts ont depuis lors développé les conséquences de ce principe, en décidant notamment que la donation dite onéreuse n'impose aucune obligation de garantie au donateur (5), et qu'elle ne fait pas

---

(1) *Demante*, IV, 96 *bis* 2.— *Pont*, n. 188. — *Vazeille*, Sur l'art. 398, n. 6. — *Troplong*, De la vente, I, 8, 11. — *Zachariæ*, § 705.

(2) Entre autres, *Besançon*, 2 juillet 1828, S., 1829, 2, 113.

(3) *Aubry et Rau*, Cours de droit civil français, t. VII p. 99. — *Duranton*, t. VIII, n. 531. — *Demolombe*. — *Colmet de Santerre*.

(4) *Cass.*, 28 janvier 1818, S., 1818, 1, 252.

(5) *Besançon*, 2 juillet 1828, S., 1829, 2, 113.

naître à son profit le privilège du vendeur pour l'acquittement des prestations imposées au donataire (1).

Mais si le contrat est nécessairement onéreux ou gratuit pour le tout, à quel moment deviendra-t-il l'un ou l'autre ? On comprend qu'il n'est pas possible de déterminer d'avance l'importance que doivent avoir les charges pour transformer la donation onéreuse en un contrat onéreux proprement dit. C'est aux tribunaux qu'il appartiendra de décider, d'après les circonstances de fait et d'espèce, si la gratuité de l'acte subsiste malgré les charges dont il est affecté.

Faut-il donc admettre que le contrat de fondation prendra rang tantôt parmi les donations et tantôt parmi les actes onéreux ? Il ne semble pas qu'il soit possible de décider autrement, si l'on s'en tient seulement à ce système de balance et d'équilibre (2).

M. Truchy (3) cependant n'hésite pas à déclarer que la fondation est naturellement un acte de libéralité, un contrat de bienfaisance. En effet, selon lui, la valeur du bien aliéné par le fondateur est presque toujours supérieure à la valeur de la charge. Que donne le fondateur ? Un capital. Et que s'engage à fournir en échange le donataire ? Les re-

---

(1) *Orléans,* 26 mai 1848, S., 1848, 2, 615. — *Douai,* 6 juillet 1852, S., 1853, 2, 546. — *Agen,* 4 janvier 1854, S., 1854, 2, 350. — *Nimes,* 29 novembre 1854, S., 1855, 2, 512. — *Colmar,* 30 mai 1865, S., 1865, 2, 348.

(2) *Cass. civ. req.,* 4 juin 1867, D. P., 1867, 1, 218.

(3) *Truchy,* op. cit.

venus de ce capital. Le patrimoine du donataire n'est donc pas modifié par la fondation ; s'il est grevé d'obligations nouvelles, c'est précisément et seulement dans la mesure de son accroissement. Il y a bien là une convention synallagmatique, une opération commutative, mais d'un genre spécial et unique, qui s'allie avec la gratuité de l'opération.

Cette explication ingénieuse nous semble fort discutable. M. Truchy est lui-même obligé de reconnaître que la fondation serait à titre onéreux dans l'hypothèse où le donataire recevrait un bien dont la valeur réelle serait actuellement indécise et s'engagerait néanmoins à faire emploi d'une somme fixe pour remplir le but indiqué par le fondateur. Le caractère onéreux serait ici la conséquence du caractère aléatoire.

Mais, alors même que la convention est strictement commutative, peut-on raisonnablement soutenir que les deux prestations d'un capital et de tous ses revenus ne sont pas équivalentes ? On les tient pour telles dans la constitution de rente viagère. Ici, cependant, tandis que le capital est aliéné pour toujours, les arrérages ne sont dûs qu'*ad tempus*. Dans la fondation, ils sont dûs pour une durée indéterminée, sans aucun terme extinctif. Où donc y peut-on voir un avantage au profit du donataire ?

Dans quelle mesure, d'ailleurs, est-il exact de prétendre que la fondation n'impose au donataire rien que l'emploi des revenus du capital donné ?

Ce point de vue suppose que le capital sera inaliénable entre ses mains. Le fondateur aura-t-il
d'ordinaire stipulé cette inaliénabilité? Et l'aurait-il
pu faire légalement? Il paraît bien plutôt que le
capital grevé se sera confondu dans le patrimoine
du donataire, en aura grossi l'actif sous la condition d'une obligation réciproque inscrite au passif
de ce patrimoine et garantie non pas seulement,
par le capital aliéné, mais par le patrimoine tout
entier du donataire.

Enfin, c'est exagérer la portée de la jurisprudence que de faire dépendre la gratuité du
contrat d'un excédent quelconque dans la valeur
de la chose donnée sur celle de la prestation
imposée. Le criterium de la jurisprudence réside
plutôt dans l'intention du donateur. L'obligation
qu'il impose au donataire et l'avantage qu'il en
retirera lui-même sont-ils la *cause* de sa libéralité? Alors on peut soutenir que, sous forme de
donation, c'est un véritable contrat onéreux, du
type *do ut des* ou *do ut facias* qu'il entend former. La charge n'est-elle dans sa pensée qu'un
accessoire, une condition, et l'intention de gratifier le donataire est-elle déterminante dans
son esprit? C'est réellement une donation qu'il
accomplit.

Mais la charge, dans la fondation, n'est-elle pas
plutôt la cause de la libéralité? N'est-ce pas précisément pour assurer l'exécution de cette charge
que le fondateur se dépouille ; n'est-ce pas, comme
nous le montrions plus haut, pour rendre possible

l'exécution du *mandat* qu'il fait une *donation?*
Il faudrait donc, au rebours de M. Truchy, décider que le contrat de fondation est onéreux par
nature et ne devient gratuit que dans de très rares
et très exceptionnelles circonstances (1), par application de l'adage : *major pars trahit ad se mino-
rem.*

Cependant, tous les systèmes que nous avons
rencontrés jusqu'ici n'ont envisagé la question qu'au
point de vue du donataire. La solution ne serait-
elle pas différente, si l'on avait davantage égard à
la situation du donateur?

L'article 1106, il est vrai, ne se prête à aucune
distinction. Mais on sait combien ce texte est
défectueux. Il donnerait à croire notamment qu'il
ne peut y avoir d'onéreux que les contrats synallagmatiques, ce qui exclurait, par exemple, le
prêt à intérêt. Le criterium qu'il pose est incom-
plet et superficiel. Pothier définissait beaucoup
plus justement le contrat à titre onéreux : « celui
qui se fait pour l'intérêt de l'utilité réciproque de
chacune des parties. » Or, s'il est évident que dans
la fondation le donataire s'oblige « dans l'intérêt
de son utilité », puisque la libéralité qu'il reçoit
est la cause de son engagement, il ne l'est plus du
tout que ce soit dans l'intérêt de l'utilité du
donateur.

Le donateur ne stipule rien pour lui-même; il

_____

(1) C'est le système soutenu par M. Viollet, dans un mémoire
malheureusement inédit auquel M. Truchy fait allusion.

ne se réserve aucun avantage du contrat. Il est mû par un mobile désintéressé. Il veut assurer à un tiers le bénéfice de la convention. C'est envers ce tiers qu'il oblige le donataire, ce n'est pas envers lui. Pour lui, il fait vraiment une donation et non pas une vente, un louage ou rien autre d'analogue.

Dirons-nous donc, avec de vieux auteurs (1), que le véritable criterium de l'acte gratuit ou onéreux, c'est l'intérêt du *tradens*, en sorte que si la charge est imposée à son profit, la donation déguise un véritable contrat à titre onéreux; mais si elle l'est au profit d'un tiers, la donation garde son caractère d'acte à titre gratuit ? Nous éviterons de prendre un parti aussi net. Car ce serait sacrifier cette fois la considération du donataire à celle du donateur. Nous croyons que la vérité est entre ces deux extrêmes.

C'est dans la combinaison des deux points de vue que nous la chercherons. Le contrat n'est pas mixte, dirons-nous, au sens où l'entendait Pothier, c'est-à-dire gratuit pour une quote-part et onéreux pour l'autre. Il importe peu que la prestation du donataire soit récompensée par une prestation strictement équivalente qui représenterait, en quelque sorte, son juste salaire, ou qu'elle le soit plus largement. Mais le contrat est mixte dans un autre sens, gratuit pour le tout par rapport au fondateur, onéreux pour le tout par rapport au donataire.

---

(1) *Ricard*, Des donations, 1re partie, n. 1101, 1102.

Pour singulière que paraît cette conception, elle n'est pas, cependant, sans analogies dans le droit. La constitution de dot, selon d'excellents auteurs, a de même un double caractère : gratuit par rapport au constituant, onéreux par rapport à l'époux donataire (1). Une convention peut être à la fois commerciale à l'égard d'une partie, civile à l'égard d'une autre, et il n'est pas rare de voir une partie en assigner une autre devant la juridiction consulaire à l'occasion de pareils contrats, et là, se refuser, pour sa part, aux modes exceptionnels de preuve de la procédure commerciale.

Quelles conséquences pratiques faudra-t-il dégager de cette théorie ? Et quand il s'agira, en fait, d'appliquer les règles des contrats à titre onéreux ou des actes à titre gratuit, soit aux parties elles-mêmes, soit aux tiers, pour lesquelles devra-t-on se décider ? — Il nous paraît logique d'appliquer à la fois les unes et les autres : les règles des actes à titre gratuit au donateur dans ses rapports avec le donataire et avec les tiers; les règles des contrats à titre onéreux au donataire, dans ses rapports avec le donateur et avec les tiers. Voyons donc à quels résultats l'on aboutira.

L'acte de fondation devra-t-il être solennel à peine de nullité, conformément à l'article 931 ? Nous ne le pensons pas. Le titre, en effet, est

---

(1) Telle était l'opinion de la jurisprudence jusqu'à l'arrêt de cassation du 18 janvier 1887, qui a déclaré, à tort, selon nous, que la constitution de dot était un « véritable acte à titre onéreux » S., 1887, 1, 97.

rédigé dans l'intérêt de l'acquéreur. Or, l'acquéreur acquiert ici à titre onéreux. Toutefois, on pourrait faire valoir, en faveur de l'opinion contraire, que l'intervention des notaires dans l'acte de donation est une garantie voulue par la loi dans l'intérêt du donateur contre sa propre imprudence.

Les droits de mutation étant supportés par l'acquéreur devront très certainement être calculés sur la base d'une mutation à titre onéreux.

Le fondateur devra-t-il la garantie de l'éviction? Il nous semble équitable de l'admettre, car c'est dans l'intérêt de l'acquéreur que cette protection légale existe. Elle est moins une charge imposée au vendeur en considération et en compensation des avantages qu'il réalise dans la vente, qu'une *garantie,* son nom l'indique, accordée à l'acquéreur contre un détriment éventuel.

Mais, au contraire, nous refuserons au fondateur le privilège du vendeur; car c'est ici son intérêt qui est en jeu.

Nous estimons la fondation révocable pour les mêmes causes que la donation. L'acquéreur n'aura aucun lieu de s'en plaindre, puisque la révocation fait également cesser son obligation. Nous estimons aussi la fondation réductible à la quotité disponible.

Le donataire-héritier doit-il le rapport à la succession du fondateur? Le cas est délicat. D'une part, en effet, le donataire est acquéreur à titre onéreux, ce qui serait une raison de l'en dispenser; et, d'autre part, héritier du fondateur, il est subrogé à ses droits et charges, en sorte qu'il est à la fois donataire et donateur. Selon qu'on envisage en lui l'un ou l'autre, le contrat change de nature. Malgré ces difficultés, nous ne pensons pas qu'il faille soumettre le donataire grevé de charge au rapport, car ce n'est pas comme donateur, mais comme donataire qu'il l'effectuerait.

En ce qui concerne l'action Paulienne, l'analogie de la constitution de dot nous suggère la solution. Les créanciers lésés ne peuvent faire rescinder l'acte de fondation qu'autant que le donataire est lui-même de mauvaise foi; c'est ainsi que la jurisprudence le décide à l'égard du conjoint donataire de la dot, et c'est justice, puisque, selon l'adage romain, lui aussi *certat de damno vitando*.

La condition impossible ou illicite de la fondation, la charge, par conséquent, ne fût-elle pas la cause impulsive et déterminante de la libéralité, ne doit pas être réputée non écrite, mais bien nulle, et l'acte tout entier avec elle. Elle frappe, en effet, de nullité l'acquisition. Or, sans acquisition, nous le savons, il n'y a point de donation. Cette solution s'impose d'autant plus que la règle de l'article 900 est une exception à la règle générale de l'article 1172, exception malheureuse et peu justifiée.

Enfin, la fondation tombe-t-elle sous l'application des articles 910 et 937? Cela dépend, bien entendu, de la raison que l'on attribue à ces articles. Si c'est uniquement sur l'acceptation du donataire que porte l'autorisation du gouvernement, il faut répondre par la négative. Et cette solution, qu'on veuille bien le remarquer, ne serait pas si révolutionnaire qu'on pourrait le croire au premier abord. Ce n'est, en effet, qu'à l'égard des établissements d'utilité publique qu'elle désarme le gouvernement. Pour les établissements publics, celui-ci resterait encore légalement maître de contrôler les fondations qui leur seraient adressées. Son autorisation est, en effet, nécessaire, non pas seulement pour permettre à l'établissement d'*acquérir*, même à titre onéreux, les biens donnés, mais encore de s'obliger à l'exécution de la charge. Mais il faudra, au contraire, étendre à toutes les fondations nos deux articles, s'ils ont également pour objet la protection du donateur et de ses héritiers contre le danger hypothétique de certaines libéralités. Sans prendre sur cette question un parti prématuré, bornons-nous à faire remarquer que ce second point de vue est celui de la pratique la plus constante.

CHAPITRE III

Personnes futures et incertaines. — Incapacité de fait et capacité de droit. — Les personnes futures et· incertaines ne peuvent pas être gratifiées directement. — Condition *si nascatur* et faculté d'élire. — Les personnes futures et incertaines peuvent être gratifiées indirectement. — Contrat en faveur de tiers.

Le point de départ de notre théorie sur la nature du contrat de fondation a été cette constatation que le fondateur traite avec le donataire, non pas dans son intérêt personnel, mais dans celui d'une tierce personne, d'un bénéficiaire étranger à l'acte.

Cette tierce personne, ou, plus exactement, ces tierces personnes indirectement gratifiées, ce sont des personnes incertaines et des personnes futures : les pauvres, les étudiants, les fidèles de telle église, de telle catégorie ou de telle localité, ceux qui existent au moment de la fondation et ceux qui naîtront plus tard. Or l'article 906, en exigeant pour la capacité de recevoir entre vifs ou par testament l'existence au moment de la donation ou au décès du testateur, ne classe-t-il pas dans la catégorie des incapables toutes les personnes futures ? Et les personnes incertaines ne sont-elles pas sous le coup de la même incapacité, l'individualité étant aussi nécessaire que l'existence pour être titulaire d'un droit quelconque ? L'article 910 ne vient-il pas, d'ailleurs, compléter en ce sens l'article 906, et puisqu'il reconnaît, par un véritable privilège, l'aptitude des pauvres d'une commune à recevoir des libéralités, n'exclut-il pas d'une façon générale toutes les autres catégories de personnes incertaines ?

Sans doute, ces personnes ne sont par la fondation gratifiées qu'indirectement. Mais il n'est pas permis de faire indirectement ce qu'il est défendu de faire directement ; ce serait une fraude à la loi, et l'art. 911 décide expressément que « toute disposition au profit d'un incapable sera nulle, soit qu'on la déguise, soit qu'on la fasse sous le nom de personnes interposées. »

Telle est, exactement résumée, l'objection qui a arrêté de bons auteurs et influencé plus d'une fois les décisions de la jurisprudence.

Elle se résout par une analyse un peu précise de l'incapacité de recevoir et une interprétation à la fois rationnelle et traditionnelle de l'article 911.

L'incapacité de recevoir peut avoir deux causes. Ou bien l'intérêt de la morale et de l'ordre public, et alors il est *défendu* de gratifier ceux que la loi a frappés d'incapacité ; ou bien l'impossibilité de fait d'acquérir pour quiconque n'est pas, ou n'est pas connu. Dans le premier cas, l'incapacité est une règle légale que l'on ne peut éluder par une disposition indirecte, sans fraude à la loi. Telle est l'incapacité du tuteur édictée par l'article 907 ; telles encore, celles des enfants naturels, des docteurs en médecine ou des ministres des cultes, suivant les dispositions des article 908 et 909. Mais dans le second cas, c'est une nécessité de l'ordre naturel, qu'il n'est pas défendu, mais qu'il est impossible d'enfreindre. Sans les textes positifs des articles 907, 908 et 909, le tuteur, l'enfant naturel, le médecin et le prêtre seraient pleinement capables de recevoir. Il n'est pas besoin d'un texte de loi pour interdire à l'être inexistant ou indéterminé d'accepter une libéralité. Cela résulte suffisamment du bon sens.

Mais la raison d'être de cette sorte d'incapacité venant à disparaître, l'incapacité disparaît avec elle. La personne qui n'existe pas encore ou qui est encore inconnue sortira-t-elle du néant et se révélera-t-elle? Aussitôt, si elle ne tombe pas alors dans quelque catégorie d'incapacité légale, elle pourra recevoir, selon le droit commun.

On voit donc qu'il ne faut pas parler de fraude et d'illégalité si, par une voie détournée, le donateur parvient à triompher de l'incapacité des personnes futures et incertaines. L'article 911 est étranger à cette hypothèse.

On l'a invoqué trop souvent toutefois pour qu'il ne soit pas utile d'ajouter à ces considérations de pure logique quelques raisons d'ordre historique qui serviront à en mieux éclairer la véritable signification.

Le droit romain, on l'a trop oublié, avait le premier consacré cette distinction entre l'incapacité légale et l'incapacité de fait. Il annulait absolument les dispositions contraires à la loi Voconia sur les femmes ou à la loi Julia sur les célibataires, et il donnait au testateur ou à ses héritiers une action pour répéter les biens donnés contrairement à ses prohibitions. Mais si quelque libéralité était adressée à des personnes incertaines, il se bornait à refuser à celles-ci le moyen d'en réclamer l'exécution. Parvenaient-elles à en toucher l'émolument? Alors elles étaient dûment gratifiées et se trouvaient à l'abri de toute répétition (Inst. 1. II, t. xx, § 25, *in fine*). Il est bon de remarquer que ce principe date de l'époque classique de la législation romaine, et qu'il est, par conséquent, étranger à la faveur dont les empereurs chrétiens firent bénéficier certaines catégories de personnes incertaines, jusqu'à ce qu'enfin Justinien, dans une constitution aujourd'hui perdue, validât, d'une façon complète et absolue, toute disposition au profit des personnes incertaines (1).

C'est que le droit romain avait proclamé le principe de la liberté testamentaire et de la liberté des donations.

Le point de départ de notre droit coutumier était tout autre : « Dieu seul fait les héritiers

---

(1) Constantin consacre en 321 la personnalité des établissements de la religion chrétienne. *C.*, 1. I, § 1. *De sacros. eccles.*

Celle des villes était déjà reconnue depuis longtemps lorsqu'on leur accorda en 469 la capacité générale de recevoir. Valentinien III et Marcien, Léon et Anthémius, Justinien, Justin étendent ces dispositions. C, 1. III, *De episc. et cler.*, 24. — *Ibid.* 1. XXVIII. — *Ibid.* 1. XLIX. — *Ibid.* 1. XLVI, § 7.

La constitution de Justinien formait, sans doute, le titre XLVIII, 1. VI, de la 1re édition du Code. Nous la connaissons par les renvois du Code, 1. XX, *de legatis*, § 27 et du titre *de bonorum possessionibus*, et par les recueils de Basile le Macédonien (xe siècle) et le *Nomocanon* de Photius.

siens », tel était le principe, et la liberté de tester
et de disposer devenait, non plus un droit naturel,
mais une concession de la loi.

Pothier, dominé par cette conception restrictive,
au lieu de se borner à *annuler* simplement les dispositions illégales, se demande quelles dispositions
doivent être *validées*. Il ne recherche pas ce qui
est défendu, pour permettre tout le reste, mais ce
qui est expressément permis, pour interdire tout
ce qui ne l'est pas. Et il formule cette règle : « Les
legs doivent partir d'une juste affection que le testateur porte au légataire. » Il déduit de là cette
conséquence que les legs faits à des personnes incertaines, *qui n'ont pu mériter l'affection du
testateur*,... sont nuls (1). »

C'était contredire directement la loi romaine :
« *Extraneum etiam penitus ignotum heredem
quis instituere potest* (2). »

Mais l'opinion de Pothier n'était pas partagée
par les jurisconsultes de son temps. Ricard ensei-
gnait que pour être capable de recevoir par donation
ou par testament, il n'est pas nécessaire de prou-
ver que l'on ait eu habitude avec le donateur,...
lui suffisant qu'il paraisse que la volonté du donateur ait été de le gratifier (3). »

Or, Ricard exprimait ainsi, non pas la jurispru-

---

(1) *Pothier*, Des donations testamentaires, ch. II, sect. II, art. 5
n° 91.

(2) *C*, l. II, *De hered. instit.*

(3) *Ricard*, Donations et testaments. 1re partie, ch. III, sect. XI,
n° 65.

dence des pays de droit écrit, mais celle des pays
de droit coutumier.

Furgole allait encore plus loin que lui et reven-
diquait l'absolue indépendance du disposant : « Il
n'est pas besoin de s'enquérir si le testateur a eu
de justes motifs de disposer. Il suffit qu'il ne soit
pas prouvé que sa volonté ait été séduite ou trom-
pée (1). »

Tel était l'état de la doctrine à la fin de l'ancien
droit. Insensiblement, ceux même parmi les auteurs
qui échappaient le moins aux influence coutumières,
revenaient à la doctrine romaine. Le Code civil
a-t-il opéré un recul dans cette voie ? Il n'est pas
possible, en présence de l'art. 922, de le supposer.
Faisant œuvre de conciliation entre l'esprit latin et
l'esprit des coutumes, les rédacteurs du Code n'ont
point admis une liberté testamentaire sans limites.
Ils ont restreint à une *quotité disponible* la liberté
de disposer à titre gratuit ; ils ont, en outre, édicté
des incapacités de recevoir au préjudice de certaines personnes. Mais, dans ces limites et en dehors
de ces prescriptions expresses, « toutes personnes
peuvent disposer et recevoir, soit par donations
entre vifs, soit par testament. » Voilà le droit actuel. On voit s'il se rattache davantage à la doctrine de Pothier ou à celle de Ricard, et si
M. Laurent, pour ne citer que lui, rentre dans
l'esprit du Code civil, quand il reprend, en l'aggra-

(1) *Furgole*, Des testaments.

vant encore, le système de défiance du premier de ces auteurs (1).

Incapable, *en fait*, de recevoir, les personnes futures et les personnes incertaines sont capables, *en droit*, d'être gratifiées. Telle est, dans toute sa rigueur, la formule de notre droit contemporain.

Il n'en reste pas moins vrai que, pour vaincre leur inhabileté de fait, il faut user de moyens indirects et déployer quelque sagacité.

Nous estimons que l'on n'atteindrait pas ce but en gratifiant la personne future, sous la condition de sa naissance, ou la personne incertaine, sous celle de sa détermination postérieure.

On pourrait croire, sur un examen superficiel, que la condition accomplie devant rétroagir, le donataire pourrait être considéré fictivement comme conçu et connu au jour même de la donation, et ainsi rétroactivement habilité. Furgole avait proposé ce point de vue (2) auquel s'est rallié M. Troplong (3). Mais on se convainct par une réflexion plus attentive de l'inanité de cette explication. La condition a besoin, pour produire ses effets, d'être apposée à un acte déjà valable qui lui servira de soutien, à un contrat, par exemple, muni de tous ses éléments essentiels.

Le fait en condition ne peut être l'existence même

---

(1) *Laurent*, op. cit., t. XI, § 310. — Cf. aussi *Th. Huc*, Commentaire théorique et pratique du Code civil. Paris, Pichon, 1894, t. VI, p. 168.

(2) *Furgole*, Des testaments, t. I, ch. vi, sect. 1, n° 37.

(3) *Troplong*, Donations et testaments, t. II, n° 612.

des parties, sans laquelle il n'y a pas de contrat (1).

On pourrait s'appuyer sur une autre considération, moins métaphysique, mais d'une non moindre
évidence. C'est que faire une donation sous condition
de la naissance du donataire, c'est laisser pendant
un temps indéterminé la propriété *in pendenti*,
situation à laquelle notre législation répugne absolument, tant par l'intérêt économique que par
l'ordre logique de ses conceptions.

C'est encore cette dernière considération qui
doit faire écarter le procédé de la donation et du
legs avec faculté d'élire. Un fondateur qui voudrait
instituer un prix de vertu léguerait, par exemple,
une somme aux jeunes filles « que le maire ou le
curé choisira. » Que deviendrait la propriété de la
somme léguée jusqu'à ce que le maire ou le curé
aient exercé leur choix ? Elle aurait déjà quitté le
donateur ; elle ne se serait pas encore fixée sur les
donataires ; enfin, par hypothèse, elle ne reposerait
pas sur la tête de l'arbitre chargé de faire la désignation. Ce serait une propriété en l'air, un bien
sans maître constitué pour un temps plus ou moins
long (2).

---

(1) *Duranton*, Cours de droit français, t. VIII, ch. II.
Demolombe, Donations et testaments, t. I, n° 580. — *Aubry et
Rau.* t. V, § 649, p. 432, n° 6. — *Trochon*, Régime légal des communautés religieuses, p. 210. — *De Baulny*, Revue critique, t. XIV,
p. 237, 248.
(2) Cette disposition était fort usitée dans l'ancien droit. Pourvu
que la faculté d'élire fût seulement relative, c'est-à-dire qu'elle ne
portât que sur une classe déterminée de personnes, qu'elle ne con-
sistât à choisir qu'un *incertus ex certis*, les auteurs et les parlements ne faisaient pas difficulté de la ratifier (*Montvalon*, Traité

Mais il en va tout autrement, lorsque la libéralité est adressée à une personne existante, déterminée et légalement capable, à charge pour celle-ci d'en distribuer à son tour l'émolument aux personnes incertaines et futures, à mesure qu'elles sortiront de leur incapacité naturelle. Dans ces combinaisons, en effet, la condition ou mieux la charge s'appuie sur un contrat complet et pleinement valide ; on pourrait l'annuler sans porter atteinte au contrat. Et pas un seul instant la propriété ne sera en suspens, puisqu'elle reposera sur la tête du donataire jusqu'au moment où celui-ci la transmettra lui-même au bénéficiaire.

des donations et testaments, l. I, p. 230. — Arrêt du Parlement de Toulouse du 27 mai 1683 rapporté dans *Boniface*, t. II, p. 37 et 38). Si l'intermédiaire qui avait le pouvoir d'élire décédait sans avoir fait son choix, tous les héritiers présomptifs du testateur succédaient également aux biens légués (Arrêts des 16 avril 1585 et 15 mai 1592, *ibid.*).

On répète souvent que la loi du 17 nivôse an II a supprimé la faculté d'élire. La vérité, c'est que l'article 27 de cette loi en prohibe un usage tout spécial : la faculté d'élire déléguée par un époux à son conjoint survivant. En dehors de ce cas particulier, la loi du 17 nivôse n'a pas innové.

Le Code Civil est muet à cet égard.

Pour interpréter ce silence comme une condamnation, on allègue ces paroles du tribun Jaubert, rapporteur au Tribunat : « En matière de disposition de biens, il ne peut y avoir de faculté que celles qui sont définies par la loi. Ainsi le projet ne s'expliquant pas sur l'ancienne faculté d'élire, *le silence de la loi* suffit pour avertir que cette faculté ne peut plus être conférée. » (*Locré*, Travaux préparatoires, t. V, p. 344, rapport n° 6. — Cf. *Merlin*, Répertoire, v° Légataire, § 2, n° 18, 2. — *Grenier*, Donations et testaments, obs. prélim., n° 8. — *Coin Delisle*, Sur l'art. 895, n° 7. — *Zachariæ*, t. III, § 418.)

Mais ce système restrictif n'a pas prévalu, et Troplong répond fort bien à l'argumentation de Jaubert : « Il n'est pas vrai qu'en matière de disposition de biens il n'y ait de facultés que celles

Quelques auteurs contestent précisément qu'il y ait ici un véritable donataire interposé entre le donateur et le bénéficiaire. Pour eux, un legs ou une donation dont l'émolument ne doit pas demeurer aux mains du donataire désigné n'est pas un acte sérieux, c'est une fiction sans efficacité; il n'y a de donataire que celui même qui doit être en définitive le bénéficiaire, et c'est chez ce dernier qu'il faut rechercher, au moment même de la donation principale, la capacité de fait (1).

Rien n'est moins juridique que ce système, et il ne faut pas s'étonner que la Cour de cassation l'ait, à plusieurs reprises, condamné (2). M. Labbé résume avec une grande précision les arguments qui ont déterminé cette jurisprudence (3). « Ce

qui sont concédées par la loi ; c'est le contraire qui est vrai, et notre article 902 en est la preuve. » (Donations et testaments, n° 154, 544.)

La Cour de cassation a cependant condamné l'emploi de la faculté d'élire, dans les limites même où la jurisprudence des parlements l'avait acceptée. La Cour suprême se fonde sur l'article 895, aux termes duquel le testament est un acte par lequel le testateur dispose pour le temps où il ne sera plus; il doit donc choisir lui-même ses légataires et non pas en abandonner le choix au libre arbitre d'un tiers, qui serait, en ce cas, le véritable disposant. (Cass., 27 mai 1863, D. P., 1863, 1, 356 ; 12 août 1863, S., 1863, 1, 446.)

Le raisonnement n'est peut-être pas concluant. Cette jurisprudence trouverait, ce nous semble, un terrain plus ferme dans l'argument de la propriété in pendenti.

(1) Laurent, XIII, n. 509. — Alfred Gauthier, Revue critique de législation et de jurisprudence, 1877, p. 145.

(2) Cass. req., 8 avril 1874, S.,1874, 1, 253. — Cass. civ., 5 juillet 1886 et Cass. req., 6 novembre 1888, S., 1890, 1, 241. — Haute Cour de cassation de Roumanie, 2 mars 1892, S., 1892, 4, 17.

En sens contraire, Besançon, 25 mars 1891, D. P., 1893, 2, 1. Voyez sous cet arrêt une remarquable note de M. Beudant qui développe les mêmes conclusions que nous.

(3) Labbé, note sous S., 1890, 1, 240.

qui caractérise un legs, dit-il, c'est, non pas un bénéfice, mais l'attribution d'un droit, par exemple un droit de propriété. Ce qui caractérise un legs universel, c'est l'attribution de la propriété de tous les biens du testateur. Il est plus évident pour le legs universel que la perspective d'un bénéfice n'est pas le trait caractéristique, car le légataire universel est soumis aux dettes, lesquelles peuvent absorber et dépasser l'actif de la succession... Pour tout legs, universel ou particulier, une charge imposée par le disposant peut faire disparaître, même certainement, le bénéfice, sans ôter le caractère du legs. Le trait essentiel qui suffit à l'existence du legs, c'est l'acquisition d'un bien du testateur (1). »

(1) M. Labbé s'éloigne un peu de ce terrain où il semblait avoir établi si fortement ses positions quand il ajoute : « Acquisition sans bourse délier, sans échange de valeurs, acquisition *gratuite...* » Il est vrai qu'il corrige immédiatement : « mais non pas acquisition destinée à procurer toujours un bénéfice ». Mais, à propos de la donation, il revient encore plus inutilement sur la distinction de la gratuité ou du caractère onéreux de l'acte : « La donation peut aussi être grevée d'une charge. Quand la charge est réservée au profit du donateur et que la charge absorbe l'émolument, on peut rechercher si la donation avec charges ne dissimule pas une opération à titre onéreux; on scrute les intentions. Mais quand la charge est au profit d'un tiers, le même doute ne s'élève pas. L'émolument peut s'effacer sous le poids de la charge. La donation subsiste, si le donataire a été rendu vraiment propriétaire. »
Nous avons, pour notre part, repoussé ce criterium et admis que la charge au profit d'un tiers rend le contrat onéreux par rapport au donataire. Mais ce n'est pas la question sur laquelle argumente ici M. Labbé. Il s'agit seulement de savoir si le legs ou la donation ont bien pour effet de placer effectivement la propriété de la chose donnée sur la tête du donataire, et si, en général, on peut être réellement acquéreur de ce dont on ne doit pas profiter. Il semble qu'il n'importait pas de rechercher si la donation avait un caractère gratuit ou onéreux, puisqu'il était admis, par hypothèse, que le bénéfice en échappait au donataire.

M. Labbé oppose très nettement le légataire ou donataire chargé d'acquitter la fondation au simple exécuteur testamentaire ou au fidéicommissaire :

« Le contraste avec l'exécuteur testamentaire est saisissant. L'exécuteur testamentaire n'acquiert pas. Il a des pouvoirs, il n'a pas de droits sur les biens (C. civ., 1025).

« Quant à l'opposition entre le légataire et le fidéicommissaire, elle s'établit sur une autre base : Le fidéicommis suppose deux personnes, dont l'une acquiert premièrement et rend ou transmet à l'autre. En dehors de l'hypothèse prévue par l'art. 896 du Code civil, le fidéicommis est valable et intervient entre deux personnes capables de recueillir...

« Mais, au point de vue juridique, ce personnel inconnu, variable, dans lequel des générations se succèdent et pivotent autour de l'œuvre qui dure, n'est pas la personne, la collection personnalisée à qui le légataire doit faire passer la valeur des biens légués dans un but de perpétuité. »

C'est-à-dire que la fondation est un contrat en faveur d'un tiers, à la formation duquel le tiers n'intervient pas.

CHAPITRE IV

FONDEMENT DU DROIT DES BÉNÉFICIAIRES

Personnalité des effets des contrats. — Exception : stipulation
pour autrui. — Distinction entre les deux règles de l'article
1121. — C'est dans le contrat entre le fondateur et le donataire que le droit du bénéficiaire a son fondement. — Critique
des systèmes de l'offre, de la gestion d'affaires et de l'alternative. — Caractère traditionnel de notre système. — Révocabilité de la fondation jusqu'à l'acceptation du bénéficiaire.

De quel droit ce tiers pourra-t-il réclamer à son
profit le bénéfice d'une *res inter alios acta?*

Les effets d'une convention sont personnels aux
parties contractantes : telle est la règle. Mais l'article 1165 du Code civil, qui la consacre, réserve
en même temps le cas de l'article 1121. Or le cas
de l'article 1121 est précisément celui de la fondation : « On peut stipuler au profit d'un tiers,
lorsque telle est la condition d'une donation que
l'on fait à un autre. »

L'article 1121 est donc comme la charte du bénéficiaire de la fondation. C'est de lui que son droit
découle ; c'est à lui qu'il faut se rapporter pour
définir la nature et préciser la portée de son droit.

Or, l'article 1121 contient deux parties bien
distinctes. Premièrement, il valide la stipulation
pour autrui, dans les conditions exceptionnelles
que nous savons. Secondement, il permet au stipulant de révoquer l'avantage qu'il fait ainsi au bénéficiaire, tant que ce dernier n'a pas accepté cet
avantage.

Il faut se garder de confondre ces deux règles.
Les hypothèses qu'elles régissent sont très différentes. La stipulation pour autrui, charge d'une
donation faite au promettant, produira-t-elle son
effet naturel, c'est-à-dire obligera-t-elle le promettant ? Voilà la question que résout la première
affirmativement. Obligera-t-elle également le
stipulant ? Voilà la question tranchée par la seconde.

Lors donc que nous cherchons le fait d'où le
droit du bénéficiaire à la prestation stipulée par le
fondateur, promise par le donataire, prend naissance, l'acte qui le crée, c'est uniquement le contrat intervenu entre le fondateur et le donataire
que nous rencontrons. Le fondateur s'oblige envers
le donataire, parce que celui-ci s'oblige à accomplir la charge au profit du bénéficiaire. Le donataire s'oblige à accomplir la charge, parce que le
fondateur s'oblige envers lui. Les deux obligations
sont la cause l'une de l'autre. Le contrat est complet : il n'est pas besoin, pour qu'il produise son
effet, d'une seconde convention passée entre le
bénéficiaire et le stipulant. Le bénéficiaire est immédiatement créancier du donataire et il a action
contre lui ; ce qui ne préjuge rien encore de ses
rapports avec le stipulant. Tout système qui fait
intervenir l'acceptation du bénéficiaire à la base de
ses relations avec le donataire repose sur la confusion la plus grave entre les deux situations essentiellement différentes du bénéficiaire à l'égard du
fondateur et à l'égard du donataire.

Ainsi M. Laurent (1) et MM. Demante et Colmet de Santerre (2) avec lui ne s'attachent au système de *l'offre* que faute d'avoir fait cette distinction. Ils décomposent l'opération et ils y voient deux contrats greffés l'un sur l'autre, d'abord une stipulation que le contractant fait pour lui-même, et ensuite l'offre qu'il fait à un tiers de lui transporter le bénéfice de son contrat. Quand le tiers aura accepté, alors il sera lui-même véritablement donataire du fondateur. Il aura contre lui une action directe pour exiger la prestation convenue, et pourra exercer contre le promettant lui-même l'action du stipulant, conformément à l'article 1166.

A quoi l'on peut répondre que le fondateur ne commence jamais par stipuler la charge à son profit avant de transporter sa créance sur la tête du bénéficiaire, mais qu'il stipule toujours uniquement en faveur du bénéficiaire. Pourquoi faudrait-il qu'un contrat muni de tous ses éléments vît ses effets suspendus et sa force paralysée par la condition de l'acceptation d'un tiers, condition qui n'a été insérée au contrat ni expressément ni même tacitement et qu'il est impossible de découvrir dans la pensée des contractants ?

La jurisprudence a adopté elle-même le système de l'offre, mais elle a bien vite hésité devant une de ses conséquences.

Si le droit du bénéficiaire a sa source dans la con-

(1) *Laurent,* op. cit., XV, n° 559, 571, 578.
(2) *Colmet de Santerre,* op. cit., v. n° 33 *bis.*

4

vention intervenue entre lui et le stipulant, il s'ensuit que l'acceptation qui parfait cette convention
doit intervenir du vivant du stipulant. Autrement
la coexistence des consentements, le concours des
volontés ferait défaut. On voit les effets désastreux
de cette théorie sur le sort des fondations dont les
bénéficiaires ne naissent ou ne se déterminent,
pour la plupart, que longtemps après le décès du
fondateur.

La jurisprudence tourne cette difficulté au moyen
de deux postulats, qu'elle s'abstient, du reste, de
démontrer : le premier, c'est que l'art. 1121 n'im-
posant aucune condition d'époque pour la validité
de l'acceptation par le tiers bénéficiaire, cette acceptation peut fort bien intervenir après le décès du
stipulant (1); — et le second, que cette acceptation, étant la condition du contrat principal, rétroagit, comme la condition accomplie, au jour même
de ce contrat (2).

La réponse est trop facile pour que nous y insis-
tions. Le silence de l'article 1121 ne peut déroger
à un principe absolu ; et il est faux que l'acceptation du bénéficiaire soit une condition, c'est-à-dire
une modalité. C'est plus que cela, c'est un élément
même du contrat, car elle n'est rien autre que la
manifestation du consentement de l'une des parties.

---

(1) *Cass. civ.*, 8 février 1888, *D. P.*, 1888, 1, 193.
(2) *Cass.*, 23 janvier 1889, *S.*, 1889, 1, 353. M. Labbé réfute avec
beaucoup de force la seconde assertion dans une importante note
où l'examen d'espèces d'assurance sur la vie lui fournit l'occasion
de traiter *ex professo* la matière de la stipulation pour autrui, *S.*,
1877, 1, 393.

Mais le système de l'offre a un tort plus grave encore au point de vue de la seule logique ; c'est de contredire la règle de l'article 1165 sous prétexte de la concilier avec celle de l'article 1121. Il suppose que la convention intervenue entre le stipulant et le bénéficiaire, l'acceptation par celui-ci de l'offre faite par celui-là, engendre une action directe contre le promettant. Mais le promettant a été étranger à cette convention. Il s'agit d'expliquer comment le contrat intervenu entre deux personnes profite à une troisième, et l'on feint un second contrat intervenu entre deux personnes et qui nuirait à une troisième : c'est tourner dans un cercle.

La vérité est que ce système repose sur la confusion que nous avons signalée entre les deux parties de l'article 1121. L'offre et l'acceptation n'ont rien à voir aux relations du promettant et du bénéficiaire.

Il faut en dire autant du système proposé par M. Demolombe (1). Pour cet auteur, l'opération intervenue entre le stipulant et le bénéficiaire n'est plus un contrat de donation, mais un quasi-contrat de gestion d'affaires, et l'acceptation du bénéficiaire n'est que la ratification qui lui assure le bénéfice de la représentation. Il prend à son compte, par cette ratification, la stipulation et se substitue au stipulant. Au moins, faudrait-il, pour qu'il en fût ainsi, que le stipulant ait contracté au

---

(1) *Demolombe,* Des contrats, t. I. — M. *Labbé*, note sous S., 1877, 1, 393, s'attache pareillement à l'idée que la stipulation pour autrui déguise une gestion d'affaires.

nom du bénéficiaire. Or, telle n'est pas l'hypothèse : c'est en son propre nom qu'il a agi. Dès lors, comment une gestion d'affaires occulte, à laquelle le promettant est demeuré étranger au point de l'ignorer complètement, a-t-elle pu lui imposer un créancier qu'il n'a pas choisi ?

Le défaut commun de ces systèmes, c'est de décomposer l'opération et de supprimer ainsi le caractère essentiel de la stipulation pour autrui. MM. Aubry et Rau (1) disent très bien : « La stipulation pour autrui n'est pas une offre (ni une gestion d'affaires) faite en vue d'un contrat à conclure, mais une simple clause, une charge ou un mode de la convention déjà formée, à laquelle elle se rattache et qui la rend obligatoire pour le promettant. » L'unique raison, en effet, que l'on puisse donner aujourd'hui de la prohibition générale des stipulations pour autrui, ce n'est plus, comme en droit romain, le principe formaliste de la non représentation, c'est seulement le défaut d'intérêt personnel du stipulant. L'article 1121 vise une hypothèse où cette raison n'existe pas. Il n'y faut plus chercher dès lors aucune trace et aucune réserve de la prohibition.

Pourtant certains auteurs, qui voient nettement l'unité de l'opération et critiquent très vivement la théorie de l'offre et les théories analogues, ne peuvent se résoudre à admettre cette explication si simple, tant les idées romaines de notre éducation

---

(1) *Aubry et Rau*, t. IV, § 343 *ter*.

juridique ont gardé d'empire parmi nous ! Ainsi,
M. Boistel préfère recourir à une explication
ingénieuse jusqu'à la subtilité (1). Il croit rencontrer ici une obligation alternative, plus exactement une obligation facultative d'un ordre tout
nouveau. Le stipulant stipule pour lui ou pour un
tiers : il est créancier *in obligatione*, le bénéficiaire est créancier *in facultate*. Ainsi, l'objet de
l'alternative serait ici la personne du créancier.

Ce mécanisme est imaginé pour rendre compte
de l'assurance sur la vie mixte, convention dans
laquelle l'assuré stipule le paiement d'un capital à
son profit, tout en se réservant d'en transporter le
bénéfice sur une autre personne. Mais M. Boistel
veut l'étendre à toute espèce de stipulation pour
autrui. Ainsi généralisé, le système ne se défend
plus. Il n'est pas exact que dans la fondation, qui
seule nous intéresse, le fondateur remplisse le rôle
d'un créancier principal. Le seul créancier, c'est
le bénéficiaire, et le fondateur ne peut pas, à son
gré, le dépouiller, pour en profiter lui-même, du
bénéfice de la charge.

D'ailleurs, les analogies invoquées par M. Boistel à l'appui de ce nouveau type d'obligation alternative ne sont rien moins que concluantes. Il se
réfère à l'*adjectio solutionis gratia.* Mais il ne
faut pas oublier que la *facultas solutionis*, le
choix du créancier, était laissé au débiteur, ce
qui constituait pour lui une facilité de paiement,

---

(1) *Boistel*, Note sous *Cass.*, 3 janvier 1888, *D. P.*, 1889, 2, 129.

au lieu que le choix laissé au créancier principal lui-même serait pour le débiteur une aggravation de sa dette. L'*adjectus* n'était pas non plus un véritable créancier. Il pouvait bien recevoir, mais non pas exiger le paiement.

M. Boistel allègue encore l'exemple de la corréalité active et celui du cautionnement, ce qui est d'une conciliation difficile avec l'unité du contrat qu'il a prise pour son point de départ.

Aussi, comme s'il sentait que ces raisons tirées de loin n'ont qu'une médiocre valeur, il se retranche, en fin de compte, derrière le principe de la liberté des contrats. N'est-il pas plus simple alors d'en revenir à la doctrine traditionnelle : dans la stipulation pour autrui, telle que la prévoit et la réglemente l'art. 1121, le stipulant contracte en faveur du bénéficiaire, et c'est de cette seule et unique stipulation que découle le droit et l'action de celui-ci ?

Car c'est bien là la doctrine traditionnelle. Nos anciens auteurs, Charondas, le président Favre, Furgole, Ferrière, Pothier, d'autres encore (1), l'ont tour à tour développée et appliquée tant au legs qu'à la donation avec charge. La jurispru-

---

(1) On en trouvera la liste très complète dans *Edouard Lambert*, Du contrat en faveur du tiers, Paris, 1893, 1re partie.

Pothier s'exprimait ainsi : « Les donations fidéicommissaires n'ont pas besoin d'être acceptées par les personnes à qui elles sont faites, qui sont souvent, lors de l'acte, incertaines. C'est ainsi que l'ordonnance de 1731 dit, dans l'art. 11, qu'elles vaudront en vertu de l'acceptation du premier donataire à qui la donation directe a été faite, sans qu'il soit besoin d'autre acceptation de leur part. » (Traité des donations entre vifs, sect. II, art. 1.)

dence des Parlements était conforme. C'est bien vainement qu'on chercherait dans les travaux préparatoires l'indice d'une modification apportée par les rédacteurs du code à cette ancienne doctrine. L'art. 1121 a passé sans discussion, sans explication, et c'est beaucoup plus tard que se sont fait jour les manières multiples de l'interpréter que nous venons de résumer.

Reste la seconde partie de l'art. 1121 : « On ne peut plus révoquer la stipulation que l'on a faite au profit d'un tiers, si le tiers a déclaré vouloir en profiter. » Que signifie cette proposition ?

Ceci, simplement : tant que le tiers n'a pas accepté, il a un droit acquis, un droit exigible contre le promettant, mais un droit résoluble. Tel est le droit de l'épouse donataire de son époux. A l'égard du stipulant, le tiers n'a aucun droit. Il n'est pas encore devenu son créancier, et celui-ci peut révoquer, comme il lui plaît, l'avantage qu'il a fait.

La question de savoir si la stipulation pour autrui était ou non révocable avait divisé nos anciens auteurs. Bartole, Paul de Castro, Covarruvias (1) tenaient pour une demi-irrévocabilité. Le stipulant seul, d'après eux, pouvait exercer la révocation, et encore sous certaines conditions, mais non plus ses héritiers et ayants cause. Cha-

---

(1) *Bartole*, Sur la loi *qui Roma*, § *Flavius*. — *Paulus Castrensis*, *Ad primam Digesti novi partem*, Sur la loi *Aristo* (l. 3 *de donationibus*). — *Covarruvias*, *Variarum resolutionum*, ch. XIV, n° 2.

rondas, le président Favre (1) réclamaient l'irrévocabilité absolue. L'ordonnance de 1747, par ses
art. 11 et 12, leur donna raison. Au contraire,
Furgole et Merlin (2) étaient partisans de la révocabilité, et c'est en ce sens que l'art. 1121 a
tranché cette controverse séculaire. Mais il est
bon de remarquer que ces vieux maîtres, mieux
avisés que nos modernes auteurs, n'avaient eu
garde de confondre les deux questions et, quelle
que fût leur opinion sur la révocabilité, d'en rien
inférer touchant l'existence du droit du bénéficiaire.

Au surplus, l'acceptation, nécessaire, aux termes
de l'art. 1121, pour mettre le droit du bénéficiaire
à l'abri de la révocation, n'a pas de forme solennelle. La jurisprudence admet, à juste titre, qu'elle
peut être simplement tacite (3). La jurisprudence
admet aussi, nous l'avons vu, que l'acceptation
peut être postérieure au décès du stipulant, car
elle la fait rétroagir au jour du contrat. Par une
nouvelle atteinte à la logique, elle reconnaît la
transmissibilité du droit aux héritiers et ayants
cause du bénéficiaire, avant toute acceptation (4).
Enfin, et sur ce dernier point elle est irréprocha-
ble, elle écarte absolument toute faculté de révoca-

(1) *Charondas*, Réponses du droit français, l. X. — *Favre. De
error.*, décade 48, *error.*, 4.

(2) *Furgole*, Questions remarquables, VIII, n° 7. — *Merlin*, Questions de droit, v° Stipulation.

(3) *Cass.*, 25 avril 1853. S. 1853, 1, 458.

(4) *Cass.*, 8 février 1888, *D. P.*, 1888, 1, 199. — V. cependant *Douai*,
14 août 1890, S., 1892, 1, 75, et *D. P.*, 1892, 1, 205.

tion chez le stipulant, lorsque le promettant est personnellement intéressé à l'exécution de la charge (1). Ce n'est, en effet, que justice. Car la convention, œuvre de deux parties, ne peut être modifiée que du consentement commun des contractants, et s'il en est autrement ici, si le stipulant peut d'ordinaire, sans consulter le promettant, modifier ou supprimer une clause du contrat, ce ne peut être qu'autant que cette modification n'intéresserait pas le promettant. Cette restriction est fort importante en matière de fondation, car le donataire-promettant pourra bien souvent invoquer un intérêt personnel à exécuter personnellement une charge qui pourra accroître son influence ou son prestige.

Par toutes ces concessions, dont beaucoup sont aussi des contradictions, la jurisprudence aboutit à des résultats sensiblement analogues à ceux de la doctrine traditionnelle. Elle admet que la stipulation pour autrui procure immédiatement au bénéficiaire un droit acquis, un droit détaché du patrimoine du stipulant, un droit de créance direct contre le promettant, le tout sauf révocation au gré du stipulant; l'acceptation par le tiers désigné, qui n'est pas nécessaire pour l'acquisition du droit, demeurant nécessaire pour l'exercice du droit et son efficacité (2).

Sur ce dernier point seulement, la Cour suprême

---

(1) *Grenoble*, 6 avril 1881, *S.*, 1882, 2, 31.
(2) *Labbé*, sous *Cass.*, 23 janvier 1889, *S.*, 1889, 1, 353.

n'a pas achevé l'évolution qui la détache peu à peu du système de l'offre. Elle n'en est plus à confondre l'existence du droit avec son irrévocabilité. Mais elle confond encore l'action du tiers avec celle du stipulant.

En effet, l'acceptation sera bien nécessaire pour rendre le bénéficiaire créancier du stipulant et lui permettre d'exercer, de ce chef, contre le promettant l'action qui appartient au stipulant. Et encore faut-il remarquer que si l'acceptation tacite suffit pour lier le stipulant au bénéficiaire, le fait même que ce dernier intentera contre le promettant l'action du stipulant vaudra à lui seul présomption de son acceptation. Mais l'acceptation du bénéficiaire n'est certainement pas nécessaire pour que le stipulant puisse exercer lui-même l'action née du contrat et contraindre le promettant à l'exécution de la charge, sous peine de révocation de la donation. Eh bien, nous croyons que le bénéficiaire a lui-même, indépendamment de toute acceptation de sa part, une action personnelle contre le promettant. Il a un titre dans le contrat, il a un intérêt personnel, il est même sinon le seul intéressé, du moins le principal intéressé : c'est assez pour fonder son action.

Assurément, la condition préalable à l'exercice de cette action, comme à l'acceptation même, c'est l'existence et la détermination du bénéficiaire. Mais toutes les fois que ce bénéficiaire se présentera dans les conditions prévues par le fondateur, le donataire grevé sera tenu d'exécuter la charge.

Bien plus, si le bénéficiaire, ce sont les pauvres, le maire ou le bureau de bienfaisance pourront exercer les actes propres à conserver leurs droits éventuels, avant même que ces droits se soient fixés sur des titulaires déterminés.

La Cour de Caen a très nettement aperçu cette théorie et nous empruntons à sa jurisprudence le résumé de notre propre dissertation : « La stipu- lation au profit d'une personne future est parfaite- ment valable. Il n'en naîtra d'action au profit du bénéficiaire que du jour où ce bénéficiaire existera ; *mais l'action n'en sortira pas moins de la stipu- lation* (1). »

(1) *Caen,* 12 novembre 1869, S., 1870, 2. 145.

DEUXIÈME PARTIE

DE LA PERSONNE DU DONATAIRE

En essayant de déterminer par quel *negotium juris* un fondateur parvient, en France et de nos jours, à réaliser ses intentions libérales, nous avons établi que ce fondateur ne fait œuvre utile que par le concours d'un donataire auquel il impose la charge de la fondation.

Il semble que l'on peut réduire à trois les qualités essentielles à ce donataire. La capacité de recevoir, d'abord; la première et la plus essentielle des trois, dont le défaut serait une cause absolue d'élimination; capacité de recevoir à titre onéreux, selon nous, capacité de recevoir à titre gratuit suivant l'opinion dominante que nous serons désormais obligés de prendre seule en considération.

Puis, une certaine souplesse à s'adapter au but du fondateur, aptitude qui n'est, pour la traduire en langue juridique, qu'une nouvelle capacité, non plus de recevoir le don, mais de remplir la charge.

Enfin, la permanence et la stabilité qui permettront de poursuivre un but durable et naturellement perpétuel.

Par quel choix le fondateur s'assurera-t-il de l'existence de ces trois qualités chez son donataire, ou par quelles combinaisons suppléera-t-il à leur défaut relatif?

CHAPITRE Ier

LE DONATAIRE EST UNE PERSONNE PHYSIQUE

Capacité de droit. — Aptitude de fait. — Sort de la fondation
au décès du donataire. — Perpétuité de l'obligation.

En droit, rien n'empêche le fondateur d'adresser
sa donation à un simple particulier, à une personne
physique. La capacité de recevoir et celle de
s'obliger sont chez ce donataire celles du droit
commun, c'est à dire qu'elles existent sans restriction, hors des cas prévus par la loi (1).

En fait, le fondateur trouvera chez un particulier une plasticité pour s'adapter aux œuvres les
plus variées qu'il ne rencontrerait pas souvent chez
d'autres sujets de droits. Qu'on veuille bien se
souvenir des rapports annuels à l'Académie sur la
distribution des prix de vertu, et l'on accordera
sans peine que les fondations charitables ne sauraient être confiées à de meilleures mains qu'à
celles de ces héros modestes du dévoûment à qui les
ressources manquent, d'ordinaire, plus que le zèle:

Le point faible de ce premier mode de fondation, c'est la précarité de sa durée. Le donataire
mort, quel sera le sort de l'œuvre et qui prendra
soin de la perpétuer?

Il est certain que le fondateur ne peut, d'avance,
désigner son suppléant par une disposition subsi-

---

(1) *Code civil*, art. 217, 463, 906, 907, 908, 909, 997. Loi du 31 mai 1854,
art. 3.

diaire. Car s'il appelait un second donataire à recueillir au décès du premier les bien donnés sous la même affectation, on relèverait dans cette disposition la double institution, le trait de temps et l'obligation de conserver et de rendre constitutifs de la substitution prohibée.

Le fondateur peut seulement s'en rapporter à la prudence de son premier et unique donataire. Celui-ci, s'il s'intéresse vraiment à l'œuvre, prendra soin, par une nouvelle donation grevée de la même charge, mais donation émanée de lui seul, de s'assurer un successeur qui pourra faire de même à son tour.

Si le donataire n'a pas pris cette mesure, les biens donnés et la charge qui les grève ne pourront échoir qu'à ses héritiers légitimes.

Peut-être, seulement, ne faudrait-il pas pour cela que la charge grevât véritablement les biens donnés. S'il en était ainsi, en effet, la disposition du donateur impliquerait l'inaliénabilité absolue et perpétuelle des biens donnés entre les mains du donataire et celles de ses ayants cause. On pourrait concevoir les doutes les mieux fondés sur la légitimité de cette opération qui mettrait hors du commerce certains biens, constituerait une véritable mainmorte et aboutirait pratiquement au résultat des biens sans maître, puisque la propriété sur ces biens serait purement nominale. On irait même, sans trop d'invraisemblance, jusqu'à découvrir là une substitution prohibée déguisée. Car le donateur ne ferait, en somme, rien autre que d'instituer après chaque génération du donataire et de ses héritiers la génération suivante, en obligeant chacune à conserver, sa vie durant, et à rendre à son décès les biens à celle qui lui succéderait. Si bien que la fondation serait tenue pour nulle *ab initio*, et non pas seulement caduque au décès du donataire.

Mais ce n'est pas le cas habituel dans la fondation. La charge et la conservation des biens n'y ont, en règle générale, aucune corrélation. On peut bien dire que le fondateur affecte ses biens à l'exécution de la charge, car, de sa part, l'exécution de la charge est le but, la cause de l'aliénation; la donation est, en quelque sorte, le prix dont il paie l'avantage qu'il veut faire aux tiers bénéficiaires. Mais, de la part du donataire, on n'est plus en droit de prétendre que les biens donnés sont affectés à l'exécution prescrite et promise. Ils se sont confondus dans son patrimoine dont ils ont grossi l'actif, mais, en entrant dans son patrimoine, ils sont devenus libres et parfaitement aliénables. La charge, en revanche, s'est inscrite à son passif. C'est une dette de son patrimoine.

A son décès, ses héritiers recueilleront les biens donnés dans l'actif de sa succession; ils recueilleront l'obligation à l'exécution de la charge dans le passif de sa succession. Et cette double dévolution se fera, conformément aux règles ordinaires, de par la loi et non pas en vertu de telle ou telle clause de l'acte de fondation.

Le fondateur ou ses héritiers auront donc, pour exiger d'eux l'acquittement de la charge, la même

action qu'ils possédaient contre le donataire. A
vrai dire, il sera bientôt impossible d'obtenir d'eux
une exécution satisfaisante. N'ayant ni les goûts
ni les moyens de leur auteur, ils s'y refuseront
probablement. Mais, comme ils n'en sont pas moins
liés par sa promesse (1), s'ils cessent d'acquitter la
dette, c'est à la condition de restituer les biens.
Le fondateur peut donc être assuré, lorsqu'il fait
reposer la fondation sur la tête d'un particulier,
sinon que sa libéralité sera toujours employée conformément à ses intentions, du moins qu'elle ne le
sera jamais contrairement à son but. L'action en
révocation lui suffit pour cela. Et c'est une arme
perpétuelle aux mains de ses héritiers, tant que
ceux-ci veilleront à ne pas la laisser prescrire.

A vrai dire, cette perpétuité de l'obligation contractée par le donataire et transmise indéfiniment
à ses héritiers, a quelque chose d'un peu décon-
certant pour le jurisconsulte. Le jeu des principes
théoriques y conduit invinciblement. Et l'on hésite
cependant à l'admettre, alors que, de toute évidence, les rédacteurs du Code ont eu une aversion
radicale pour les engagements perpétuels. Ni le
louage, sous toutes ses formes, ni le mandat, ni la
société ne peuvent être convenus que pour une
durée limitée; sinon il dépend des parties contractantes d'y mettre fin quand elles le veulent. Les
rentes dites perpétuelles sont rachetables. Et si les
servitudes sont véritablement perpétuelles, c'est
qu'elles n'ont plus rien aujourd'hui de personnel.

(1) *Code civil,* article 1122.

Il a paru au législateur que ce serait favoriser le rétablissement d'un servage héréditaire, que de permettre à un individu d'enchaîner à sa volonté les générations à venir et d'obliger à jamais ses descendants au paiement d'une dette qui se renouvelle éternellement.

L'objection est grave. Elle est, croyons-nous, insoluble. Un texte général, analogue à l'article 896, qui prohiberait de façon absolue toutes les obligations perpétuelles, nous fait défaut. S'il existait, il faudrait annuler intégralement la disposition du fondateur. En son absence, il ne saurait être question d'adopter ce moyen rigoureux. Nous proposons pourtant un correctif aux inconvénients de cette situation. C'est d'étendre au contrat de fondation l'article 1911. Les hypothèses ne sont pas sans analogie. Dans les deux cas il s'agit de prestations échelonnées et périodiques dûes pour un temps illimité. La loi permet au débiteur d'une rente perpétuelle de la racheter en remboursant le capital. Pourquoi ne permettrait-elle pas également au débiteur de la charge d'une fondation de se libérer pour l'avenir en restituant le capital donné? On éviterait ainsi le seul danger que puissent courir les héritiers du donataire. C'est que, la charge étant devenue plus onéreuse avec le temps, et eux en se refusant à l'exécuter, les représentants du fondateur n'en profitent pour exiger d'eux des dommages et intérêts calculés, non plus sur la somme donnée, mais sur l'importance de la charge au moment du litige.

CHAPITRE II

LE DONATAIRE EST UNE ASSOCIATION

Contrat d'association; licéité, objet. — Capacité des associés *ut singuli* d'accepter des libéralités sous condition d'indivision. — Inconvénients de l'absence de personnalité civile; complication de procédure; durée de l'association. — L'article 815 est-il applicable au contrat d'association? — Quid de l'article 1869? — Clauses de réversion et d'adjonction de nouveaux membres. — Précarité de l'association.

Au lieu d'abandonner le sort de la fondation à une personne isolée, plus d'un fondateur aura la pensée de confier ce fardeau à des dépositaires multiples. Si l'union fait la force des associés, il est tout naturel qu'elle attire la confiance des fondateurs.

Mais si le fondateur choisit pour donataire une collectivité d'individus, ce n'est pas pour diviser les charges et les rendre moins lourdes à chacun, c'est pour assurer à l'emploi de sa libéralité le concours et le contrôle de plusieurs intelligences et de plusieurs volontés. En sorte qu'il ne suffit pas d'un simple groupement, d'un rapprochement accidentel et éphémère entre les associés donataires, mais il faut entre eux un lien de droit qui les oblige à agir en commun, qui les mette en quelque façon sous la dépendance les uns des autres.

Ce lien de droit, le fondateur n'a pas le pouvoir de le faire naître entre eux. Ce sont eux-mêmes qui peuvent le créer par un contrat. Et il importe peu qu'ils s'unissent par ce contrat au moment de la fondation et pour se mettre à même de la recevoir et de l'exécuter, ou qu'ils soient déjà unis antérieurement, dans un but analogue ou dans tout autre but. Le seul point important, c'est que le fondateur, au moment où il consomme la donation, ait en sa présence des associés liés par une convention.

Quelle doit être cette convention ?

Une erreur assez fréquente est de croire qu'il n'y a, chez nous, d'autre contrat d'association valable, selon le droit commun, que le contrat de société tel qu'il est défini par l'article 1832 : « La société est un contrat par lequel deux ou plusieurs personnes conviennent de mettre quelque chose en commun, *dans la vue de partager le bénéfice qui pourra en résulter.* » En dehors des sociétés à but lucratif, civiles ou commerciales, il est, sans doute, quelques associations licites. Mais ces associations, pense-t-on, n'existent devant la loi qu'en vertu d'un acte du pouvoir souverain : la reconnaissance d'utilité publique, et non pas en vertu du libre contrat passé entre leurs membres.

Cette erreur repose sur une double méprise : confusion de l'élément nécessaire à la formation d'un contrat spécial avec les éléments généraux essentiels à la validité de toutes les conventions; fausse notion du droit d'association.

Lorsque plusieurs personnes se réunissent pour étudier ensemble une science, pour cultiver un art, pour exercer la charité, pour se divertir mutuellement, elles ne poursuivent aucun bénéfice pécuniairement appréciable. On en conclut que leur convention est nulle, comme manquant d'un élément expressément indiqué dans l'article 1832. Il faudrait en conclure simplement que leur convention n'est pas une société et ne peut se réclamer des priviléges et des règles exceptionnelles consacrées par le Code aux sociétés qui réunissent les conditions de l'article 1832.

Or le principe fondamental de notre droit, en matière de convention, n'est pas la prohibition, c'est la liberté. Il n'est pas vrai qu'il n'y ait d'autres conventions permises que celles expressément prévues et réglementées par la loi. Il est certain, au contraire, qu'il n'y a de convention illicite que celle qui serait formellement interdite par un texte de loi. Tout contrat qui réunit les quatre éléments de l'article 1108, le consentement, la capacité, l'objet et la cause, est valable. S'il ne rentre pas exactement dans une espèce cataloguée dans le Code, c'est un contrat innommé, soumis, comme les autres, aux règles générales du titre troisième.

Cependant, on se rabat sur le Code pénal qui interdit les associations de plus de vingt personnes dont le but est de se réunir pour s'occuper d'objets politiques, religieux, littéraires *ou autres*. N'est-ce pas là le texte qui interdit formellement la convention d'association ? En aucune façon.

Et d'abord, l'article 291 du Code pénal et la loi du 10 avril 1834, qui le complète en l'aggravant, formulent moins une interdiction qu'une réglementation. La preuve en est que ces textes n'interdi-

sent pas toute association, mais seulement celles
de plus de vingt personnes, et qu'ils n'interdisent
pas celles-ci d'une façon absolue, mais autant seulement qu'elles ne sont pas autorisées par le gouvernement. Cette autorisation rentre dans les
attributions des préfets, et l'on pourrait citer bon
nombre d'associations qui vivent ainsi paisiblement
à l'abri des prohibitions légales, grâce à une autorisation obtenue à bien peu de frais. Tels, par
exemple, les cercles d'agrément.

En second lieu, le fait de se réunir n'est pas l'objet
du contrat d'association. On peut définir l'association en calquant sa définition sur celle de la société :
« un contrat dans lequel deux ou plusieurs personnes conviennent *de mettre quelque chose en
commun*, dans un but qui leur plait, et à l'exclusion de tout but lucratif. » L'objet du contrat est la
mise de quelque chose en commun, ce n'est pas la
multiplicité des réunions. Le contrat ne saurait
donc, à aucun titre, et quelque rigueur qu'on apporte
à l'interprétation de l'article 291, être regardé lui-
même comme illicite.

Ce qui pourrait l'être, ce serait son exercice.
Mais cet exercice même ne le sera pas si les contractants se conforment à la réglementation légale,
s'ils sont moins de vingt ou s'ils sollicitent l'autorisation administrative. Ils pourront, à ces conditions,
poursuivre, avec une entière sécurité, le but désintéressé en vue duquel ils ont « mis quelque chose
en commun ».

Ce quelque chose mis en commun, ce sont leurs

apports. Ce sont, par exemple, les cotisations annuelles auxquelles s'astreignent les membres d'un cercle. La cotisation une fois donnée, à qui appartient-elle ? A tous les membres du cercle, sans en excepter celui qui l'a versée. Elle appartient tout entière à chacun, pour sa part indivise. Nul ne peut en disposer sans le concours de tous ses coassociés. L'ensemble des cotisations et des apports forme donc ainsi, par le seul jeu des conventions, une masse commune à tous les associés, un fonds social, si l'on veut, pourvu que l'on entende par là la propriété indivise des associés, et non pas un patrimoine spécial distinct de leurs patrimoines propres.

Mais ces associés qui peuvent ainsi posséder en commun leurs propres apports sont-ils moins capables de recevoir des libéralités, grevées de la même indivision ? Il n'y a pas de raison légale de le décider. Sont-ils incapables de s'obliger solidairement à accomplir une charge imposée à ces libéralités ? On ne voit pas davantage pourquoi il en serait ainsi.

C'est cependant l'opinion commune de la doctrine et de la jurisprudence que toute libéralité adressée à une association non reconnue est radicalement nulle, qu'elle soit adressée nominativement à l'association ou qu'elle le soit personnellement aux associés (1).

L'est-elle à l'association? Alors, elle est nulle

---

(1) *Demolombe*, Traité des donations entre vifs et des testaments, t. I, n° 586. — *Aubry et Rau*, Cours de droit civil français, t. VII, § 649.— *De la Bigne, Villeneuve et Henry*, Eléments de droit civil,

comme faite à une personne inexistante. L'est-elle
aux associés? Alors, elle est nulle comme faite à
personnes interposées, car c'est l'association qui
doit en profiter, en définitive.

Cette doctrine n'échappe qu'à grand'peine au
reproche de contradiction. Si l'association, en effet,
est inexistante, c'est-à-dire si elle ne constitue pas
une personne morale distincte des associés, si elle
n'a pas de patrimoine propre, pas de capacité, pas
d'existence juridique, comment les associés seraient-
ils personnes interposées, et comment pourraient-
ils ne pas retenir en leurs mains les libéralités qui
leur sont adressées? Si, au contraire, ils sont personnes interposées, c'est que l'association existe véritablement, et qu'elle est non pas inexistante, mais
incapable de droit (1). La doctrine dont nous nous
séparons fait, en effet, intervenir ici une existence
de fait opposée à l'existence légale, qui n'est qu'une
fiction ajoutée à une fiction.

C'est que cette doctrine ne peut imaginer l'association autrement que comme une entité juridique
indépendante des membres qui la constituent.
Comme, d'une part, il n'est pas donné, dans l'état
de notre législation, à des particuliers de faire naî-

---

t. II, p. 405. — *Postel*, Etudes sur le régime légal des congrégations
religieuses.— *Beudant*, ap. *D. P.*, 1879, 2, 235.

Cass. req., 27 avril 1830, *S.*, 1830, 1, 188.— *Id.* 5 août 1841, *S.*, 1841,
1, 875.— *Id.* 26 avril 1842, *S.*, 1842, 1, 590.— *Id.* 5 juillet 1842, *S.*, 1845,
1, 739.— *Paris*, 20 mars 1851, *S.*, 1851, 2, 231.— *Pau*, 7 décembre 1861,
S., 1862, 2, 257.

Contra : *Grenoble*, 15 janvier 1841, *S.*, 1841, 2, 87 et 1842, 2, 257.

(1) *G. Bressolles*, Sur la reconnaissance légale des communautés
religieuses de femmes, *Revue critique de législation et de jurisprudence*, 1854, t. V, p. 332.

tre à la vie juridique une personne morale, même en réunissant pour cela leurs volontés, et comme, d'autre part, le fait de l'association est de pratique courante et qu'il ne tombe directement sous le coup d'aucune loi prohibitive, les jurisconsultes, qui en cherchent l'explication où elle n'est pas, tournent fatalement dans un cercle vicieux. S'ils consentaient à ne chercher dans l'association rien autre chose qu'un contrat de droit commun et les effets logiques de ce contrat, tout deviendrait beaucoup plus simple (1).

Ils permettraient d'abord aux associés de recueillir les libéralités qui leur sont adressées personnellement. Et toutes les fois que, du rapprochement des noms de tous les associés, d'une explication formelle, ou de tout indice clair, il résulterait que le donateur a voulu gratifier les associés, non pas en tant que tels ou tels, mais en tant qu'associés, et placer ses libéralités sous les règles consenties par les associés pour leurs apports personnels, on ne permettrait aux associés de les recueillir que tous ensemble et chacun pour sa part indivise.

Je pense que l'on devrait aller plus loin et en dire autant des libéralités adressées à l'association. Il peut se faire que le donateur ait ainsi voulu gratifier l'être moral inexistant et soustraire sa libéralité au patrimoine personnel des associés. Si telle est, de façon certaine, l'intention du donateur, il faudra bien annuler la libéralité. Mais c'est une

(1) Cf. *de Vareilles-Sommières*, Du contrat d'association, Paris, Pichon, 1893.

hypothèse peu vraisemblable. Pour la plupart des gens, l'association ne se distingue pas des associés. C'est une appellation commode et abrégée pour les désigner tous, de même que la communauté, en bonne langue juridique, ne signifie rien autre que les deux conjoints. Et lors même que l'on douterait du sens attaché par le donateur au mot association, il faudrait interpréter sa pensée de telle façon qu'elle puisse avoir quelque effet (1).

En pratique, il importera peu, du reste, que le donateur ait désigné les associés ou l'association, car celle-ci, n'existant pas au titre d'individualité juridique, ne saurait avoir de représentant, et il

---

(1) *Code civil*, article 1157.

La Cour de Poitiers a fait une application très large de ces principes à propos d'une loge maçonnique. Les fondateurs de la loge « la Fraternité vendéenne » avaient acquis par acte authentique un immeuble destiné à leurs réunions. Ils avaient expressément déclaré dans l'acte qu'ils étaient acquéreurs « non en leur propre et privé nom, mais pour le compte de l'association. » La cour n'a pas vu dans cette déclaration une raison d'annuler la vente, mais elle a estimé que la vente était faite, en réalité, aux individus qui composaient l'association. Voici, au surplus, les considérants :

« Attendu que cette association, munie d'une simple autorisation administrative donnant à ses membres l'unique droit de se réunir, n'avait pas qualité pour posséder, et qu'en conséquence elle était incapable d'acquérir par l'intermédiaire des personnes qui ont figuré à l'acte; qu'en présence de cette incapacité incontestable les comparants ont *manifestement* voulu, non pas stipuler pour une personne civile légalement inexistante, un droit de propriété qu'ils savaient ne pouvoir lui être attribué, mais *acquérir collectivement* un immeuble pour en assurer, du moins, la jouissance à l'association qu'ils se proposaient d'organiser. Qu'à ce moment, la loge n'était pas encore fondée, que la seule association existante était la réunion des personnes faisant ensemble une acquisition et convenant d'affecter l'immeuble, *non à leur usage personnel, mais à l'usage perpétuel de la loge* qu'elles se proposaient d'établir avec l'adjonction d'autres adhérents... »

Poitiers, 9 décembre 1876, S., 1878, 1, 89.

faudra toujours, en définitive, pour accepter la donation ou revendiquer le bénéfice du legs, l'intervention simultanée de chacun des associés. Pour éviter cet embarras, il faudrait que tous, et chacun pour sa part, aient délégué leurs pouvoirs à un mandataire unique. Ce mandat devrait-il être spécial ou pourrait-il être général : avoir, par exemple, pour objet, l'acceptation de tous dons et legs, et résulter du contrat initial d'association ? La question peut être discutée, et l'on tirerait argument en faveur de la seconde solution de la jurisprudence que nous aurons bientôt à indiquer et qui autorise les sociétés civiles à pourvoir de cette manière à leur représentation en justice.

Cette complication de procédure n'est pas le seul inconvénient des associations dépourvues de personnalité. En présence d'une société commerciale, le fondateur aurait, pour garantie de l'exécution des charges, un privilège sur l'actif social. Il concourrait avec les seuls créanciers de la société et primerait les créanciers personnels des associés. En présence d'une association, il subit le concours de tous ces créanciers, car il n'a d'autre gage que le patrimoine personnel des associés.

Le contrôle des associés les uns à l'égard des autres peut assurer au fondateur quelques chances que la fondation sera administrée selon ses vues. Mais il ne lui en garantit la durée qu'autant que l'association survit aux associés. Ici encore le défaut de personnalité morale est, sinon un obstacle absolu, du moins une occasion de grandes difficultés.

Le contrat d'association se résout, nous l'avons vu, quant à ses effets sur les biens des associés, en une convention d'indivision. Or quelle durée peut avoir pareille convention? L'article 815 ne la limite-t-il pas au bref délai maximum de cinq ans? Passé ce terme, tout associé n'est-il pas le maître du sort de l'association qu'il peut dissoudre en demandant le partage des biens communs?

Nous croyons que l'on doit repousser cette application de l'article 815. L'article 815 — la place qu'il occupe au titre des successions en est un indice caractéristique — vise l'indivision passive, née d'un état de choses étranger aux copropriétaires et sans utilité, mais non pas sans danger pour eux. Il assure aux copropriétaires la faculté de sortir de cette situation compromettante pour leurs intérêts et pour la paix publique, il protège leur liberté contre l'influence tyrannique d'un fait indépendant de leur volonté. Tout autre est l'indivision qui tire son origine de la convention des copropriétaires : celle-ci est une indivision active, voulue par les parties agissant dans le plein exercice de leur liberté, et voulue pour un but déterminé. La différence entre ces deux sortes d'indivision ne permet pas d'étendre à la seconde la règle édictée en vue de la première. Ce serait aller contre le bon sens et contre la pensée certaine du législateur (1).

(1) Cette distinction est très nettement posée dans *Laurent*, Principes de droit civil français, t. X, p. 264, n° 233. Elle est également affirmée par les arrêts suivants : *Cass. belge*, 12 juin 1841, *Pasicrisie*, 1841, 1, 223, et *Cass. française*, 6 février 1872, S., 1872, 1, 8.

Peut-être même celui-ci a-t-il consacré tacitement la légitimité de l'indivision active dans le titre des sociétés. Il faut l'admettre, si l'on refuse aux sociétés civiles la personnalité.

Est-ce à dire que les associés peuvent convenir que leur association sera perpétuelle et durera autant que leur vie ? Nous estimons qu'il convient de leur appliquer, à défaut de l'article 815, l'article 1869. Et d'abord, c'est un principe universellement accepté par les jurisconsultes, principe que le droit romain avait formulé en termes exprès et que l'usage, à défaut de texte légal, a maintenu chez nous, que les contrats innommés suivent les règles du contrat nommé dont ils se rapprochent le plus. Voici une première raison d'admettre l'article 1869 en notre matière, les ressemblances du contrat d'association avec le contrat de société allant jusqu'à l'analogie la plus frappante. Une autre raison est l'intérêt de l'ordre public. Manifestement, l'indivision même active et contractuelle ne paraît pas sans danger au législateur. Et l'article 1869 semble bien être, comme l'article 815, quoique dans une mesure différente, comme il convient vu la différence des situations, la sanction d'un principe d'ordre public qui ne souffre pas d'indivision perpétuelle. Cependant cette manière de voir n'est pas partagée par tout le monde. Il n'est pas certain, en effet, que l'on puisse transporter dans le domaine d'un contrat qui n'est pas, en définitive, la Société, quelque analogie qu'il ait avec elle, une règle écrite spécialement pour la Société. Un auteur belge a donc pu exprimer cette opinion : « Rien n'empêche telles et telles associations de se proclamer perpétuelles. Cela leur est permis précisément parce que ces associations ne sont pas des sociétés du droit civil, régies par le titre IX, l. III du Code (1). »

Mais qu'arrivera-t-il au décès d'un associé ? Faudra-t-il nécessairement liquider la masse commune ? Non pas, sans doute, si les associés sont convenus auparavant qu'en cas de mort de l'un d'eux, l'association continuerait avec son héritier. Car cet héritier ne pourrait se plaindre que ladite convention soit à son égard une *res inter alios acta :* on lui répondrait par l'article 1122. Seulement l'introduction d'un étranger dans l'association, désigné par le hasard de sa naissance et non par l'élection des associés, sera trop facilement une occasion de trouble pour que les associés recourent fréquemment à ce procédé. Ils aimeront mieux convenir que l'association durera entre les survivants. Mais alors l'héritier du prédécédé, armé cette fois de l'article 815, pourra à tout instant provoquer un partage de la masse indivise des biens qui aura pour conséquence nécessaire le partage correspondant des dettes et charges communes. C'est précisément là l'effet qu'il importe le plus au fondateur de voir prévenir.

Il faut donc que les associés écartent absolument

(1) *Orts*, De l'incapacité civile des congrégations religieuses non autorisées, n. 183, Bruxelles.

les héritiers des prédécédés. Ils le feront par la clause de réversion, stipulation par laquelle chacun promet aux autres de leur laisser, s'ils lui survivent, sa part dans les biens communs. Ce n'est pas là une libéralité, car chacune de ces promesses est causée par la promesse réciproque des autres associés. C'est un contrat aléatoire à titre onéreux, qui échappe, par conséquent, à toute réduction comme à toute révocation et qui est assuré de sortir son effet.

Mais si la clause de réversion peut accumuler successivement les biens communs sur la tête du dernier associé et l'investir seul du soin d'exécuter la charge, dès le moment où il survit seul à tous ses associés, la situation se trouve identique, au point de vue de la fondation, à celle précédemment examinée d'un donataire unique revêtu de toute la libéralité, grevé de toutes les charges, et devant nécessairement transmettre les charges avec la libéralité à son ou ses héritiers. La combinaison du fondateur n'a donc eu qu'un résultat éphémère.

Il en va autrement si les associés, à la stipulation de réversion ont ajouté celle d'adjonction de nouveaux membres, se réservant pour l'avenir de contracter sur les bases de la première convention avec de nouveaux associés. La combinaison de ces deux clauses donne à l'association quelques chances de durée et comme une apparence de perpétuité devant laquelle plusieurs se sont effrayés.

On s'est demandé si toute libéralité adressée aux associés n'allait pas, avec cette double clause, être entachée de substitution prohibée : Les associés actuels, les donataires, ne sont-ils pas obligés, en effet, de conserver les biens donnés jusqu'à leur mort et de les rendre aux associés survivants et futurs ?

Il y a deux réponses à faire à cette objection. La première, c'est que les associés ne sont pas du tout obligés de conserver les biens donnés. Dès lors qu'ils en sont propriétaires, ils peuvent les aliéner et en disposer librement. Ils ne sont pas même obligés d'en conserver la valeur, car la stipulation de réversion les oblige seulement à transmettre, à leur décès, aux associés survivants leur part de la masse commune telle que cette masse existera à ce moment. Et cette remarque montre combien il serait chimérique de parler ici de main-morte et de biens retirés à la circulation.

La seconde réponse, c'est que la substitution prohibée suppose deux donataires, deux institués successifs (1), gratifiés par le même donateur, dans la même libéralité. Or ce n'est point par la volonté du donateur ni en vertu de la donation que la réversion transfère les biens donnés aux associés survivants. Le pacte de réversion est l'œuvre du donataire lui-même ; pour le donateur, c'est une *res inter alios acta*. Ce n'est pas, de la part même du donataire, une seconde libéralité. C'est une aliénation à titre onéreux. En sorte qu'il y a double raison d'écarter l'idée de substitution :

---

(1) *Aubry et Rau*, Cours de droit civil, § 694.

le second acquéreur n'est pas gratifié par le
donateur, et il n'est pas gratifié du tout.

Rien n'est moins certain, d'ailleurs, que la
longue durée de l'association. D'abord, pour que
les clauses de réversion et d'adjonction de nouveaux
membres lui profitent, une condition est nécessaire,
qu'il ne dépend pas des associés de réaliser : c'est
qu'il se présente de nouvelles personnes disposées
à entrer dans les cadres de l'association. Ce recrutement est essentiellement aléatoire, et, s'il vient à
tarir, l'association périt à bref délai.

De plus, si l'on admet, comme nous, que la
règle de l'art. 1869 est d'ordre public et qu'elle
régit les associations, nos deux clauses ne changent
rien à cette cause invincible de précarité. Ou bien
l'association n'a qu'une vie limitée à une durée
certaine, ou bien son existence est exposée à un
péril continuel.

On le voit, l'association sans but lucratif, de
quelques combinaisons qu'elle soit entourée, par
quelques clauses qu'elle soit modifiée, ne réalise
pas encore l'idéal des qualités que le fondateur
peut souhaiter chez son donataire.

Apte à recevoir, apte à s'obliger, quand il s'agit
pour elle de recueillir ou d'exécuter, elle se meut
au milieu des complications les plus gênantes;
quand il s'agit de prolonger sa durée et d'atteindre
son but par delà le décès de ses membres actuels,
elle est réduite à des expédients. L'adjonction de
la personnalité permettra d'obtenir, à moins de
frais et avec plus de sécurité, ces résultats.

CHAPITRE III

LE DONATAIRE EST UNE SOCIÉTÉ COMMERCIALE OU CIVILE

Personnalité des sociétés commerciales. — Capacité générale
ou spéciale. — Impossibilité de fixer limitativement les droits
nécessaires au but de la société. — L'article 910 ne s'applique
pas aux sociétés privées. — Personnalité des sociétés civiles. — Validité des fondations privées en général.

On ne conteste pas la personnalité des sociétés
de commerce. On la fonde sur une longue tradition, qui prend son origine en Italie dès le
XII⁰ siècle et que nos Parlements consacrent au
XVII⁰ (1). On n'en trouve pas, à la vérité, le
principe expressément formulé dans les textes en
vigueur. Mais on relève des déclarations significatives dans les travaux préparatoires (2) et l'on
invoque enfin les art. 529 du Code civil et 69-6°
du Code de procédure civile, qui paraissent bien
n'être que les déductions de ce principe tacitement
admis.

Mais quand il s'agit de déterminer quelle est,
sur les libéralités adressées à la société, la portée
de cette personnalité, les auteurs se divisent.

Les uns voient dans la personnalité un phénomène exorbitant du droit commun et veulent en

---

(1) Arrêt du Parlement de Paris du 25 janvier 1677.
(2) Séance du Conseil d'Etat du 20 vendémiaire an XII, *Locré*,
t. VIII, p. 37. — Séance du Conseil d'Etat du 3 brumaire an XII,
ibid., p. 44. — Rapport au Tribunat, 29 nivôse an XII, *ibid.*, p. 66.

restreindre les effets. C'est, pensent-ils, une concession de l'Etat accordée aux sociétés commerciales en faveur du but qu'elles poursuivent et en raison de l'utilité sociale de ce but. Ce but doit être, par suite, la mesure de leur personnalité. La personnalité leur conférera les droits nécessaires pour l'atteindre, à l'exclusion de tous les autres. Or, le droit de recevoir des libéralités, le droit aussi de s'obliger à d'autres actes que les actes de commerce pour lesquels elles sont constituées, ne rentrent plus dans les droits nécessaires à leur fin (1).

Nous répondons que la loi, en conférant aux sociétés commerciales la personnalité civile, n'a pas limité leur capacité. Il paraît donc qu'en vertu de ce grand principe : que la loi permet tout ce qu'elle ne défend pas, la capacité des sociétés soit aussi étendue que celle des personnes physiques ; à l'exception cependant des droits qui, par leur nature ou leur fondement, ne peuvent appartenir qu'à une personne physique (droits concernant l'état des personnes, droits de famille, droits de succession *ab intestat*). L'incapacité des sociétés, à l'égard de ces derniers, est, en effet, non pas légale, mais naturelle. Pour créer une incapacité légale, ou, si l'on aime mieux cette expression, pour réserver

---

(1) *Labbé*, ap. *S.*, 1881, 2, 249 et *Journal du Palais*, 1881, 1233. — *Cassagnade*, Etude sur les personnes morales et sur l'application de la théorie de la personnalité aux sociétés civiles et commerciales, Paris, 1883, p. 130, sqq. — *Léon Béquet*, Législation de l'Assistance publique, Paris, 1885.

une incapacité légale dans la concession d'une capacité générale, il faudrait un texte positif, comme l'est, par exemple, l'art. 5 de la loi du 24 mai 1825, ou l'article 6 de la loi du 21 mars 1884 (1).

La distinction entre les droits nécessaires au but de la Société et ceux qui sont indifférents à ce but serait nécessairement arbitraire. Quel serait exactement le criterium, et quelle autorité prononcerait en cas de doute ? On ouvrirait ainsi la porte à une quantité de procès et de contestations. Le droit de recevoir entre vifs, par exemple, ne deviendra-t-il pas souvent pour les sociétés un moyen légitime de se procurer les capitaux indispensables à leur but ou d'accroître leurs moyens d'action ? Et l'adjonction d'une charge à une libéralité empêchera-t-elle que cette libéralité ne soit encore utile, dans une large mesure, à la société donataire ? Voici, par exemple, une Compagnie industrielle à laquelle un particulier lègue une somme considérable sous la condition que la Compagnie assurera une retraite à ses ouvriers ; dira-t-on que la Compagnie va contre son but en acceptant le legs et l'obligation ? Mais on peut varier à l'infini la condition ; ce peut-être d'entretenir une salle d'asile ou une école pour les enfants des ouvriers ; ce peut être même d'entretenir de pareils établissements pour les enfants, sans distinction, de la localité où la Compagnie a son principal établissement. Où s'arrêtera-t-on dans cette voie et à quel

---

(1) *Jay*, La personnalité civile des syndicats professionnels.

moment prêtera-t-on à la charge un caractère illicite ? (1)

D'autres auteurs ont proposé une solution analogue à celle que la loi a consacrée pour les établissements d'utilité publique. Ils admettent qu'il y aurait contradiction à reconnaître aux sociétés commerciales le caractère de personnes juridiques et à leur dénier ensuite la capacité de recevoir à titre gratuit. Mais cette capacité ne saurait être, d'après leur sentiment, plus étendue que celle des autres personnes morales. Il conviendrait donc de leur appliquer l'article 910 du Code civil et de subordonner l'acceptation des dons et legs qui leur sont adressés à l'autorisation du gouvernement (2).

Cette interprétation de l'article 910 ne nous semble pas légitime. Les règles restrictives de la capacité, et la règle de l'article 910 est bien de celles-là, ne peuvent pas être étendues par analogie. L'article 910 ne vise expressément que les établissements publics et les établissements d'utilité publique ; on n'a pas le droit de l'appliquer aux sociétés purement privées. On comprend fort bien, d'ailleurs, que les sociétés privées jouissent d'un régime plus libéral que les établissements publics ou d'utilité publique. Ceux-ci font partie intégrante de l'administration publique, ou s'y rattachent au moins à titre d'auxiliaires. Les pouvoirs publics les ont autorisés par une reconnaissance spéciale qui

(1) Tribunal de la Seine, 30 mars 1881, S., 1881, 2, 249.— *Lyon-Caen et Renault*, Traité de droit commercial, Paris, Pichon, 1892, t. II, n° 419.

(2) *Camberlin*, ap. *La Loi*, 27 avril 1881.

leur donne un caractère officiel. Il semble que ce
soient là des titres spéciaux pour l'Etat à l'exercice d'une tutelle administrative générale dont
l'autorisation en question n'est qu'une forme entre
plusieurs autres. Rien de semblable pour les sociétés privées qui ne demandent à l'Etat ni privilège, ni protection particulière.

Un dernier système, enfin, refuse aux sociétés
le droit de recevoir des libéralités, précisément
parce que l'article 910 ne leur est pas applicable
et que, libres de la nécessité de l'autorisation administrative, elles seraient dans une situation meilleure que les établissements d'utilité publique. Ce
système attache peu d'importance aux discussions
théoriques sur l'étendue de la personnalité. Il repose
sur un argument *a contrario* qui vise aussi bien
les simples associations sans personnalité que les
sociétés.

Comme tous ceux qui reposent seulement sur un
argument *a contrario*, il est d'une extrême fragi-
lité. Si les lacunes de la loi font, par hypothèse,
une situation meilleure à des associations ou à des
sociétés dépourvues de la reconnaissance officielle
du gouvernement qu'aux établissements revêtus
de cette reconnaissance, c'est une *inelegantia
juris* dont il faut se prendre au législateur. Mais
l'interprète n'a pas le droit de modifier cette situation. L'hypothèse, d'ailleurs, n'est pas exacte. La
gêne de l'autorisation est compensée pour l'établissement d'utilité publique par des avantages positifs
que nous aurons bientôt l'occasion d'étudier.

L'aptitude des sociétés commerciales à remplir dans la fondation le rôle de donataire nous semble donc hors de conteste.

En dirons-nous autant des sociétés civiles ?

Cela dépend évidemment de la solution que nous apporterons à cette autre question : Les sociétés civiles forment-elles des personnes juridiques ?

On a longtemps hésité à leur reconnaître ce caractère. Par une méthode d'interprétation contraire à celle dont on se servait pour les sociétés commerciales, au lieu de voir dans les textes nombreux du code civil qui établissent une opposition entre les associés et la société (1) la confirmation et l'application d'un principe tacitement admis, on arguait du silence des textes touchant le principe lui-même pour repousser toute explication qui le supposât. On opposait du reste aux articles qui pouvaient faire croire à la personnalité des personnes civiles l'omission de ces dernières dans l'article 69-6° du code de procédure civile : « Les sociétés *de commerce* sont assignées en leur maison sociale (2). » En somme, c'était une discussion stérile et qui répandait peu de lumière sur le fond même de la question. La véritable raison de la différence que l'on faisait ainsi entre les sociétés commerciales et les sociétés civiles, c'étaient les exigences de la pratique qui récla-

____

(1) C., civ. art. 1845, 1846, 1847, 1848, 1850, 1852, 1855, 1859, 1867.
(2) *Cass.*, 3 février 1868, *D. P.*, 1868, 1, 225. — *Pont*, Des sociétés, etc., n° 124. — *Aubry et Rau*, t. I, § 54. — *Lyon-Caen et Renault*, Traité etc., t. II, n° 132.

maient plus impérieusement pour les premières la reconnaissance de la personnalité.

Quand les mêmes exigences se produisirent pour les sociétés civiles, la jurisprudence n'hésita pas à faire fléchir la rigueur de sa distinction, et la doctrine suivit généralement la jurisprudence dans cette voie. On commença par considérer comme personnes morales les sociétés civiles à forme commerciale (1). Puis on admit les sociétés civiles, quelle que fut leur forme, à s'assurer elles-mêmes l'un des principaux bénéfices de la personnalité : la représentation en justice par leurs administrateurs. Il suffit, pour cela, que les statuts eussent donné mandat exprès au Conseil d'administration de représenter les associés (2).

Enfin la Cour de cassation, achevant cette évolution, a fini par établir l'égalité entre les deux catégories de sociétés, en déclarant expressément par deux fois : « Les sociétés civiles constituent une personne morale, laquelle est propriétaire du fonds social (3). »

(1) *Cass. civ.* 26 mai 1841, S, 184, 1, 483. — *Alger*, 19 janvier 1886, D. P., 1887, 2, 169. — *Evreux*, 21 octobre 1887, et *Langres*, 9 décembre 1887, D. P., 1888, 3, 136. — *Toullier*, Droit civil français, t. XII, n° 82. — *Demangeat sur Bravard*, Traité de droit commercial, t. I, p. 174, n° 1. — *Boistel*, Précis de droit commercial, 2e et 3e éditions, n° 163. — *Pont*, Des sociétés civiles et commerciales, t. I, n° 126. — *Laurent*, Principes de droit civil français, t. XXVI, n° 181. — *Demolombe*, Traité de la distinction des biens, t. I, n° 415. — *Aubry et Rau*, op. cit., t. IV, § 377. — *Lyon-Caen et Renault*, Traité de droit commercial, t. II, n° 127, etc.

(2) *Paris*, 27 février 1878, D. P., 1878, 2, 257. — Cf. D. P., 1883, 2, 1 et 1887, 1, 289. — *Conseil d'Etat*, 11 novembre 1881, D. P., 1883, 3, 52.

(3) *Cass. req.*, 23 février 1891, D. P., 1891, 1, 337. — *Cass.*, 2 mars 1892, D. P., 1893, 1, 169.

On peut donc aujourd'hui regarder la question comme définitivement tranchée en faveur des sociétés civiles. Remarquons seulement que si on leur déniait encore la personnalité, ce n'est pas aux sociétés commerciales qu'il faudrait les assimiler quant à l'acceptation des dons et legs, mais bien aux associations sans but lucratif.

Quoi qu'il en soit de ce point secondaire, il convient de préciser les facilités que la personnalité des sociétés offre à la constitution des fondations :

Et d'abord, l'acceptation en est faite très simplement par un représentant unique. L'administration des biens une fois incorporés au patrimoine social et l'exécution des charges sont aussi très simplifiées par l'organisation de cette représentation légale.

En second lieu, le fondateur se trouve, pour l'exécution des charges, créancier social, et il est privilégié à l'égard des créanciers personnels des associés sur l'actif social.

Jusque-là la personnalité n'est qu'une simplification des rouages de l'association ; c'est tout au plus, selon l'expression de M. de Vareilles-Sommières, « un utile ornement » pour la société.

Mais elle est plus que cela, dans certains cas. Elle est vraiment une force, quand elle assure au patrimoine de la société une durée indépendante de la vie des associés, sans qu'il soit besoin des clauses compliquées et discutées de reversion et d'adjonction de nouveaux membres. Or c'est précisément le cas dans les sociétés de capitaux où ce sont bien plutôt les mises que les personnes des associés qui sont considérées : sociétés anonymes ou sociétés en commandite par actions.

Comme la fondation acceptée par la société est incorporée, actif et passif, au patrimoine social, elle participe de la durée de ce patrimoine. Et c'est là, sans doute, le grand avantage que le fondateur trouvera à choisir une société plutôt qu'une association pour son donataire.

Sous d'autres rapports, en effet, l'association lui serait un donataire plus commode.

Nous avons admis la capacité de droit pleine et entière de la société de s'obliger à exécuter les charges de la fondation. Mais cette capacité de droit correspondra rarement à une aptitude de fait, et il faut recourir à des hypothèses très spéciales pour imaginer une société minière ou une société de crédit acceptant des libéralités à charge d'emplois charitables. Rien de plus fréquent, au contraire, que des associations dont le but unique est la pratique de la bienfaisance ou le développement de la science.

Le fondateur pourra se préoccuper encore à juste titre du sort des biens donnés au cas de dissolution de la société. La société, personne morale, ne laisse pas en effet d'héritiers, comme le font à leur décès chacun des associés. Ses membres ont, sans doute, une vocation éventuelle au partage de ses biens. Mais, comme il n'y a pas la même identité entre la société, personne morale et patrimoine collectif, et les associés pris individuellement, qu'entre la personne physique du *de cujus* et la personne physique de l'héritier, il n'est pas sûr que le fondateur ait entendu appeler les associés à administrer la fondation, à défaut de la société. Il y a là une interprétation délicate de ses intentions, qui peut présenter de grandes difficultés et dont les tribunaux sont les souverains appréciateurs.

Cependant, au cas où le fondateur aurait bien entendu charger la seule société à l'exclusion des associés de l'exécution des charges, comme cette exécution était le véritable but qu'il recherchait, la « cause impulsive et déterminante » de sa donation, le fondateur ou ses héritiers seraient admis à contester aux associés le droit de s'approprier les biens de la fondation avec le reste de l'actif social, car cette appropriation serait pour eux un enrichissement sans cause. Le titre de propriété de la société sur les biens ne peut subsister après la dissolution de la société, il est résolu par elle Le fondateur ou ses héritiers sont donc au moins en droit de revendiquer les biens donnés, s'ils ne le sont plus de réclamer l'exécution de la charge.

Seulement, puisqu'il s'agit, dans cette hypothèse, d'une véritable revendication et non pas simplement d'une action tendant à l'exécution d'une obligation de faire, ou à défaut au paiement de dommages-intérêts, il faudra, pour que l'action soit recevable, que les biens donnés se retrouvent en nature dans le partage de l'actif social. Ces biens n'étaient pas inaliénables : le donateur n'aurait pu l'exiger. La charge était perpétuelle, ce qui est bien différent, et le patrimoine social tout entier

en garantissait l'exécution. Mais, lorsque cette exécution cesse d'être exigible par un cas de force
majeure, comme la dissolution de la société, la
garantie, si étendue soit-elle, devient inutile. Et
le fondateur se trouve sans ressources contre une
aliénation parfaitement régulière du seul objet sur
lequel puisse encore tomber sa réclamation.

Simple personne physique, collectivité d'associés
ou société privée revêtue de la personnalité morale,
voilà trois types de donataires dont l'intervention
dans la fondation est de pratique courante. Il y a
lieu de s'étonner que les auteurs qui ont jusqu'ici
traité la matière des fondations les aient passées
sous silence (1).

Il a lieu de s'étonner plus encore que des voix
nombreuses dans la doctrine et la jurisprudence
se soient élevées pour affirmer positivement qu'il
est non seulement impossible, mais encore défendu
d'établir une fondation, sans choisir une personne
morale reconnue par la loi, un établissement public
ou d'utilité publique pour intermédiaire. Voici, par
exemple, un considérant d'un arrêt récent : « Les
particuliers, *suivant notre droit public*, ne peuvent affecter leurs biens à des œuvres d'intérêt
général, à des fondations perpétuelles, sans en
attribuer la propriété à des établissements d'utilité
publique dont l'existence et l'individualité juridique
sont placées sous le contrôle et la dépendance de
l'Etat (2). »

(1) *Truchy*, op. cit. — *Lory*, op. cit.
(2) *Paris.*, 2 juin 1893, *D. P.*, 1893, 2, 513.

Et voici une citation tirée d'une étude fort instructive et originale sur les personnes incertaines :
« Tout donateur est libre de gratifier telle caté-
« gorie de personnes incertaines qu'il lui convient
« par un intermédiaire de son choix, *pourvu*
« *toutefois qu'il ne contrevienne pas à des lois*
« *spéciales, telles que celles qui attribuent aux*
« *personnes morales (publiques) le monopole des*
« *fondations* (1). »

On se bornait, d'habitude, à invoquer contre la capacité de recevoir des sociétés ou des associations des considérations générales sur le danger de la mainmorte et l'intérêt des familles. La capacité des simples particuliers n'avait même jamais paru faire doute pour personne. Ce que l'on redoutait, c'était la constitution d'un patrimoine perpétuel, l'immobilisation d'une partie de la fortune publique, l'épuisement éventuel de la richesse des particuliers. Nous croyons avoir suffisamment établi qu'aucun de ces dangers n'est sérieusement à redouter dans ce que nous appellerons désormais d'un terme commode : les fondations privées. Ici, point de personnalité juridique, si ce n'est lorsque le fondateur se trouve en présence d'une société à laquelle la loi reconnaît elle-même ce caractère, et, dans ce cas même, point de perpétuité. Au surplus, la crainte de ces périls pouvait être un argument législatif : c'était au Parlement qu'il convenait de le porter. Mais, en tant qu'il s'agit

(1) *Emile Audoin*, Dispositions en faveur de personnes incertaines, Paris, 1890, p. 68.

d'interpréter et d'appliquer le droit positif, il était
permis de lui opposer simplement une fin de non
recevoir.

Nous ne pouvons croire que la Cour de Paris,
en se réclamant de notre droit public, que M. Audoin, surtout, en renvoyant son lecteur à une
« loi spéciale », aient entendu bouleverser ces
principes. Probablement, c'est faute d'avoir suffisamment retourné la question sous toutes ses faces,
qu'ils ont oublié les fondations privées. L'expression
a trahi leur pensée et nous aurions mauvaise grâce
à leur demander un compte trop rigoureux de cet
appel au droit positif.

CHAPITRE IV

LE DONATAIRE EST UN ÉTABLISSEMENT PUBLIC
OU D'UTILITÉ PUBLIQUE EXISTANT

Etablissements et sociétés. — Caractères généraux de la fondation publique.

§ 1er. — *Etablissements publics; établissements d'utilité publique.*

Mesure différente de la tutelle administrative. — Double restriction à la capacité de recevoir, autorisation préalable et limitation générale résultant des statuts ou de la loi.

§ 2. — *Restrictions légales à la capacité de recevoir de certains établissements.*

Incapacité relative des communautés religieuses de femmes quant à la personne du donateur et quant à la nature des libéralités. Incapacité des établissements ecclésiastiques et de bienfaisance de recevoir une donation grevée d'usufruit au profit du donateur. — Incapacité des sociétés de secours mutuels approuvées et des syndicats professionnels quant à la nature des biens donnés.

§ 3. — *Nécessité de l'autorisation préalable.*

Retard apporté à l'acceptation des libéralités par les établissements gratifiés. — Dangers de ce retard au cas de donation et de legs. — Acceptation provisoire.

§ 4. — *Procédure de l'autorisation préalable.*

Autorités compétentes. — Principe de la connexité. — Extension au cas de simple complexité.

I. – Demande du donataire et du donateur ou de ses représentants. — Intervention des notaires.

II. — Formation du dossier par le préfet. — Etat et origine de la fortune du testateur.— Nombre et situation des héritiers. — Situation financière de l'établissement gratifié. — Délibération de l'établissement et avis des autorités compétentes. — Consentement, opposition ou mise en demeure des héritiers.

III. — Arrêté du préfet. — Revision du dossier par le ministre.— Avis du Conseil.— Décret.— Frais de cette procédure.

§ 5. — *Décision du gouvernement.*

I. — Autorisation. — Clause d'emploi des fonds. — Prescription de l'acceptation bénéficiaire.

II. — Refus d'autorisation. — Autorisation de refuser. — Essai de justification pour les établissements publics. —

Les fondations privées que nous avons étudiées jusqu'ici reposent toutes, en définitive, sur des êtres physiques, et c'est pour cela qu'elles sont périssables. Cela est vrai de celles même auxquelles une société commerciale ou civile prête le concours de sa personnalité. La personnalité des sociétés met entre les personnes physiques dont elles sont formées un lien, une coordination précieuse; elle simplifie leurs relations entres elles et avec les tiers ; elle *extériorise* au besoin leur patrimoine et le met à l'abri des chances de décès et des difficultés de transmissions. Mais elle ne va pas jusqu'à distinguer tellement la société des associés que celle-ci survive à ceux-là, ni jusqu'à individualiser tellement le patrimoine social qu'il conserve son existence propre et indépendante alors qu'il n'y a plus d'as-

7

sociés pour en revendiquer la propriété. On a fort
bien défini la société : un effort collectif qui s'orga-
nise (1), et sa personnalité : « un voile qui cache
pendant un temps le fait de la copropriété, voile
qui se dissipe à la dissolution pour laisser reparaître
la réalité, c'est-à-dire la juxtaposition des droits
individuels en état d'indivision (2). »

Des esprits subtils et pénétrants ont pu montrer,
par une critique approfondie de la personnalité,
que c'était, pour les sociétés et les associations, une
pure fiction dont presque tous les effets pourraient
s'expliquer par d'autres causes et résulter d'autres
combinaisons (3).

Mais il est une autre catégorie de personnes
morales d'un caractère plus absolu et plus irréduc-
tible. Ce sont les établissements publics ou d'utilité
publique. On comprend la différence essentielle qui
existe entre elles et les précédentes par le simple
rapprochement de leurs appellations. Les premières
sont des *sociétés*, c'est-à-dire des groupements
d'individus liés entre eux par un contrat. Les
secondes sont des *établissements*, c'est-à-dire des
êtres abstraits, dégagés de toute relation contin-
gente avec les personnes physiques, des « abstractions personnifiées », suivant l'ingénieuse expression de Savigny.

(1) *Piébourg*, De la condition des personnes civiles, thèse de
doctorat, Paris, Parent, 1875, p. 141.

(2) *Labbé*, ap. P., 1877, 1, 393.

(3) *Marcel Mongin*, Revue critique, 1890, t. LVI, p. 697. — *De
Vareilles-Sommières*, op. cit. — *Van den Heuvel*, Situation légale
des établissements sans but lucratif en France et en Belgique,
Bruxelles, 1884.

Les Allemands distinguent encore parmi ces dernières les *corporations*, dont l'existence juridique domine celle de plusieurs individus sans lesquels elles ne se comprendraient pas et qui se rapprochent ainsi des sociétés, et les *fondations* qui connaissent aussi, sans doute, l'intervention d'individus dans leur administration, mais qui, pour exister en tant que personnes civiles, se suffisent à elles-mêmes. Nous n'insisterons pas sur cette distinction, non pas qu'elle n'ait sa valeur théorique ni même qu'il soit impossible d'en trouver la trace dans la pratique française (1), mais parce que son importance est, en fait, à peu près nulle chez nous et que notre droit administratif

---

(1) Voici un exemple très caractéristique de la fondation au sens de la *Stiftung* allemande.

Il existe encore, à Paris, des vestiges des fondations anglaises faites par les catholiques exilés de la Grande-Bretagne. Ces fondations comprenaient deux collèges, ouverts l'un aux Anglais et Ecossais, l'autre aux Irlandais, et dépendant de l'Université de Paris. La dotation de ces collèges dut à son caractère de biens étrangers d'échapper à la nationalisation de 1790. A l'issue de la Révolution, le collège des Irlandais fut rétabli; c'est aujourd'hui un séminaire de Lazaristes. Les biens affectés au collège détruit et non rétabli sont gérés par un administrateur spécial, sous la surveillance du ministère de l'instruction publique pris en qualité de représentant de l'ancienne Université de Paris. D'après les prescriptions du ministre, l'administrateur emploie les revenus des biens à des bourses au profit de sujets anglais dans les séminaires français. Ces biens forment encore un patrimoine assez considérable pour qu'un immeuble, situé à Paris, rue Lhomond, ait pu en être détaché et aliéné, il y a quelques années. Un autre immeuble est situé rue Saint-Jacques.

Il faut rapprocher de ce curieux exemple celui des fondations françaises à Rome, dont l'établissement de Saint-Louis-des-Français est le chef-lieu.

On voit par là que la fondation a une existence autonome et qu'elle peut survivre soit à l'œuvre à laquelle elle était d'abord affectée, soit à l'organisme chargé de sa direction.

l'ignore. Ceux-là même parmi nos établissements publics ou d'utilité publique qui sont basés sur une association, comme les congrégations religieuses autorisées, existent d'une vie juridique complétement indépendante de celle des particuliers. Les individus qui entrent et sortent dans l'établissement public n'en sont pas les membres, mais plutôt les administrateurs, les gérants et tout au plus les usufruitiers. Ils n'ont aucune participation à la propriété du patrimoine de l'établissement. L'établissement vient-il à disparaître ? Ses biens ne font pas l'objet d'un partage, comme ceux de la société entre les associés: ce sont des biens sans maître. En règle générale, c'est l'Etat qui seul peut les revendiquer.

Bien plus importante pratiquement est la division administrative des établissements publics et des établissements d'utilité publique. Nous n'entreprendrons pas de définir le caractère de chacune de ces catégories. C'est un sujet difficile, sur lequel ne manquent point les travaux et les publications, et qui ne rentre pas assez directement dans le cadre de notre étude pour que nous le reprenions à nouveau.

On ne peut attendre ici de nous que la description sommaire et forcément incomplète des principaux traits par lesquels ces établissements se ressemblent ou diffèrent entre eux, au point de vue des fondations et en tant qu'ils sont plus ou moins aptes à y remplir le rôle de donataires. Qu'on nous permette de renvoyer aux auteurs qui

ont traité *ex professo* de la théorie des établissements publics le lecteur que choqueraient nos
omissions ou nos obscurités (1).

§ 1ᵉʳ. — *Etablissements publics; établissements d'utilité publique.*

Au-dessus des établissements publics et d'utilité
publique, il en est un, l'Etat, qui existe nécessairement, par un véritable postulat juridique, et se
définit à lui-même sa propre capacité. Tous les
autres n'existent que par un acte émané de cette
cause première. Ce n'est pas assez dire qu'ils
existent en vertu de la loi. Car c'est proprement
l'expression qui convient aux sociétés civiles ou
commerciales qui n'auraient pas de personnalité,
si la loi elle-même ne l'avait consacrée, mais qui
tiennent cependant cette personnalité de la volonté
de leurs membres, d'un contrat librement formé
selon les règles prescrites par la loi. L'Etat
n'autorise pas les établissements publics, ou il ne
les reconnaît pas, comme le dit une terminologie
vicieuse. Il les *crée* par une opération souveraine,
loi ou décret. Il leur communique par là même
quelque chose de sa force et de sa durée. Comme
il en est l'unique créateur, il peut seul aussi mettre
fin à leur existence. De telle sorte que ces

---

(1) Voyez surtout *Ducrocq*, Cours de droit administratif, et *Bat-
bie*, Traité de droit public et administratif. — *Dalloz*, Code des
lois politiques et administratives, t. II.

établissements, sous la réserve d'un décret ou d'une loi qui peut toujours leur retirer la vie, sont véritablement perpétuels.

La fondation qui leur sera adressée, participant de leur caractère, sera donc vraiment perpétuelle, à la différence des fondations privées. Un si grand avantage n'est pas accordé gratuitement. L'Etat, qui revêt ces établissements, en considération de leur utilité sociale et de la coopération plus ou moins directe qu'ils lui apportent à lui-même, de sa protection officielle et du grand privilège de la perpétuité, se réserve sur eux un droit de tutelle permanent ; et les fondations qu'ils acceptent tombent ainsi directement sous son contrôle. Or, cette tutelle n'est pas également rigoureuse pour les établissements publics et pour les établissements d'utilité publique.

Les premiers sont munis de grands privilèges. Ils ont, dans certains cas, droit à recevoir des subventions de l'Etat, du département, de la commune. Les travaux qu'ils entreprennent ont le caractère de travaux publics. L'Etat leur accorde enfin certaines exemptions fiscales en matière de timbre et d'enregistrement. Mais, en revanche, il les soumet ordinairement aux règles de la comptabilité publique, impose l'hypothèque légale à leurs comptables et les oblige à communiquer aux agents du Ministère des finances leurs registres et leurs pièces de comptabilité. Il exige que les établissements publics soient autorisés par le Conseil de préfecture pour agir en justice ; et il ne

leur permet pas d'aliéner leurs biens, ni de contracter aucune obligation, et, par conséquent,
d'acquérir à titre onéreux, sans une autorisation
analogue. Les établissements publics sont, on le
voit, de véritables organes de l'administration
publique. Ils suppléent l'Etat dans des services qui
lui incomberaient, à leur défaut; et c'est pourquoi
l'Etat met à leur usage ses propres ressources et
se réserve, en conséquence, d'en surveiller sévè-
rement l'emploi.

Les établissements d'utilité publique n'ont pas ce
caractère. Le rôle de l'Etat se borne, d'une façon
générale, à prévenir les abus qui pourraient naître
de leur développement anormal, mais il ne va pas
jusqu'à veiller à leur propre conservation et à
prendre en mains leurs intérêts. L'effet principal,
sinon unique, de la tutelle administrative à leur
égard consiste dans la nécessité de l'autorisation
préalable du gouvernement pour qu'ils puissent
accepter les dons et legs qui leur sont faits. C'est
l'analogie capitale, à notre point de vue, qui rapproche les établissements d'utilité publique des
établissements publics (1).

Il ne faut pas oublier, d'ailleurs, que tout établissement tant public que d'utilité publique a des

_____

(1) Les communautés religieuses autorisées sont soumises à un
régime spécial qui n'est exactement ni celui des établissements
publics ni celui des établissements d'utilité publique tel qu'on le
définit en général. (Lois du 2 janvier 1817 et du 24 mai 1825.)

Au surplus, toutes les classifications sont ici incomplètes ou
inexactes. Les exceptions sont si multiples qu'on pourrait se
demander s'il y a vraiment des règles générales pour la distinction
des établissements publics et d'utilité publique.

statuts et des règlements dont il ne peut s'écarter. La loi ou le décret qui lui a conféré l'existence légale a donné à ces statuts un caractère quasi légal. Or l'Etat est absolument libre d'approuver ou de rejeter chaque clause des statuts qu'on lui soumet (1). Il peut même définir à l'avance, par une loi, les cadres généraux dans lesquels il entend que ces statuts se renferment et édicter ainsi, par une sorte de réglementation préventive, de nouvelles restrictions à la capacité de certaines catégories d'établissements.

Nous aurons donc, pour demeurer strictement dans notre sujet, à exposer quelles sont ces restrictions réglementaires et d'ordre plus ou moins général imposées par la loi à la double capacité de recevoir et de s'obliger de certains établissements. Nous ne pouvons, bien entendu, rechercher les limites que chaque établissement en particulier trouve dans ses statuts. C'est affaire, en chaque espèce, au fondateur d'examiner ces statuts et de s'assurer que la fondation n'y est pas contraire. Nous ne nous flattons pas même d'être complets dans le résumé des dispositions

(1) Pour les fondations d'hospices communaux, les droits des fondateurs sont déterminés par le décret du 31 juillet 1806. Ils peuvent se réserver, pour eux et leurs héritiers, le droit de siéger avec voix délibérative dans les séances de la Commission, non pas en remplacement, mais en sus des membres de droit. La clause par laquelle ils substitueraient aux administrateurs légaux des administrateurs de leur choix serait illégale.

Les fondateurs de *lits* dans un hôpital peuvent se réserver à eux et à leurs héritiers le droit de présentation aux vacances de leurs lits, mais aucun droit d'administration ni de surveillance. (Décret du 28 fructidor an X.)

législatives qui jalonnent cette ample et complexe matière de la capacité des établissements. Outre les oublis inévitables, il est un autre écueil que nous avons voulu éviter : c'est, en nous engageant trop avant sur le terrain mouvant du droit admi-nistratif que n'éclairent plus les notions claires et précises du droit civil, de nous égarer en des consi-dérations de détail qui n'auraient plus rien de pro-prement juridique.

A plus forte raison devrons-nous renouveler ces réserves quand nous passerons aux règles — arbi-traires par définition — de l'autorisation des dons et legs.

§ 2. — *Restrictions légales à la capacité de recevoir de certains établissements.*

Pour les établissements publics et pour les éta-blissements d'utilité publique, comme pour les par-ticuliers, la capacité de recevoir est la règle, l'in-capacité l'exception. En principe donc, ils peuvent recevoir de toute personne, de toute manière (soit entre vifs ou par testament, soit à titre universel ou particulier), toute espèce de biens meubles et immeubles.

Les incapacités relatives dont sont frappées cer-taines catégories de personnes physiques ne peu-vent évidemment trouver aucune application en notre matière. Il serait puéril de le rappeler, si la la jurisprudence n'avait eu à statuer sur des cas de cette nature. Il s'agissait de libéralités adressées par un mourant à l'église desservie par le curé qui l'assistait dans sa maladie ou à une commune dont le maire, qui était en même temps médecin, lui donnait ses soins. Les arrêts ont décidé — et la solution s'imposait — que si les docteurs en médecine et les ministres du culte ne peuvent rien recevoir pour eux-mêmes, il ne leur est pas interdit de recevoir pour le compte d'un tiers et en qualité de représentants, mandataires ou gérants d'affaires de celui-ci (1).

Il existe, en revanche, pour certains établissements d'utilité publique, une incapacité relative spéciale : C'est celle qui atteint les communautés religieuses de femmes, aux termes de l'article 5 de la loi du 24 mai 1825. « Nulle personne faisant « partie d'un établissement autorisé ne pourra disposer, par acte entre vifs ou par testament, soit « en faveur de cet établissement, soit au profit de « l'un de ses membres, *au delà du quart de ses « biens*, à moins que le don ou le legs n'excède « pas la somme de 10.000 francs. — Cette prohibition cessera d'avoir son effet relativement aux « membres de l'établissement si la légataire ou « donataire était héritière en ligne directe de la « testatrice ou donatrice. »

Cette prohibition souffre, d'ailleurs, une exception assez considérable : « Le présent article ne « recevra son exécution, pour les communautés

---

(1) *Cass. req.*, 4 juin 1883, *S.*, 1884, 1, 233. — *Montpellier*, 4 juin 1855, *D.-P.*, 1856, 2, 126.

« déjà autorisées, que six mois après la publica-
« tion de la présente loi, et pour celles qui seraient
« autorisées à l'avenir, six mois après l'autorisation
« accordée. » Cette dernière mesure, dont le but,
d'après l'instruction ministérielle du 17 juillet 1825,
était « d'empêcher le tort que des établissements
« pourraient souffrir de l'exécution immédiate de
« l'art. 5 », n'est pas moins étendue que la première partie de l'article, et concerne également
les libéralités adressées à « l'établissement » ou à
« l'un ses membres ». Les termes dans lesquels
elle est conçue ne permettent aucune distinction (1).

Quant à la manière dont peuvent recevoir les
établissements publics ou d'utilité publique, les
mêmes communautés religieuses de femmes ne
peuvent accepter les libéralités qui leur seraient
adressées sous forme de legs universel ou de legs
à titre universel (2).

Les « établissements ecclésiastiques ou religieux », d'après l'ordonnance du 14 janvier 1831,
ne peuvent être autorisés à accepter une donation
faite avec réserve d'usufruit. Il faut remarquer
que l'ordonnance ne les déclare pas *incapables de
recevoir* sous cette réserve. Si l'ordonnance avait
employé cette expression, elle eut certainement
été entachée d'excès de pouvoir ; la loi seule peut
créer des incapacités. Aussi l'ordonnance se borne-
t-elle à poser un principe d'administration, à régler

---

(1) *Cass. civ.*, 22 déc. 1851, S., 1852, 1, 33.
(2) Loi du 24 mai 1825, art. 4.

un détail d'exécution de la loi. Elle décide que le gouvernement ne devra pas *autoriser* les établissements à recevoir de semblables donations. On peut se demander si ce n'est pas, sous une forme détournée, aboutir au même résultat et discuter la valeur légale de l'ordonnance. Mais elle garde au moins la portée d'une réglementation administrative et il n'est pas à croire que le Conseil d'Etat songe jamais à l'enfreindre.

Une circulaire du Ministre de l'intérieur du 5 décembre 1863 (1) a étendu cette règle aux établissements de bienfaisance. Certainement cette circulaire n'est pas légalement obligatoire et le Conseil d'Etat a le pouvoir d'y passer outre (2).

Enfin, quant à la nature des biens qu'ils peuvent recevoir, deux espèces d'établissements ont une capacité restreinte.

Les « sociétés de secours mutuels », simplement approuvées, d'après l'art. 8 du décret-loi du 26 mars 1852, ne peuvent posséder que des meubles. C'est donc qu'elles sont incapables de recevoir des immeubles.

Les « syndicats professionnels », d'après l'article 6 de la loi du 21 mars 1884, ne peuvent

(1) S., 1863, 2, 272.
(2) *Cons. d'Etat*, 4 août 1882, consorts Dougier, *Lebon*, p. 753 et S., 1884, 3, 52. — 22 mai 1885, Bonjean, *Lebon*, p. 542. Dans deux espèces récentes, le Conseil d'Etat a dérogé à la ligne de conduite qu'il s'était imposée sur ce point : Cf. Projet de décret et note (*A. G.*), 16 décembre 1886, donation d'Aumale ; Projet de décret, 11 mars 1890, donation Pommery, rapportés dans les *Notes de jurisprudence* du Conseil d'Etat sur lesquelles nous aurons bientôt à nous expliquer.

acquérir des immeubles que dans d'étroites limites :
ceux seulement « qui sont nécessaires à leurs réunions, à des bibliothèques et à des cours d'instruction professionnelle ». Les dons ou legs immobiliers
qui dépasseraient cette mesure seraient annulables
à la requête des intéressés ou du *ministère
public* (1).

Voilà donc une première série de cas dans
lesquels l'intérêt des établissements gratifiés, celui
de la fondation surtout, est sacrifié à l'ordre public,
lequel paraîtrait menacé si les établissements de
certaine nature accumulaient des richesses trop
considérables.

Mais les fondations auront plus à souffrir encore
de la nécessité de l'autorisation préalable. Jusqu'ici,
en effet, c'était la loi écrite, une règle connue de

---

(1) Loi du 21 mars 1884, art. 8.

En rapprochant, sur ce point tout spécial, les syndicats professionnels des autres établissements d'utilité publique, nous n'entendons nullement prendre parti dans la controverse soulevée sur
leur nature. Une première opinion, soutenue par *M. Sauzet* (Revue
critique, 1888, p. 296 et 391) et qui peut invoquer en sa faveur les
termes d'une circulaire ministérielle, estime que la loi de 1884 a
élevé les syndicats professionnels « au rang des établissements
d'utilité publique ». Une autre opinion les assimile simplement
aux sociétés civiles et commerciales (*Sénart,* rapport à la Société
des agriculteurs de France, et *Boullaire,* Manuel des syndicats professionnels agricoles. Pour MM. *Gain* (les syndicats professionnels
agricoles) et *Veyan* (la loi sur les syndicats professionnels), il
faut y voir une simple variété des associations syndicales libres
instituées par la loi du 2f juin 1865. Enfin M. *Jay* (la personnalité civile des syndicats professionnels), brisant le moule artificiel
des classifications communément usitées, déclare que l'association
syndicale n'est rien autre chose qu'un contrat innommé auquel il
est superflu de rechercher des analogies.

Ces discussions sont sans conséquence sur l'application de l'article 8 de la loi.

tous et invariable, qui les réduisait à certaines limites. Maintenant ce va être la jurisprudence administrative, c'est-à-dire une autorité variable et forcément dépendante des considérations de fait et de circonstance.

§. 3. — *Nécessité de l'autorisation préalable.*

Le fondement légal de l'autorisation préalable des dons et legs adressés aux établissements publics et d'utilité publique réside dans les articles 910 et 937 du Code civil et dans les différents textes législatifs ou réglementaires qui les ont reproduits et précisés (1). La règle est générale et s'applique à tous les établissements légalement reconnus, sauf aux communes et aux départements (2).

Or la nécessité de l'autorisation préalable, quelles que soient d'autre part les conditions auxquelles elle est accordée, a un premier inconvénient : C'est de retarder l'acceptation de la libéralité par l'établissement donataire.

(1) Loi du 2 janvier 1827, art. 1er, relative aux établissements ecclésiastiques. — Loi du 24 mai 1825, art. 4, relative aux congrégations et communautés religieuses de femmes. — Loi du 5 juin 1835, art. 10, relative aux caisses d'épargne. — Loi du 15 juillet 1850, art. 7, relative aux sociétés de secours mutuels déclarées établissements d'utilité publique.

(2) Mais pour les communes, la capacité des Conseils municipaux d'accepter directement les dons et legs, sauf annulation ultérieure de leur délibération, s'il y a lieu, cesse précisément quand il y a des charges apposées à ces libéralités, c'est-à-dire précisément au cas de fondation (Loi du 5 avril 1884, art. 61, 63, 64, 65, 66, 68).

Pour les départements, la capacité des Conseils généraux cesse seulement au cas de réclamation des héritiers (Loi du 10 août 1871, art. 46 et 47).

Ce retard peut être très préjudiciable.

Si la libéralité est une donation entre vifs, tant que l'acceptation n'est pas intervenue, le donataire n'acquiert aucun droit. Que le donateur décède auparavant, et la donation est irrémédiablement perdue. De plus, le donateur peut jusque là se repentir et retirer son offre (1).

Si la libéralité est un legs, l'établissement donataire a un droit acquis au décès du testateur, droit dont l'exercice seulement est suspendu. Mais tant qu'il n'est pas pourvu de l'autorisation administrative, il ne peut demander la délivrance du legs. De là, la perte des fruits et intérêts produits par la chose léguée pendant un temps plus ou moins long (2).

Le remède à cette situation fâcheuse serait la licence accordée aux établissements publics et d'utilité publique de fixer leur droit, à titre conservatoire seulement, et sous réserve de l'autorisation du gouvernement, par une acceptation provisoire. Ce serait la transformation de l'autorisation *préalable* en simple confirmation.

Ce bénéfice de l'acceptation provisoire a été consacré par différentes lois au profit de quelques catégories d'établissements publics. Mais elle n'a pas été étendue et généralisée.

Les départements (3), les communes, sections de communes, et même les simples hameaux ou

(1) *Code civil*, art. 932.
(2) *Ibid*, art. 1005, 1014, 1015.
(3) Loi du 10 août 1871, art. 53.

quartiers (1) jouissent de ce bénéfice. L'acceptation est faite pour eux par le préfet ou le maire, sans qu'il soit besoin d'aucune délibération des corps élus.

Les hospices et hôpitaux (2) ont aussi ce privilège. C'est le président de la Commission administrative qui l'exerce, mais en vertu d'une délibération de la Commission.

Les bureaux de bienfaisance, et dans les communes où il n'existe pas de bureaux de bienfaisance, les pauvres doivent-ils être assimilés aux hospices et hôpitaux ? Nous croyons que les termes très généraux de l'article 11 de la loi du 7 août 1851 : établissements *charitables*, et non pas, comme il est dit en d'autres articles de la même loi, établissements *hospitaliers*, permettent de le décider. C'est alors le maire, président de la Commission du bureau de bienfaisance et représentant des pauvres qui fera l'acceptation, après délibération de la Commission, s'il agit au nom du bureau de bienfaisance, mais sans aucune formalité de ce genre s'il agit au nom des pauvres (3).

L'administration de l'Assistance publique à Paris peut très certainement invoquer le bénéfice de l'acceptation provisoire, car c'est incontestablement un établissement communal aux termes de

---

(1) Loi du 5 avril 1884, art. 113. — Cf. loi du 18 juillet 1837, art. 48.

(2) Loi du 7 août 1851, art. 11.

(3) *Tissier*, Dons et legs aux établissements publics et d'utilité publique. Paris, Dupont, 1890, p. 112.

la loi de 1837 (1). Et la loi du 14 avril 1871 a conservé pour la ville de Paris, la classification des établissements communaux de la loi de 1837, abrogée dans les autres communes de France par la loi du 5 avril 1884.

Enfin, les sociétés de secours mutuels, mais celles seulement qui sont déclarées établissements d'utilité publique, et non pas celles qui sont simplement approuvées par un arrêté préfectoral (2), sont admises à exercer le privilège de l'acceptation provisoire par leurs gérants et administrateurs (3).

Aucun autre établissement public ou d'utilité publique ne jouit de ce bénéfice, et c'est assurément une des lacunes les moins explicables de la législation qui les régit.

Car il faut se garder de confondre avec le privilège de l'acceptation provisoire le droit de faire des actes purement conservatoires qui leur a été concédé par l'article 5, § 2, de l'ordonnance du 2 avril 1817 (4). Ces actes conservatoires sont utiles, sans doute, mais ils ne fixent pas le droit sur la tête du légataire, et l'objet du droit qu'ils auront conservé pourra fort bien, en définitive, échapper à l'établissement.

---

(1) Loi du 18 juillet 1837, art. 48. — Loi du 14 avril 1871, art. 14.
(2) Décret du 26 mars 1852.
(3) Loi du 15 juillet 1850, art. 7.
(4) *Cass. req.*, 5 mai 1856, *S.*, 1858, 1, 544. — *Bordeaux*, 19 mars 1887, *D. P.*, 1888, 2, 261. — *Bourges*, 9 mars 1874, *S.*, 1874, 2, 139, et sur pourvoi, *Cass. req.*, 1er février 1875, *S.*, 1875, 1, 109. — *Paris*, 18 novembre 1871, *S.*, 1871, 2, 197. — *Cass. civ.*, 12 novembre 1862, *S.*, 1862, 1, 102.

§ 4. — *Procédure de l'autorisation préalable.*

Les délais de l'autorisation préalable sont encore aggravés par les complications de sa procédure.

Au point de vue des autorités compétentes, c'est au chef de l'Etat qu'il appartient, en règle générale, de l'accorder par un décret (1).

Mais de nombreuses lois, ordonnances ou décrets l'ont déchargé, dans la plupart des cas, de cette besogne (2). On peut résumer ces règles de compétence dans cette formule, qui embrasse les hypothèses les plus essentielles : l'autorisation est accordée par un décret, ou quelquefois par un arrêté préfectoral (3). Encore faut-il remarquer que le préfet ne statue, en général, que sauf le cas de réclamation des héritiers.

Ici intervient un principe nouveau, que le Conseil d'Etat formule ainsi : « Lorsqu'une libéralité susceptible d'être autorisée par le préfet est grevée d'une charge, telle que la fondation d'un établissement hospitalier, dont l'exécution dépend d'une autorisation préalable du gouvernement, il ne saurait en aucun cas appartenir au préfet de statuer sur cette libéralité. La disposition ne peut être

(1) *Code civil*, art. 910.— Loi du 2 janvier 1817.
(2) Ordonnance du 2 avril 1817, art. 1.— Décret loi du 25 mars 1852 (tableau A, nᵒˢ 28, 42 et 55, lettre V).— Décret-loi du 25 mars 1852, art. 8 et 17. — Décret du 13 avril 1861, art. 6, nᵒ 19. — Décret du 15 février 1862, art. 1ᵉʳ.— Loi du 5 avril 1884, art. 111.— Décret du 29 mars 1890, art. 29.
(3) Pour les établissements ecclésiastiques, en général, il faut un décret.

scindée. Et, en présence du concours des deux
compétences, le pouvoir de statuer appartient à
l'autorité la plus élevée. L'arrêté préfectoral pris
en violation de ce principe ne saurait donc être
considéré que comme un simple avis (1). »

C'est le principe de la *connexité*. Il ne repose
pas sur une prescription légale ; ce n'est pas une
règle de droit. C'est seulement une règle de jurisprudence, établie par le Conseil d'Etat lui-même
en vertu de ce pouvoir discrétionnaire qu'il détient
en matière d'autorisation (2).

Le Conseil d'Etat va plus loin. Ce n'est pas seulement lorsqu'il y a connexité entre les diverses
dispositions d'un même acte, c'est toutes les fois
que plusieurs dispositions sont faites en faveur de
divers établissements publics ou d'utilité publique
par un seul et même acte, encore que ces dispositions soient parfaitement indépendantes les unes
des autres, que l'autorisation de toutes ces dispositions *complexes*, *mixtes* ou *collectives* peut donner
lieu au concours des deux compétences et qu'elle
doit être réservée à l'autorité la plus élevée. Telle

(1) *Notes de jurisprudence*, (Section de l'Intérieur, des Cultes, de
l'Instruction publique et des Beaux-Arts du Conseil d'Etat) pour la
période comprise entre le mois d'août 1879 et le 31 décembre 1891,
recueillies et classées par M. Bienvenu Martin, maître des requêtes
et MM. Simon, Dejamme, Noël, Silhot, Moullé, auditeurs au conseil
d'Etat. Ces notes ont fait l'objet d'une publication spéciale, éditée
pour les besoins de l'administration par l'imprimerie administrative
de Melun. Elles ont été reproduites par la *Revue générale d'administration* (1892-1894), publiée sous les auspices du ministère de
l'intérieur.

(2) Avis du 27 décembre 1855, S., 1856, 2, 192 ; — du 16 février 1869,
S., *Lois annotées*, 1869, 402.

est la jurisprudence constante, résumée dans cette note : « Il appartient au Gouvernement seul de statuer, par décret rendu en Conseil d'Etat, sur toutes les libéralités comprises dans le même acte testamentaire, alors même que certaines de ces dispositions prises isolément pourraient être autorisées par le préfet. »

C'est vraisemblablement pour mieux assurer l'observation de ces règles de compétence que le Conseil d'Etat décide qu'à moins de circonstances exceptionnelles, il doit être statué par un seul et même décret sur les différentes libéralités contenues dans un même testament.

On comprend les motifs qui commandent cette pratique. Le gouvernement, préoccupé à la fois de défendre les intérêts des héritiers du donateur, en maintenant les libéralités charitables dans une limite dont il est seul arbitre, et de conserver entre tous les établissements gratifiés une sorte de justice distributive, veut éviter que les établissements pourvus les premiers de l'autorisation n'épuisent la quotité des biens qu'il entend attribuer à tous les donataires. Mais il faut bien reconnaître que le Conseil d'Etat aggrave singulièrement, par cette précaution, les inconvénients de l'autorisation préalable. Entre plusieurs établissements institués dans le même acte, il peut y en avoir quelques uns dont la situation soit plus simple, comme entre les différentes dispositions, il peut s'en rencontrer sur le sens et la portée desquelles il ne s'élève aucune contestation. Est-il juste de retarder l'autorisation

de ces dispositions et de faire souffrir ces établissements des délais qui s'imposent aux autres ?

Il faut, cependant, en présence du droit qui
appartient aux conseils généraux et municipaux de
statuer souverainement, dans certains cas, sur
l'acceptation des libéralités adressées aux départements et aux communes, faire exception au principe précédent, lorsque, parmi les dispositions diverses que contient un acte de donation ou un
testament, il s'en trouve quelqu'une dont la commune ou le département est le titulaire.

En décider autrement, ce serait porter atteinte
au privilège des communes et des départements et
violer ouvertement la loi. C'est ce qu'a reconnu
l'avis du Conseil d'Etat du 10 mars 1868 pour le
cas de dispositions complexes (1). Mais en cas de
connexité, le Conseil maintient son principe : « Il
doit être statué par décret sur les dons et legs faits
à des communes et à des établissements d'utilité
publique, lorsqu'ils sont connexes (2). »

Au surplus, ce qu'il importe de connaître, ce
sont les moyens d'obtenir la décision du pouvoir,
— décret ou arrêté.

I. — Les intéressés doivent la provoquer eux--
mêmes par leur demande, et c'est au préfet que
cette demande doit toujours être adressée.

Les intéressés, c'est d'abord l'établissement
gratifié, qui agit par ses représentants ordinaires.

(1) S., *Lois annotées*, 1868, p. 278. — *Notes de jurisprudence.*
(2) S., *Ibid.*

Ce sont également le donateur ou ses héritiers. Si le donateur a formé la demande et qu'il décède avant l'autorisation accordée, quel doit être le sort de la procédure commencée? Logiquement, il faudrait la réputer non avenue. Car, à moins que l'établissement n'ait pu accepter provisoirement, il n'y a jamais eu, il ne peut plus y avoir de donation de la part du donateur défunt. Ses héritiers pourront se faire une règle de conscience de reprendre à leur compte ses intentions, mais ce sera par une disposition nouvelle, ou plutôt, s'ils sont eux-mêmes plusieurs, par plusieurs dispositions nouvelles qui nécessiteront de nouvelles autorisations obtenues sur de nouvelles instances. Ce sera à la vérité beaucoup de complications, beaucoup de lenteur et beaucoup de frais. Le pouvoir discrétionnaire du Conseil d'Etat, cette fois, lui sert à corriger le droit au profit de l'équité. Le Conseil d'Etat décide, en effet, que l'instruction commencée se poursuivra purement et simplement. L'établissement sera autorisé à accepter la libéralité résultant « tant de l'acte de donation entre vifs que du consentement donné par les héritiers à son exécution (1). »

Outre les intéressés, si la libéralité résulte d'un testament, le notaire qui l'a reçu doit intervenir à la fois auprès de l'établissement gratifié et auprès du préfet (2). A l'établissement, il notifie la

---

(1) *Blanche,* Dictionnaire d'administration, vᵒ Dons et legs, II,§2.
(2) Ordonnance du 2 avril 1817, art. 5. — Décret du 30 juillet 1863.

disposition faite en sa faveur, pour le mettre à même d'en fixer au plus tôt le bénéfice à son profit. C'est bien là une règle favorable aux fondations. Au préfet, il transmet « un état sommaire des libéralités contenues dans le testament », ce qui est une règle édictée dans l'intérêt de l'ordre public, mais en défiance des établissements publics; car le but en est d'éviter les collusions entre les établissements gratifiés et les héritiers du bienfaiteur, qui pourraient soustraire la libéralité au contrôle du gouvernement. L'administration attache une telle importance à cette obligation des notaires qu'elle l'a rappelée dans plusieurs circulaires (1), et qu'elle l'a même munie d'une sanction disciplinaire.

II. — Une fois saisi, le Préfet compose le dossier de l'affaire. Le Conseil d'Etat a fixé les pièces qui doivent y figurer. L'énumération en est longue (2).

---

(1) Circulaire du 12 septembre 1863. — Note insérée au *Bulletin officiel du Ministère de la justice*, année 1879, p. 267. — Circulaire du 7 juin 1882. Ces trois textes sont visés dans une dernière circulaire du 3 novembre 1888, insérée au *Journal officiel* du 21 novembre 1888.

(2) *Blanche*, Dictionnaire général d'administration, Paris, Dupont, 1884, v° Dons et legs.— *Dalloz*, code des lois politiques, t. II v° Dons et legs.

Délibération du Conseil d'administration de l'établissement gratifié, relativement à la libéralité.

Avis du sous-préfet en forme d'arrêté.

Avis motivé du préfet.

Avis du Conseil municipal pour les libéralités faites aux établissements de charité ou de bienfaisance et aux fabriques.

Avis de l'évêque, pour les libéralités faites aux établissements ecclésiastiques.

Etat de l'actif et du passif de l'établissement, certifié et vérifié par le préfet.

Elles se rapportent à l'état et à l'origine de la fortune du testateur, au nombre des héritiers, à leur situation de fortune et à leurs charges de famille, et à la situation financière des établissements institués.

Il faut y joindre la délibération de l'établissement ou plutôt de son conseil d'administration au sujet de la libéralité et, s'il y a lieu, l'avis des autorités administratives compétentes : conseil municipal, sous-préfet, évêque ou consistoire ; enfin, lorsqu'il s'agit d'un legs, le consentement ou l'opposition de chaque héritier connu ou tout au moins les actes extra judiciaires constatant leur mise en demeure, et à l'égard des héritiers et ayants cause inconnus du testateur, les pièces constatant que les formalités et délais d'affichage ont été observés (1).

Le Conseil d'Etat est très exigeant sur l'accom-

Expédition de l'acte de donation.
Certificat de vie du donateur.
Evaluation de sa fortune et de celle de ses héritiers présomptifs.
Ou :
Expédition du testament.
Acte de décès du testateur.
Consentement ou opposition des héritiers et légataires universels; ou bien actes extra judiciaires par lesquels ils ont été mis en demeure de consentir à l'exécution du testament; ou, enfin, si les héritiers sont inconnus, pièces constatant que la formalité des trois affichages successifs de huitaine en huitaine à la mairie du domicile du testateur et les trois insertions dans le journal judiciaire du département ont été accomplies.
Procès verbal d'estimation par expert des biens donnés ou légués.
Certificat du conservateur des hypothèques constatant que les biens sont libres de toute charge ou grevés.
Etat des biens laissés par le testateur et renseignements sur la fortune des héritiers.
(1) Ordonnance du 14 janvier 1831, art. 3. — Décret du 25 juillet 1885, art. 1er.

plissement de ces formalités dans l'intérêt des héritiers. Elles ont une base légale dans l'ordonnance du 14 janvier 1831 et le décret du 25 juillet 1885. Mais l'ordonnance de 1831 ne s'applique qu'aux établissements ecclésiastiques et aux communautés religieuses de femmes, et le décret de 1885, aux facultés et écoles d'enseignement supérieur de l'Etat. La jurisprudence du Conseil d'Etat a étendu à tous les établissements publics ou d'utilité publique ces règles particulières. Alors qu'en 1866, il se contentait, hors des cas prévus par l'ordonnance et le décret précités, de toute espèce de mise en demeure, il paraît exiger maintenant la mise en demeure par acte extra-judiciaire dans tous les cas (1).

III. — La préparation du dossier est la phase importante de la procédure. Lorsqu'elle est achevée, l'autorité compétente n'a plus qu'à statuer. Le préfet rend donc son arrêté, si la libéralité est de celles qu'il peut autoriser ; sinon il transmet le dossier, avec son avis, au ministre dans les attributions duquel se trouve la tutelle ou la surveillance de l'établissement gratifié.

Le ministre se borne à vérifier si toutes les pièces nécessaires sont au dossier. S'il en manque quelqu'une, ou si les héritiers forment entre ses mains opposition à l'exécution de la libéralité, il renvoie l'affaire au préfet pour un supplément d'instruction.

(1) Note sous *Cons. d'Etat*, 1er mars 1866, Barni, *Roche et Lebon*, p. 187. — *Notes de jurisprudence.*

Il peut se faire qu'une seule et même disposition, à plus forte raison des dispositions complexes ou connexes, intéressent plusieurs ministres. Le principal intéressé est saisi directement par le préfet et les autres le sont par lui. Il recueille leur avis et prépare lui-même, comme s'il était seul intéressé, un projet de décret.

La section compétente du Conseil d'Etat procède enfin à une nouvelle revision du dossier (1). Si elle juge l'instruction insuffisante, elle renvoie le dossier au ministre qui le retourne au préfet. Si elle la trouve complète, elle formule son avis et renvoie le projet avec son avis au ministre, pour être présenté à la signature du Président de la République. L'avis du Conseil ne lie pas le ministre, qui peut encore modifier le projet ou en soumettre un autre au Conseil d'Etat.

Lorsque la libéralité dépasse 50.000 francs et que les héritiers ont formé opposition, cette procédure est un peu modifiée. Le projet de décret est alors arrêté en assemblée générale sur un projet de délibération adopté par l'assemblée de section.

Avant de voir ce que peut être la décision qui couronne ces longues formalités, il faut se rendre compte de ce que coûtent à l'établissement gratifié ces formalités elles-mêmes, en outre des retards

_____

(1) Plus exactement, c'est le rapporteur désigné par le président de la section qui fait cette revision. Les parties — héritiers et établissements institués — peuvent se faire représenter par des avocats; ceux-ci sont admis seulement à présenter des notes. (Décret du 2 août 1879, note 8.)

qu'elles occasionnent. Il serait curieux de dresser un état du coût des différentes pièces du dossier. Si la libéralité est peu considérable, l'émolument en sera peut-être absorbé, voire même dépassé par tous ces frais. Que sera-ce donc au cas de fondation où la libéralité est déjà compensée par des charges ? Il pourrait arriver que ce qui dans l'intention du donateur était un bienfait pour l'établissement lui devienne un fardeau qu'il souhaite de repousser de ses épaules.

La faculté de s'y soustraire par un refus, du moins, lui sera-t-elle laissée comme à tout autre donataire ?

Cela dépend précisément de la décision du gouvernement.

§ 5. — *Décision du Gouvernement.*

Le gouvernement décide souverainement.

I. — Le premier parti qu'il puisse prendre, c'est d'autoriser l'acceptation, conformément à la délibération de l'établissement.

Mais il ne se tient pas pour obligé d'autoriser purement et simplement. Il ajoute, au contraire, à son autorisation certaines clauses qui sont aujourd'hui devenues de style dans tous ses décrets.

C'est d'abord la clause d'*emploi des fonds*. L'ordonnance du 2 avril 1817, art. 4, s'exprime formellement à cet égard : « Les ordonnances et arrêtés d'autorisation détermineront, *pour le plus grand bien des établissements*, l'emploi des som-

mes données et prescriront la conservation ou la
vente des effets mobiliers, lorsque le testateur ou
le donateur auront omis d'y pourvoir ».

Il faut remarquer que l'ordonnance ne confie au
gouvernement le soin de prescrire des mesures
d'emploi qu'à titre subsidiaire et à défaut de dispositions prises par l'auteur de la libéralité : si ce
dernier avait réglé lui-même l'emploi des biens,
fût-ce leur conservation en nature qu'il demandât
pour que leurs revenus seulement fussent affectés
à l'usage qu'il aurait désigné, sa volonté devrait
être respectée. Il faut remarquer aussi que l'ordonnance ne fait allusion qu'aux effets mobiliers.

Mais le Conseil d'Etat décide, sans s'appuyer sur
aucune prescription légale, qu' « en principe les
établissements publics ne peuvent être autorisés à
conserver en nature les immeubles légués ou donnés ; qu'en conséquence, le décret qui autorise ces
établissements à accepter doit, en même temps,
prescrire la vente aux enchères publiques des immeubles légués et le placement du produit de la
vente en rentes sur l'Etat trois pour cent » (1).

Et quand il énumère les cas exceptionnels où la
conservation des immeubles en nature doit être
autorisée, il cite celui « où le rendement des immeubles est particulièrement avantageux », celui
où « leur aliénation est manifestement préjudiciable
aux intérêts de l'établissement » (2) ; mais il passe

(1) *Notes de jurisprudence.*
(2) *Ibid.*

complètement sous silence celui où la volonté du donateur serait clairement exprimée. Or jamais peut-être plus qu'en matière de fondation ne sera fréquent le vœu de celui-ci d'affecter les immeubles mêmes qu'il donne à l'emploi prévu.

Une seconde clause fréquente dans les décrets d'autorisation intervenus à propos d'un legs universel ou à titre universel, c'est que le legs ne sera accepté que sous bénéfice d'inventaire. N'est-ce pas de la part de l'Etat, en ce qui concerne les simples établissements d'utilité publique, sortir quelque peu de sa mission naturelle? Peut-être; mais on ne saurait lui faire grief d'une disposition, en définitive, fort raisonnable (1).

Une dernière clause enfin, que l'on retrouve dans toutes ou presque toutes les autorisations accordées à des fondations, est d'une inutilité parfaite. C'est que l'établissement est autorisé, « aux clauses et conditions du testament ou de la donation, *en tant qu'elles n'ont rien de contraire aux lois.* » L'article 900 suffit à paralyser l'effet de pareilles conditions.

II. — Le gouvernement au lieu d'accueillir favorablement la demande d'autorisation peut la rejeter purement et simplement. Il peut de même *autoriser le refus,* conformément à la délibération de l'établissement lui-même. Est-il besoin, dans

---

(1) *Tissier,* Dons et legs, p. 270. — *De Salverte,* Essai sur les libéralités en faveur des établissements publics, *Revue critique,* 1856, t. VIII, p. 140.

ce cas, d'un décret, ou bien le refus de l'établissement gratifié n'est-il pas suffisant par lui-même?

Ce n'est pas sur l'article 910 que le Conseil
d'Etat pourrait se fonder pour exercer le droit
d'intervention au cas de refus de l'établissement:
ce texte parle de l'autorisation nécessaire pour
accepter et non pas pour répudier les dons et
legs. Mais l'intervention du gouvernement peut se
justifier autrement, du moins dans certains cas.
L'article 48 de la loi du 18 juillet 1837 sur l'administration municipale, aujourd'hui abrogée, dispo-
sait que « les délibérations du conseil municipal
qui porteraient refus de dons et legs ne seraient
exécutoires qu'après une ordonnance du Roi ». Et
si cet article n'est plus applicable dans l'espèce
pour laquelle il avait été fait, il a passé, dans la
loi du 7 août 1851 sur les hospices et hôpitaux (1),
où il a conservé sa vigueur. On peut essayer de le
rattacher à une raison générale et qui s'étendrait
également à tous les établissements publics. C'est
que ceux-ci sont incapables d'aliéner leur patrimoine sans l'autorisation administrative. Or, répudier une libéralité, ce n'est pas, sans doute, aliéner
au sens juridique, puisqu'aucun droit n'est encore
fixé sur l'établissement gratifié. C'est bien cependant administrer dans le sens d'un appauvrissement
et l'on conçoit jusqu'à un certain point que le
Conseil d'Etat ne le permette pas sans son auto-

(1) Art. 9 et 10.

risation aux établissements dont les intérêts sont placés sous sa garde.

Et toutefois, depuis la loi du 5 avril 1884, cette explication a perdu beaucoup de sa valeur. L'article 112 décide que « le conseil municipal statue définitivement sur le refus des dons et legs faits à la commune, lors même qu'ils seraient affectés de charges ou de conditions ou que les ayants droit se seraient opposés à l'exécution de la libéralité », c'est-à-dire dans des hypothèses où l'intervention du gouvernement serait exigée pour l'acceptation. Il faut laisser aux amateurs de controverses insolubles le soin d'argumenter de ce texte par analogie ou *a contrario*, selon leur caprice.

Quant aux établissements d'utilité publique, il n'y a pas l'ombre d'un prétexte pour soumettre leur refus à l'autorisation. Nous ne saurions approuver la pratique du Conseil d'Etat qui est intervenu, à plusieurs reprises, pour autoriser des congrégations religieuses à refuser des libéralités (1).

Le Conseil d'Etat fait plus encore que d'autoriser l'établissement à refuser la libéralité, il va jusqu'à lui *imposer* l'acceptation, malgré sa délibération contraire (2). En sorte qu'en présence d'une libéralité onéreuse, l'établissement n'a pas même la liberté de se soustraire aux charges en abandonnant l'émolument, si le Conseil d'Etat en décide

---

(1) Compte rendu général des travaux du Conseil d'Etat, du 1er janvier 1878 au 31 décembre 1882.

(2) *Notes de jurisprudence.*

autrement. Remarquons cependant que *l'autorisation d'office*, au contraire de l'autorisation de
refuser, n'a encore été imposée qu'à des établissements publics. Ce sont seulement, croyons-nous,
des legs à charge de services religieux qui ont été
ainsi imposés aux fabriques.

Ni les communes, ni les départements ne sont
exposés à un pareil abus, puisque les décisions des
conseils généraux et municipaux sont exceptionnellement souveraines à cet égard (1).

III. — Enfin, au lieu d'accorder ou de refuser,
ou même d'imposer purement et simplement l'autorisation, il arrive souvent que le Conseil d'Etat
autorise l'acceptation d'une partie seulement de la
libéralité. Son droit de refuser toute autorisation
et de priver ainsi l'établissement de tout l'émolument de la libéralité emporte logiquement, ce nous
semble, ce droit de réduction. Encore faut-il, cependant, que le Conseil d'Etat ne viole pas ouvertement par là l'intention du donateur. C'est ainsi
que la Cour de cassation a annulé très justement
pour le tout une disposition que le Conseil d'Etat
avait ainsi tronquée, alors cependant que le testateur avait stipulé expressément l'irréductibilité de
son legs (2). Le gouvernement n'avait, dès lors,

---

(1) Loi du 5 avril 1884, art. 112. — Loi du 10 août 1871, art. 46,
n° 5.

(2) *Cass. civ.*, 25 mars 1863, S., 1863, 1, 169. — *Amiens*, 24 juillet
1863, S., 1863, 2, 131. — Cf. *André Morillot*, Revue critique, 1872-
1873, t. XXXIX, p. 169.— *Piébourg*, Condition des personnes civiles,
p. 262.

qu'un droit : autoriser ou refuser purement et
simplement l'exécution du legs, mais non celui de
le modifier.

Il faut remarquer que le Conseil d'Etat ne réduit
jamais les libéralités contenues dans les actes entre
vifs. Il refuse de les autoriser et met ainsi le
donateur en demeure de choisir entre une donation moindre ou l'absence de toute donation.

§ 6. — *Caractère définitif de la décision du Gouvernement*

Cette décision du gouvernement qui s'impose
parfois à l'établissement malgré lui et qui contre-
dit souvent le vœu du fondateur est-elle, au
moins, réformable par quelque voie de droit ?

Cela revient à se demander quelle est sa nature
et sa portée. Est-ce une décision contentieuse, ré-
sout-elle une question de droit ? Alors, il doit exister contre elle un recours régulier. Est-ce, au
contraire, un simple acte administratif, qui ne
tranche ni la question de capacité du donataire
ni celle de validité de la disposition ? Elle est alors
souveraine et inattaquable.

Or, c'est bien ce dernier caractère qu'il faut reconnaître à l'autorisation du gouvernement. Sans
rechercher dans les origines historiques du droit
d' « amortissement » des éclaircissements à cet
égard (1), les paroles de Bigot-Préameneu, dans

(1) *Laurière*, traité des institutions et des substitutions contractuelles.

l'exposé des motifs de l'art. 910, sont assez significatives pour n'être pas récusées : « On ne met pas, disait-il, au nombre des incapables de recevoir les hospices, les pauvres d'une commune et les établissements d'utilité publique. Il est, au contraire, à désirer que l'esprit de bienfaisance qui caractérise les Français répare les pertes que ces établissements ont faites pendant la Révolution. Mais il faut que le gouvernement les autorise (1). » Il suffit, d'ailleurs de se reporter aux termes mêmes de l'art. 910 pour y voir que ce n'est pas la libéralité que le gouvernement autorise, mais seulement son acceptation.

Il faut faire intervenir ici la distinction entre la *jouissance* et *l'exercice* du droit. Les établissssements publics et d'utilité publique ont la jouissance du droit de recevoir. Mais ces établissements sont dans une sorte de minorité ; ils sont placés sous la tutelle de l'Etat. Et voilà pourquoi l'exercice du droit est subordonné pour eux au consentement de leur tuteur.

Telle est bien l'interprétation que la Cour de cassation a consacrée, en en tirant les déductions logiques et nécessaires : « Attendu que l'exercice du droit de l'établissement légataire se trouve suspendu et mis en question, mais que l'existence du droit remonte au jour du décès du testateur, et que la condition légale d'autorisation, lorsqu'elle vient à s'accomplir, a, comme dans l'article 1179,

(1) *Locré*, Travaux préparatoires du Code civil, t. XI, p. 365.

un effet rétroactif au jour où ce droit a pris naissance (1). »

L'autorisation du gouvernement n'est donc qu'une simple *condition* à l'exercice du droit du donataire.

La première conséquence à tirer de cette proposition, c'est la rétroactivité signalée par la Cour de cassation. Pour fixer les effets de la libéralité, c'est au jour où le droit a pris naissance que l'on se placera. Ce sera, pour les donations, au jour de l'acceptation provisoire, lorsque celle-ci a eu lieu ; pour les legs, au jour du décès du testateur (2).

La seconde conséquence, c'est que la décision du gouvernement laisse entière la liberté d'appréciation de la juridiction civile sur la question de jouissance du droit. C'est ce que rappelle l'article 7 de l'ordonnance du 2 avril 1817 : « L'autorisation pour l'acceptation ne fera aucun obstacle à ce que les tiers intéressés se pourvoient, par les voies de droit, contre les dispositions dont l'acceptation aura été autorisée. »

C'est qu'en effet l'objet de la décision administrative et celui de la décision judiciaire sont absolument distincts. L'indépendance réciproque des deux juridictions est la condition nécessaire de cette distinction de la *jouissance* et de l'*exercice*

---

(1) *Cass. civ.*, 7 juillet 1868, S., 1868, 1, 435.

(2) *Cass. civ.*, 2 novembre 1866, S., 1866, 1, 443. — *Cass. req.*, 4 décembre 1866, S., 1867, 1, 66. — *Cass. civ.*, 7 juillet 1868, S., 1868, 1, 435. — *Cass. req.*, 8 février 1870, S., 1870, 1, 293. — *Cass. req.*, 8 mai 1878, S., 1879, 1, 162.

du droit. Elle est la seule garantie laissée aux parties intéressées contre le caractère souverain, dans sa sphère légale, de la décision du gouvernement (1).

Mais, pour que cette garantie ne soit pas illusoire, il faudrait apporter beaucoup de réserve dans le choix des motifs qui déterminent les décisions administratives. Le Conseil d'Etat devrait se borner strictement à apprécier l'utilité et l'opportunité de la disposition, sans jamais prononcer sur sa légalité. Or, il est loin d'observer scrupuleusement cette ligne de conduite. Il ne se borne pas à insérer dans les projets de décret la phrase banale : « en tant que les présentes clauses ne sont pas contraires aux lois » ; il vise souvent dans ses motifs l'illégalité, selon lui manifeste, de telle ou telle clause et refuse, par exemple, d'autoriser l'acceptation d'une disposition qu'il croit entachée de substitution prohibée (2). Le prétexte dont on justifie cet empiètement sur les attributions du pouvoir judiciaire, c'est l'inconvénient qui pourrait résulter pour les établissements gratifiés d'une autorisation qui les exposerait à des procès de la part des héritiers, procès dont l'issue leur serait certainement fatale. La raison ne nous paraît pas suffisante. Et nous pensons que l'on peut justement reprocher ici au Conseil d'Etat de sortir de son rôle.

(1) Arrêt du Conseil d'Etat, 12 février 1823.
(2) Décret du 31 octobre 1810. — Avis du Conseil d'Etat du 29 mars 1822. — Projet de décret du 26 octobre 1881 (*Notes de jurisprudence*).

Cela peut être d'autant plus grave que la décision du gouvernement est en dernier ressort.

La décision du gouvernement n'est pas susceptible d'un recours contentieux, mais on pourrait
comprendre qu'elle le fût du recours général pour
excès de pouvoir ou violation de la loi, au cas où
elle aurait été rendue par une autorité incompé-
tente ou en violation des formes prescrites par les
lois et les règlements. C'est ce que le Conseil
d'Etat n'avait pas hésité jadis à admettre à l'occasion d'arrêtés préfectoraux pris en violation de
l'art. 3 de l'ordonnance du 14 janvier 1831,
alors qu'il y avait réclamation des familles (1).
Mais il est depuis lors revenu sur cette jurisprudence. Un arrêt du 4 août 1882 a rejeté le pourvoi formé par des héritiers contre un arrêté
préfectoral, parce que cet arrêté « ne faisait pas
obstacle à ce que les requérants, s'ils s'y croyaient
fondés, fissent valoir devant l'autorité judiciaire
les droits qu'ils prétendaient avoir à invoquer
contre la régularité de ladite fondation ; que dès
lors ils n'étaient pas recevables à demander l'annulation dudit arrêté par la voie du recours pour
excès de pouvoir (2). »

On a cherché diverses explications à cette nouvelle doctrine du Conseil d'Etat. Ainsi, on l'a
rattachée à ce principe que dans le cas où l'acte

---

(1) *Conseil dEtat*, 9 mai 1833, Boudier, *Roche et Lebon*, p. 420. —
Id., 11 décembre 1871, Blanc, *ibid*, p. 284.

(2) *Conseil d'Etat*, 4 août 1882, consorts Dougier, *Roche et Lebon*,
p. 753, S., 1884, 3, 52. — *Id.* 22 mai 1885, Bonjean, *ibid*, p. 542.

administratif « a été suivi de décisions ou de
contrats qui ont créé des droits acquis, et avec
lesquels il s'est combiné et uni de telle sorte qu'on
ne pourrait plus infirmer l'un sans porter atteinte
à l'autre, » l'acte est devenu lui-même définitif et
inattaquable (1). Si telle était la pensée qui a dicté
l'arrêt du 4 août 1882 et ceux qui l'ont suivi, il
faudrait admettre que le Conseil d'Etat ne repousse
pas absolument le recours pour excès de pouvoir
formé contre toute autorisation. Il le rejetterait
seulement lorsque l'acceptation de l'établissement
institué ou sa mise en possession des biens légués
a fixé le droit à son profit. Mais s'il s'agissait, par
exemple, d'un établissement dépourvu du droit
d'acceptation provisoire, et que le pourvoi contre
l'arrêté ou le décret d'autorisation fût formé avant
que l'établissement n'eût manifesté régulièrement
son acceptation, le Conseil d'Etat cesserait d'opposer au pourvoi cette fin de non-recevoir.

Ce système n'est pas sans difficultés. Ainsi, pour
le suivre jusqu'au bout, les pourvois formés contre
les refus d'autorisation devraient toujours être
irrecevables pour excès de pouvoir. Car le refus
suffit à fixer immédiatement le droit au profit du
donateur ou de ses héritiers. Le Conseil d'Etat,
cependant, saisi du pourvoi d'une fabrique formé
contre un décret de refus d'autorisation, par le
motif que ce décret avait été rendu irrégulièrement

(1) E. *Laferrière*, Traité de la juridiction administrative, t. II,
p. 441.

sur l'avis d'une section, n'a pas rejeté ce pourvoi comme irrecevable, mais a statué au fond et déclaré seulement qu'il était mal fondé (1).

Il est une manière beaucoup plus simple de rendre compte de ces décisions, sans les accuser de contradiction. Le Conseil d'Etat refuse, de la façon la plus générale, d'admettre le recours pour excès de pouvoir, toutes les fois que les parties peuvent obtenir justice au moyen d'un recours parallèle et direct, c'est-à-dire par voie d'action contentieuse intentée devant une juridiction soit judiciaire, soit administrative. Il serait à craindre autrement que le Conseil d'Etat ne se trouvât parfois en contradiction avec les tribunaux judiciaires ou avec la juridiction administrative du premier degré, lorsqu'il déclarerait l'acte légal, tandis que les autres juridictions le déclareraient entaché d'illégalité. Mais le Conseil d'Etat ne se refuse jamais à admettre le recours pour excès de pouvoir lorsqu'il n'existe pas de voie de recours parallèle. Voilà pourquoi, tandis que l'arrêt précité du 4 août 1882 rejetait le pourvoi formé par des héritiers qui avaient, d'ailleurs, la ressource de porter leurs réclamations devant l'autorité judiciaire, lorsque le Conseil se trouva en présence d'une fabrique qui n'avait aucun moyen de saisir les tribunaux civils de la validité du refus d'autorisation, il admit le pourvoi et statua au fond.

_____

(1) *Conseil d'Etat*, 1er avril 1887, fabrique de Juillac, *Roche et Lebon*, p. 286.

§ 7. — *Règles de fond de l'autorisation préalable.*

Le gouvernement exerce son droit de contrôle et de tutelle dans un triple intérêt : intérêt de l'établissement et du service auquel il est destiné ; intérêt de la société ; intérêt des particuliers. Sa décision est dictée par une triple considération : considération des héritiers du fondateur, considération de l'ordre public et de la loi, considération des ressources et de la capacité de l'établissement donataire.

I. *Considération des héritiers.*— Le gouvernement intervient d'abord pour protéger les familles contre les effets d'une générosité mal réglée ou excessive, inspirée parfois par des sentiments de vanité (1). Et de ce chef il refuse souvent l'autorisation aux établissements gratifiés, il réduit plus souvent encore leur émolument, lorsqu'il existe des héritiers du fondateur.

Est-ce bien au Conseil d'Etat à prendre ainsi les intérêts des héritiers dépouillés ? La loi a pourvu, par l'institution de la réserve, à la protection de leurs intérêts. Si cette réserve est insuffisante et constituée sur une base trop étroite, c'est au législateur qu'il faut demander de la compléter. Mais l'autorité administrative comme l'autorité judiciaire n'a qu'une mission : appliquer le droit tel que le lui a transmis le pouvoir législatif.

(1) *Dictionnaire Blanche,* v° Dons et legs.

Le Conseil d'Etat cependant multiplie les garanties au profit des héritiers. Nous savons qu'il exige
leur consentement ou au moins une mise en
demeure adressée à ceux dont on connaît le domicile, et des mesures de publicité à l'égard des
absents. Il veut également que l'enquête ait fait
connaître leur nombre, leur degré de parenté avec
le fondateur et leur état de fortune (1).

Pourvu de ces renseignemants, il rend des décisions d'espèces. C'est ainsi qu'il a refusé à une
fabrique l'autorisation d'accepter un legs en
l'absence de toute réclamation des héritiers, mais
parce que les héritiers ne s'étaient abstenus de le
faire que dans la crainte de se voir appliquer une
clause du testament qui privait « ceux des héritiers
qui réclameraient de la part leur revenant dans la
succession (2). » On conçoit assez quelle brèche fait
une pareille jurisprudence au principe de la liberté
testamentaire.

Le gouvernement n'est cependant pas toujours
assuré d'atteindre son but en réduisant la libéralité
ou en se refusant à autoriser son acceptation. Il peut
se rencontrer plusieurs héritiers dont la situation
pécuniaire soit très différente. Quelques uns sont
nécessiteux, et c'est pour eux que le gouvernement
réduit l'émolument de l'établissement donataire.
D'autres sont riches, et il est fâcheux d'appauvrir
à leur profit un établissement d'utilité publique. La

(1) *Notes de jurisprudence.*
(2) Projet de décret, 15 mai 1891, *Notes de jurisprudence.*

libéralité supprimée ou réduite cependant fait
retour à la masse de la succession et se partage
entre eux, au prorata de leur vocation héréditaire.
Le gouvernement ne s'est pas encore reconnu le
droit de faire dans ce cas des *attributions de part*,
c'est-à-dire de se substituer lui-même au testateur (1). Mais ce qu'il ne fait pas directement, il
s'efforce de l'obtenir d'une autre manière, c'est-à-
dire qu'il met à son autorisation la condition que
l'établissement prendra lui-même l'engagement de
donner un secours ou de procurer une rente viagère aux héritiers reconnus dans une situation
malheureuse. Il intervient alors simplement pour
sanctionner la délibération prise à cet effet par
l'établissement intéressé (2).

Il est même arrivé plusieurs fois que l'administration choisisse, pour les faire bénéficier de ces
largesses imposées aux établissements institués, non
pas les héritiers appelés, mais des parents éloignés
du *de cujus* que les héritiers de la première ligne
écarteraient absolument de la succession. L'ordre
légal des successions n'est pas mieux respecté ici
que la liberté du testateur.

II. *Considération de l'ordre public.* — Le
gouvernement intervient, en second lieu, pour corriger ou prévenir l'extension des biens de main-

(1) *Notes de jurisprudence.*
(2) *Notes de jurisprudence :* « Si le gouvernement ne peut empêcher l'exhérédation non justifiée de parents malheureux, il peut,
du moins, s'opposer à ce qu'un établissement public placé sous sa
tutelle, profite de cette exhérédation. » Avis du 29 mars 1881.

morte. Il ne veut pas que les établissements publics
et d'utilité publique soient trop riches. A vrai dire,
il ne peut plus se réclamer de l'intérêt fiscal
depuis que la loi du 20 février 1849, et, pour les
communautés religieuses, celle du 29 décembre 1884, ont imposé aux biens de mainmorte une
contribution plus lourde que celle qui pèse sur
les biens des particuliers. Est-ce dans la reconstitution des grandes propriétés territoriales, dans
l'accaparement du sol par les personnes de mainmorte qu'il voit le péril? Il le prévient suffisamment par cette règle dont nous avons eu déjà à
nous occuper et par laquelle il les oblige à convertir
en rentes mobilières la presque totalité de leurs
immeubles.

Ce n'est donc pas un danger précis et nettement
déterminé qui nécessite l'intervention des pouvoirs
publics, mais plutôt une sorte de jalousie et d'ins-
tinctive défiance à l'égard des corps constitués,
une opinion traditionnelle et invétérée qui s'impose
avec la force d'un préjugé.

Quoi qu'il en soit, les exemples abondent d'autorisations refusées à des établissements, lorsque
leur situation est très prospère et que leur dotation
paraît suffisamment élevée pour satisfaire largement à leurs besoins (1). Aussi le Conseil d'Etat
exige-t-il que les établissements donataires four-
nissent un état de leur actif et de leur passif, ainsi
que celui de leurs revenus et charges, pour lui

_____

(1) *Notes de jurisprudence.*

permettre d'apprécier l'importance de leur dotation. En cas de refus par un établissement de produire l'état de l'actif et du passif, il ne convient pas d'autoriser l'acceptation des libéralités (1).

III. *Considération de la capacité de l'établissement donataire*. — Le gouvernement intervient enfin pour empêcher que les établissements publics et d'utilité publique ne sortent des attributions qu'il leur a respectivement assignées. A ce point de vue, sa surveillance s'exerce moins sur l'importance des libéralités adressées à ces établissements que sur les clauses et charges dont elles sont accompagnées.

Chaque établissement public ou d'utilité publique a dans son titre légal de reconnaissance la définition de ses attributions. Le gouvernement lui confère la personnalité avec tous les droits qui en découlent (2), pour accomplir certains services auxquels il reconnaît une importance sociale. Il lui appartient naturellement, en vertu de son pouvoir de tutelle, de veiller à ce que cet établissement ne contracte pas imprudemment des obligations étrangères à sa mission et ne compromette ainsi le service spécial auquel il est affecté, ou ne fasse servir sa capacité à des œuvres dont le gouvernement n'a été appelé

---

(1) *Notes de jurisprudence.*

(2) *Aubry et Rau*, t. I, p. 191, 4ᵉ édition. — *Demolombe*, Donations, t. I, nᵒ 594. — *Lyon-Caen et Renault*, Traité de droit commercial, t. II, nᵒ 119. — *Piébourg*, Condition des personnes civiles, p. 173.

Contra : *Laurent*, Principes de droit civil, t. I, nᵒ 289. — *Fusier-Herman*, Code civil annoté, art. 7, nᵒ 50.

à contrôler ni la légitimité ni l'utilité. C'est ce que la jurisprudence administrative entend par le principe de la *spécialité* des établissements publics et d'utilité publique.

Mais nous disons que le gouvernement applique le principe de la spécialité, en vertu de son droit de tutelle et non pas en vertu de la loi. Les établissements publics, en effet, comme les sociétés privées ont une capacité générale dès lors qu'ils sont personnes morales. Les libéralités qui leur sont adressées sous des clauses exorbitantes de leurs attributions spéciales ne sont pas nécessairement nulles en droit. Et les tribunaux civils appelés à statuer sur leur validité ne peuvent que les valider, autant du moins que l'acte, loi ou décret, qui a conféré l'existence à ces établissements n'a pas nettement précisé les bornes dans lesquelles il entendait renfermer leur capacité. Mais ces libéralités peuvent être inopportunes, et le Conseil d'Etat appelé à en apprécier la convenance peut refuser de les autoriser.

Ainsi s'explique, par le seul jeu de la distinction des pouvoirs et de leurs opérations respectives, le fameux conflit de la juridiction civile et de la juridiction administrative sur la spécialité.

Toutes les fois que la Cour de cassation a été appelée à se prononcer sur ces questions, elle l'a fait dans le sens de la capacité générale des établissements publics. Ses motifs sont parfaitement résumés dans ce considérant de l'un des plus récents arrêts : « Attendu qu'on ne saurait considérer comme illicite une condition qui n'est contraire à aucune loi (1). »

La jurisprudence du Conseil d'Etat est loin d'avoir cette fixité. Elle a varié plusieurs fois sur l'application du principe de la spécialité. Nous ne croyons pas cependant qu'elle ait jamais abandonné le principe lui-même.

Il faut remarquer, en effet, que c'est à peu près exclusivement à propos de la capacité des établissements ecclésiastiques que les variations se sont produites. Nous ne croyons pas inutile de nous y arrêter un peu.

Jusqu'en 1837, le Conseil d'Etat ne fit pas difficulté de reconnaître aux évêques, fabriques, curés, desservants et consistoires, le droit de recevoir des libéralités scolaires ou charitables. Le département et la commune avaient d'ailleurs leurs écoles et leurs établissements d'assistance auxquels ils prêtaient pareillement le bénéfice de leur propre personnalité pour leur faire parvenir les dons et legs à eux destinés. Le 15 janvier et le 12 avril 1837, furent rendus deux avis portant que « les fabriques n'ont été reconnues comme établissements publics et autorisées à recevoir et posséder que dans l'intérêt de la célébration du culte et dans les limites des services qui leur sont confiés à cet égard par les lois et décrets », et leur interdisant d'invoquer

---

(1) *Cass. civ.* 31 janvier 1893, S., 1893, 1, 345. — Cf. *Cass. req.* 16 mai 1852, *D. P.*, 1852, 1, 137. — *Grenoble*, 5 juillet 1869, *D. P.*, 1873, 2, 226. — *Angers*, 23 mars 1871, *D. P.*, 1873, 2, 227. — *Amiens*, 16 février 1893, S., 1893, 2, 253.

en dehors de ces limites leur qualité d'établissements publics pour recevoir des donations à l'effet
d'établir des écoles ou former toutes autres entreprises étrangères à leurs attributions.

Ces avis furent appliqués par identité de motifs
aux autres établissements ecclésiastiques. On s'a-
perçut bientôt que les donateurs, guidés, pour le
plus grand nombre, par la charité religieuse et par
le désir que les institutions confessionnelles fussent
les exécutrices de leurs volontés, étaient décou-
ragés par cette réglementation et que les dons
menaçaient de se tarir absolument. Le Conseil
d'Etat revint sur ses décisions pour les plier aux
nécessités de la pratique. L'avis du 3 mars 1841
statua que lorsqu'un legs serait fait à un établissement pour une fondation ou un service rentrant
dans les attributions d'un autre, l'autorisation
d'accepter ne pouvait être donnée exclusivement
ni à l'établissement dans la mission duquel se
trouvait le service imposé par le testateur, ni à
l'établissement institué, mais qu'on autoriserait
simultanément l'établissement institué et l'établissement légalement chargé du service. C'était le
système de l'*acceptation conjointe*.

Un nouvel avis, du 30 décembre 1846, précisa
dans un sens très juridique les effets de l'acceptation conjointe, en décidant que la propriété et la
gestion des biens reposeraient sur l'établissement
institué, et que l'établissement appelé à l'exécution des charges n'aurait sur ces biens qu'un
droit de contrôle et de surveillance. Cette solution

était logique. En admettant, en effet, que le principe de la spécialité fût en cause, il pouvait bien affecter la capacité de *s'obliger* et de *faire* de l'établissement légataire, mais non pas sa capacité d'*acquérir* et de *posséder*. Restait seulement à savoir si les intentions du fondateur étaient suffisamment respectées en substituant à l'agent qu'il avait lui-même désigné un autre exécuteur de la charge. Pour éviter, autant que possible, cette nouvelle difficulté, le Conseil d'Etat, lorsqu'il se trouvait en présence de donations entre vifs, prenait le parti de refuser purement et simplement son autorisation et d'inviter le donateur à modifier lui-même les conditions de sa libéralité.

Au contraire, par deux avis des 24 janvier et 10 juin 1863, le Conseil d'Etat étendit même aux donations entre vifs le système de l'acceptation conjointe. De plus, il décida, contrairement à la doctrine de 1846, que l'immatriculation des titres de rente ou de propriété se ferait au nom de l'établissement institué et de l'établissement chargé du service, et que ce dernier, et non plus l'autre, exercerait la gestion des biens. Au point de vue de la simple logique, une pareille théorie était la pire des solutions, puisqu'elle faisait résulter la capacité de deux établissements individuellement incapables de leur seule juxtaposition (1). Les actions en révo-

(1) Cette pratique est l'occasion d'une difficulté assez sérieuse, au cas où l'établissement institué vient à disparaître. Quel est le sort de ses biens ? — Faut-il, avec M. Béquet (Répertoire de droit administratif, v° Cultes, n. 2.114), supposer un véritable droit d'ac-

cation des libéralités ainsi détournées au profit d'un donataire que le fondateur n'avait pas désigné se multiplièrent devant les tribunaux civils. C'était, comme en 1837, la vie des fondations qui était menacée.

Le Conseil d'Etat, ému de cette constatation, abolit enfin la pratique bâtarde de l'acceptation conjointe par les avis des 6 mars et 24 juillet 1873 (1). Ces avis reconnaissaient aux établissements religieux (fabriques, conseils presbytéraux et consistoires des cultes protestants, consistoires israéites) la capacité d'accepter *seuls* les libéralités destinées au soulagement des pauvres ou à l'instruction confessionnelle des enfants. Ils s'appropriaient l'argument que la juridiction civile avait toujours invoqué : aucune loi ne s'oppose à ce que les établissements religieux pourvoient à l'instruction des

---

croissement au profit de l'établissement capable subsistant? Nous ne le pensons pas, car si le fondateur n'a pas entendu l'instituer pour une moitié indivise, bien moins encore a-t-il voulu le faire pour le tout. La disparition de l'établissement institué ne peut pas donner à son conjoint le titre qui lui faisait défaut *ab initio*. Nous préférons l'opinion de M. Ravelet (Traité des congrégations religieuses), qu'il y a lieu à un partage par portions égales entre l'établissement capable (par exemple le bureau de bienfaisance) et les représentants de l'établissement institué. Si, par exemple, celui-ci était une communauté religieuse de femmes, ce seraient les établissements ecclésiastiques et les hospices du département (loi du 24 mai 1825) qui recueilleraient la moitié de son patrimoine. Il serait, ce nous semble, plus exact d'écarter l'idée d'un partage des biens de l'établissement supprimé, mais de dire que ses représentants seront subrogés à sa situation et continueront avec l'établissement capable la même indivision. Il n'y aura de partage, en effet, qu'autant qu'eux ou l'établissement capable le provoqueront.

(1) *D. P.*, 1873, 3, 97 et 98.

enfants ou à la distribution des aumônes. Mais il
ne faudrait pas croire cependant qu'ils se rallias-
sent à la théorie de la capacité générale, car ils
ajoutaient qu'à côté des « services que la loi avait
plus particulièrement confiés » aux fabriques et
consistoires, il fallait placer la charité et l'enseignement qui « se rattachaient à leur mission ». C'était
donc simplement une application différente et plus
libérale du principe même de la spécialité que le
Conseil d'Etat entendait faire.

Les bonnes raisons ne manquaient pas pour justifier cette nouvelle conception de la mission des
établissements religieux. Ce n'est pas seulement
d'une longue tradition (1) et des règles canoniques
sur l'emploi des biens d'église que l'on peut déduire
la vocation charitable de ces établissements. Elle
trouve dans les textes en vigueur de solides points
d'appui. Pour les fabriques, tout au moins, la capacité de recevoir les libéralités en faveur des
pauvres découle, en quelque sorte, nécessairement
de l'article 1er du décret du 30 décembre 1809 :
« Il sera établi des fabriques pour veiller à l'entretien et à la conservation des temples et à l'*administration des aumônes* (2). » Il est bien difficile, en
présence d'expressions aussi claires et aussi simples,
de substituer au sens obvie du mot aumônes je ne
sais quelle signification restreinte et détournée.
On a voulu cependant mettre l'article 1er en con-

---

(1) *Lamache*, dans le *Contemporain*, août 1874.
(2) *Léon Bequet*, Répertoire de droit administratif, vᵒ Assistance.

tradiction avec l'article 75 du même décret, qui
réserve aux bureaux de bienfaisance le droit de
faire, dans les églises, des quêtes pour les pauvres.
Il n'est pas nécessaire de sacrifier l'un de ces deux
textes, quand ils se concilient si facilement en admettant la vocation parallèle du bureau de bienfaisance et de la fabrique à recueillir des dons et
legs charitables. On a invoqué pareillement, pour
affaiblir la portée du décret de 1809, l'opinion de
Chaptal dans les discussions préparatoires (1);
mais cette opinion est de peu de valeur devant
celle de Portalis, le propre rapporteur du décret.

D'ailleurs le décret de 1809 n'est pas un texte
isolé. Il a son fondement dans la convention du
26 messidor an IX, dont l'article 15 renferme en
germe la capacité extensive des établissements du
culte catholique : « Le gouvernement prendra des
mesures pour que les catholiques français puissent,
s'ils le veulent, faire en faveur des églises des fondations. » Il s'agissait bien, dans la pensée des
parties contractantes, de favoriser par la liberté
de la charité la reconstitution du patrimoine que
les anciennes églises employaient en œuvres charitables autant et plus qu'en frais de culte. Le terme
seul d'*églises* avait alors une compréhension d'autant plus grande que le départ entre les différents
organes des cultes reconnus n'était pas encore
réalisé.

Au décret de 1809 est venue s'ajouter la loi du

(1) *Ibid.*

2 janvier 1817, qui n'était rien autre chose, dans l'intention du législateur, que le développement du principe posé dans le concordat, la mesure prise par l'Etat pour permettre aux catholiques de doter leurs églises, ou plutôt, car la terminologie s'était fixée, les établissements ecclésiastiques, *tous* les établissements ecclésiastiques reconnus par la loi (1). Le rapporteur prenait soin d'affirmer que le respect des intentions du donateur était la *base essentielle* de la loi ; qu'elle serait respectée scrupuleusement, quand elle porterait *sur un but particulier d'utilité*, sur le choix d'un bénéfice, et même quand elle réglerait le genre d'administration (2).

La loi de 1817 consacrait donc la liberté des fondations au profit des établissements ecclésiastiques, et le Conseil d'Etat ne faisait que s'y conformer quand il autorisait les libéralités scolaires ou charitables adressées aux fabriques, aux menses et aux consistoires.

Nous n'avons pas à apprécier les motifs qui ont porté le Conseil d'Etat à revenir sur ces errements. Par les avis du 13 avril et du 13 juillet 1881, il fit une nouvelle volte-face et affirma, comme en 1837 et 1863, que les fabriques et conseils presbytéraux n'ont de capacité pour recevoir ni les libéralités affectées à la fondation ou à l'entretien

(1) Loi du 2 janvier 1817, article 1er.
(2) A. *Rivet*, De la capacité des établissements ecclésiastiques, 1893. — Cf. du même auteur, La législation de l'enseignement primaire libre, Lyon, 1891, ch. XV.

d'écoles, ni celles affectées au soulagement des pauvres (1).

D'après cette dernière jurisprudence, qui a eu depuis 1881 de multiples occasions de s'affirmer, il ne faut pas regarder les fabriques « comme représentant les intérêts religieux d'un groupe d'habitants », mais comme uniquement chargées de « l'administration des paroisses». Il en est de même, pour les autres cultes, des consistoires et conseils presbytéraux. Quant aux menses épiscopales et curiales, « instituées exclusivement en vue de l'amélioration du sort des titulaires successifs», elles ne peuvent être autorisées à recevoir même les libéralités destinées « aux œuvres diocésaines et paroissiales (2).» On peut se demander ce qui subsiste alors de la promesse formelle de l'article 15 du Concordat.

Mais il faut adresser à cette application étroite à l'excès de la théorie de la spécialité un reproche plus général. C'est que, dans ces cellules si savamment disposées qu'elle fait des différents établissements publics ou d'utilité publique, si exactement séparées par des cloisons étanches, il y a forcément des lacunes nombreuses. La générosité publique ne se prête pas volontiers à cette classification minutieuse et il est fort à craindre que beaucoup

(1) *D. P.*, 1882, 3, 22 et 23.
Un avis du 8 avril 1886, inséré dans la *Revue des etablissements de bienfaisance*, applique les mêmes décisions aux consistoires israélites.
(2) *Notes du jurisprudence.*

de ses largesses ne se perdent faute d'un réceptacle approprié.

Que deviennent, en effet, dans le système de la spécialité, les libéralités adressées à des établissements qui sont jugés par l'administration incapables de les recevoir?

Le Conseil d'Etat n'appelle plus à les recueillir conjointement l'établissement institué et l'établissement réputé capable. Il écarte absolument le premier; mais il tend à lui substituer, d'une façon générale et absolue, le second. M. Léon Béquet, le rapporteur de l'avis du 2 décembre 1881, a cherché à établir scientifiquement cette solution : « A vrai dire, il n'y a pas de personne civile. Il y a des *établissements chargés d'un service public*. Pour accomplir leur mission, il leur faut des biens;... la bienfaisance publique les leur donne. Mais ces biens ne sont pas pour le profit personnel de l'établissement; ils sont destinés, en totalité, à être employés à l'exécution du service public... Le gouvernement, en autorisant le testateur à léguer ses biens à un établissement public, ne lui permet pas d'investir celui-ci, car l'établissement n'existe pas pour lui-même, mais pour le service public auquel il doit satisfaire (1). » Un autre auteur avait dit déjà : « La qualité pour accepter résulte moins de la désignation faite par

---

(1) *Léon Béquet*, Capacité des bureaux de bienfaisance et des divers établissements publics, *Revue générale d'administration*, 1882, p. 133, et Répertoire de droit administratif, vᵒ Culte.

l'acte du donateur que de l'objet auquel il s'applique : le donataire véritable est le service public ou d'utilité publique (1). »

Ainsi, « l'autorisation d'accepter un legs fait à une fabrique ou à un curé pour le soulagement des pauvres doit être accordée, non à la fabrique ou au curé, mais au représentant légal des pauvres », c'est-à-dire le bureau de bienfaisance ou le maire (2).

De là à soutenir, comme M. Béquet lui-même (3), que « toute libéralité en faveur des pauvres d'une commune doit être acceptée par le bureau de bienfaisance et qu'il ne peut appartenir au donateur de modifier cette règle administrative », il n'y a qu'un pas. C'est ce qu'on pourrait appeler le principe de la *capacité exclusive*, donné pour corollaire à celui de la spécialité.

Or, ce corollaire nous paraît absolument injustifiable. La spécialité, pour n'être pas une incapacité de droit, n'en trouve pas moins un certain fondement dans la nature même des attributions conférées à chaque établissement par son titre de reconnaissance. Le gouvernement a le moyen de la faire respecter, sans sortir de ses attributions, par le refus d'autorisation. Mais il n'en est pas de même de la capacité exclusive. Celle-ci suppose une véri-

(1) *Vuillefroy*, Traité de l'administration du culte catholique. Dons et legs, section IV, note 3.

(2) *Notes de jurisprudence.*

(3) *Béquet*, Répertoire de droit administratif, vº Assistance publique.

table incapacité de droit chez tous les établissements autres que l'établissement spécialement
affecté à tel ou tel service, et non seulement chez
les établissements publics et d'utilité publique, mais
chez toute espèce de sujets de droit, personnes
physiques ou personnes morales privées. Et cette
incapacité, c'est le gouvernement lui-même, le
pouvoir administratif qui l'édicte! Comment en
impose-t-il l'observation ? Est-ce par le refus
d'autorisation, lequel, s'il peut être fondé sur des
motifs plus ou moins juridiques, du moins est toujours strictement légal en la forme ? Non, c'est par
l'attribution à l'établissement, qu'il a décrété seul
capable, de biens qui ne lui étaient pas destinés.
C'est par la substitution de la volonté administrative à celle du disposant.

Nous ne croyons pas même devoir reconnaître
aux seuls établissements de bienfaisance cette faculté
d'absorber les dispositions charitables dont les pauvres sont les bénéficiaires, mais dont les titulaires
sont tels ou tels donataires qui n'auraient pas la
capacité spéciale de les assister. Car nous estimons
que les pauvres sont, comme tout autre catégorie
de personnes incertaines, incapables d'être gratifiés
directement, mais qu'ils peuvent seulement l'être indirectement par le contrat en faveur de tiers. Il
n'est donc pas admissible que l'établissement incapable institué par le fondateur ne soit qu'un simple
intermédiaire, un fidéicommissaire, et que les pauvres soient les vrais donataires. Mais, dira-t-on, que
faites-vous de l'article 910 et de la présence du

maire ou du bureau de bienfaisance ? Nous répondons que le maire et le bureau de bienfaisance sont bien, sans doute, des établissements de bienfaisance pourvus d'attributions administratives au profit des pauvres, mais qu'ils ne sont pas proprement les représentants des pauvres. On représente un incapable de droit, on ne représente pas un incapable de fait, un enfant non conçu, une personne indéterminée. Le maire et le bureau de bienfaisance sont seulement les *donataires présumés* du donateur qui institue les pauvres sans autre explication. Mais cette présomption tombe, dès lors qu'il désigne lui-même le donataire chargé de faire la distribution (1).

Aussi bien croyons-nous qu'il n'y a, dans tous les cas, que deux conclusions logiques du système de la spécialité, entre lesquelles il n'est pas encore temps pour nous de prendre parti.

Ou bien admettre que l'exécution de la charge par l'établissement incapable est la cause de la donation, et alors annuler la libéralité et laisser les biens donnés dans le patrimoine du donateur.

Ou bien, écartant de la théorie des fondations l'idée de cause, ne voir dans l'exécution de la charge par l'établissement institué qu'une simple condition, et alors annuler cette clause en maintenant la libéralité et laisser les biens donnés dans le patrimoine de l'établissement, pour les employer contrairement à la volonté exprimée par le dispo-

(1) *Emile Audoin*, Dispositions en faveur de personnes incertaines, 2ᵉ partie, ch. I.

sant, mais conformément aux attributions spéciales
de l'établissement.

Il semble que la jurisprudence des tribunaux
civils retienne seule le Conseil d'Etat sur cette
pente glissante; car elle annule généralement les
attributions faites par le décret d'autorisation en
faveur d'établissements non institués. Le Conseil
d'Etat renonce donc à sa pratique habituelle, « lorsqu'il résulte des termes de l'acte que le donateur a
entendu faire de la distribution ou de l'emploi de la
libéralité par l'établissement incapable qu'il a institué la condition expresse de sa disposition (1). »
Trop manifestement, en effet, l'attribution administrative serait condamnée par les tribunaux, sur
la réclamation des héritiers.

Le Conseil d'Etat a permis même, dans quelques
espèces, au fondateur de stipuler, tout en instituant
l'établissement spécialement capable, que soit un
autre établissement, soit une personne de confiance
interviendrait dans le choix des bénéficiaires. C'est
ainsi qu'il a autorisé le maire à accepter des libéralités adressées aux pauvres de la commune à
charge de distribution par le curé de la paroisse (2).

Mais ce tempérament à la rigueur de la règle
de la spécialité ne peut être généralisé, car il se
heurterait, le plus souvent, aux règlements de
l'établissement institué qui assurent minutieusement
son autonomie et son indépendance de toute

_____

(1) *Notes de jurisprudence.*
(2) Avis du 15 février 1837. — Avis du 25 janvier 1882, *ibid.* —
Cf. *Cass. civ*, 19 mars 1855, S., 1855, 1, 648.

influence étrangère. La disposition serait alors l'objet d'un refus d'autorisation, non pas en tant que dérogeant au principe de la spécialité, mais en tant que « contraire aux lois ».

Le Conseil d'Etat a, par exemple, déclaré telle la disposition par laquelle un testateur charge le curé de désigner les titulaires des lits fondés par lui dans un hospice communal. Cette clause est incompatible avec les lois et règlements qui régissent les établissements publics de bienfaisance en ce qu'elle a pour effet de priver la commission administrative d'un droit qui n'appartient qu'à elle seule (1).

Du moins, les variations de la jurisprudence administrative touchant l'application du principe de la spécialité ne doivent jamais avoir d'effet rétroactif. Le Conseil d'Etat vient de reconnaître lui-même le caractère définitif des décrets d'autorisation. Il refuse au gouvernement le droit « d'interpréter par décret des décrets précédents constituant un acte de tutelle (2). » Il déclare encore que, « lorsqu'une donation faite à un établissement public est devenue définitive par l'acceptation régulièrement autorisée, le décret d'autorisation ne saurait être rapporté » ni sur la demande des héritiers, ni sur celle de l'établissement. « En effet, l'acceptation a créé, tant au profit de l'établissement qu'au profit des donateurs des droits auxquels l'autorité administrative ne peut porter atteinte. »

(1) *Notes de jurisprudence.*
(2) *Ibid.* — Cf. l'important avis du 2 mars 1893.

Les *droits acquis*, nous ne pouvons admettre que la jurisprudence civile les respecte moins que la jurisprudence administrative, et nous réprouvons absolument la doctrine de l'arrêt de la Cour de Grenoble du 8 avril 1889, qui, déclarant illicite l'attribution d'une libéralité scolaire à la mense épiscopale, alors que cette libéralité, autorisée et acceptée, était depuis longtemps acquittée par rentes ou annuités périodiques, admit les héritiers du donateur à cesser à l'avenir de servir des arrérages. La Cour de cassation a très justement réformé cet arrêt et étouffé en germe cette théorie dangereuse (1). Si une pareille doctrine était venue à se généraliser, que serait-il advenu des fondations si multiples et diverses instituées sous le régime antérieur aux avis de 1837 et sous celui des avis de 1873 ? (2)

(1) *Cass. civ.*, 31 janvier 1894 S., 1893, 1, 345.

(2) Signalons ici quelques exemples intéressants de ces fondations qui cadrent mal avec la spécialité, au sens actuel.

Les hospices de Lyon ont été autorisés à recevoir en 1861 un legs important de M. Pléney, à charge de distribuer chaque année des livrets de caisses d'épargne à des jeunes gens désignés par le tribunal des prud'hommes et le Conseil général des hospices, comme ayant soutenu par leur travail et leur dévouement prolongés leurs frères et sœurs orphelins ou leurs parents malheureux.

Ils sont également propriétaires d'une somme de 150.000 livres à eux léguée par M. Mazard en 1735, à charge de doter tous les ans trente-trois pauvres filles désignées par le sort sur une liste préparée par un certain nombre de Conseils de fabriques de la ville ou des paroisses voisines.

Les hospices de Lyon distribuent encore des primes annuelles, en vertu d'une fondation faite par M. et Mᵐᵉ Durand-Valesque en 1826, aux dix patrons qui ont le mieux soigné les enfants qui leur sont confiés par le service des enfants assistés. (*F. Sabran*, Manuel des Œuvres de Lyon, Lyon, 1893.)

Il serait difficile de ne pas voir dans ces fondations des empiéte-

APPENDICE

DE LA CAPACITÉ DES ÉTABLISSEMENTS ÉTRANGERS

Conflit de la souveraineté de l'Etat avec les effets de la personnalité de l'établissement étranger. — Capacité de droit
commun des établissements étrangers, régulièrement institués. — Mesures d'ordre public.

Nous avons réservé jusqu'ici l'examen d'une
question à laquelle des débats récents ont donné
un vif intérêt d'actualité. Les principes qu'elle soulève, et qui relèvent du droit public et international autant que du droit civil privé, lui donnent,
d'ailleurs, une importance durable. Elle s'impose
à notre examen, car elle peut laisser hésitant plus
d'un fondateur : c'est la capacité de recevoir des
établissements publics ou d'utilité publique étrangers.

La première difficulté est de déterminer la situation de ces établissements, au point de vue de
leur existence juridique même. Puis il faut rechercher si l'ordre public n'est pas particulièrement
menacé par la constitution d'une propriété terri-
toriale à leur profit, et sur quelles bases peut s'appuyer le droit du gouvernement à contrôler les
libéralités qui leur sont adressées.

---

ments sur les attributions des bureaux de bienfaisance ou des
académies. Assurément les hospices n'ont pas été institués pour
distribuer des prix de vertu ou des secours aux personnes valides
Mais il serait souverainement injuste de contester aujourd'hui aux
hospices le droit à la propriété de ces capitaux ou aux bénéficiaires
le droit à leur jouissance, selon les clauses autrefois approuvées
par le gouvernement.

L'établissement public ou d'utilité publique a dans l'acte de reconnaissance du gouvernement son titre légal d'existence (1). Que l'Etat qui a délivré ce titre en accepte les effets, cela est logique ; il ne fait, en quelque sorte, que tenir ses engagements. Mais la souveraineté de l'Etat expire aux frontières du territoire. Un état est-t-il tenu de reconnaître la valeur d'un acte souverain émané d'un Etat étranger? Non, semble-t-il, à moins de convention internationale (2).

Mais ici l'acte souverain a eu des conséquences plus étendues et plus générales qu'il n'en produit d'habitude. En donnant à l'établissement la reconnaissance légale, c'est une entité juridique qu'il a créée, c'est une véritable personne, une personne morale qu'il a lancée dans le domaine des relations du droit privé. Cette personne morale n'a-t-elle pas, du fait même de son existence, une capacité générale à contracter, à recevoir, à agir enfin, et peut-on lui opposer d'autres limites, au nom de la haute police de l'Etat, que celles qui atteignent les individus et qui forment, en quelque sorte, le droit commun des étrangers ?

L'autorité administrative elle-même s'est prononcée pour cette assimilation des personnes mo-

---

(1) Quand cet établissement est l'Etat lui-même, nous avons remarqué précédemment qu'il existe *a priori* et sans titre particulier. Au point de vue des relations internationales, un Etat existe par rapport à un autre quand il entretient avec celui-ci des rapports diplomatiques.

(2) Pour l'Etat, personne morale, cette convention serait, d'ailleurs, suffisamment suppléée par les rapports diplomatiques.

rales et des personnes physiques étrangères. Or,
depuis la loi du 14 juillet 1819, ces dernières sont
capables de recevoir en France à titre gratuit. Le
Conseil d'Etat argumente précisément de ce que la
loi de 1819 n'a pas excepté formellement de sa
disposition libérale les personnes civiles pour conclure à leur capacité (1).

La pratique est pleinement conforme à cette
théorie. Des établissements publics étrangers, des
Etats eux-mêmes, tels que l'Autriche-Hongrie,
possèdent chez nous des immeubles (2). M. Laurent
constate que les hospices belges possèdent également en France et dans les Pays-Bas, et les hospices français en Belgique. Les personnes morales
privées, d'ailleurs, sociétés commerciales ou sociétés
civiles, ont toujours été admises à plaider et à contracter sur notre territoire, sans distinction de na-
tionalité (3). De là à leur reconnaître la capacité de
recevoir à titre gratuit, il n'y a aucune difficulté.

On peut, à la vérité, s'effrayer du danger qu'il

---

(1) Avis du 12 janvier 1854, connu dans la jurisprudence du Conseil d'Etat sous le nom d'avis de Bussière, *Revue critique*, 1854. —
Cf. *Ducrocq*, Revue du droit public, mars 1894.

(2) Le gouvernement Austro-Hongrois possède à Paris un hôtel
pour son ambassadeur qui lui a été légué par la duchesse de Ga-
liéra. (*Gazette des Tribunaux*, 30 décembre 1891).

Le gouvernement Britannique a recueilli, dans des conditions
analogues, un legs de la comtesse de Sillery (*Ibid.*, septembre 1863).

Enfin, plus récemment encore, le Saint-Siège a été l'objet d'une
libéralité analogue de la part de la comtesse du Plessis-Bellière.
Contrairement au Tribunal de Montdidier et à la Cour d'Amiens, la
Cour de cassation a reconnu la capacité du Saint-Siège. (*Cass. req.*,
14 mars 1894, *Gazette des Tribunaux*, 12-17 mars 1894.)

(3) *Lyon-Caen*, De la condition légale des sociétés étrangères en
France, Paris, n°s 6, 8 et 9.

y aurait à voir les capitaux français affluer dans leurs caisses. Remarquons cependant que le danger est moindre lorsque ces capitaux sont destinés à être plus ou moins directement affectés à une œuvre d'utilité générale, ce qui est le cas des fondations ; d'ailleurs, le danger n'est pas moindre lorsque l'étranger donataire est un particulier, et le législateur ne l'a pas jugé assez grave pour justifier l'incapacité de celui-ci.

Le danger peut être beaucoup plus considérable si les biens donnés sont des immeubles. Conçoit-on le gouvernement français acceptant sans pouvoir s'y opposer l'acquisition de terrains sur ses frontières par un Etat voisin, ou même par un établissement étranger ? Ici encore, cependant, il n'est pas possible de trouver dans la loi le moindre fondement d'une incapacité relative des établissements étrangers.

Il importe donc souverainement, en présence de la capacité légale de ces établissements, que le gouvernement soit en mesure d'exercer son droit de contrôle administratif. Mais comment le justifier ici ? Sur les établissements français, le droit de l'Etat est un pouvoir tutélaire, une surveillance exercée dans leur propre intérêt et amplement justifiée par le droit suprême de leur retirer jusqu'à l'existence. On ne peut nier que les établissements étrangers, qui ne tiennent pas de lui leur origine et qu'il ne lui appartient pas de supprimer, n'échappent à cette tutelle. Si on les reconnaît capables de recevoir les libéralités qui leur sont adressées, il faut les reconnaître capables de les accepter, sans qu'on puisse leur imposer l'autorisation préalable. Aussi le Conseil d'État déclare très justement que le gouvernement n'a pas qualité pour donner l'autorisation à un établissement qui, comme le Séminaire français de Rome, constitue une personne morale étrangère fondée en vertu d'actes du Saint-Siège (1).

Le gouvernement ne renonce pas cependant à appliquer l'article 910. C'est que cet article n'est pas seulement la consécration du droit de tutelle qui appartient à l'autorité supérieure, à « l'égard des établissements charitables et autres qui existent en France, mais aussi la consécration d'un droit de souveraineté, en vertu duquel il appartient au chef de l'Etat d'annuler ou de modérer toute libéralité faite au profit d'un établissement public quelconque, s'il la juge susceptible de porter atteinte, soit à l'intérêt des familles, soit à l'intérêt de l'Etat (2). »

C'est donc la considération des héritiers et celle de l'ordre public qui permet au gouvernement d'intervenir.

Aussi bien, ce que le gouvernement autorise ici, ce n'est plus, suivant la lettre de l'article 910, l'acceptation de la libéralité par l'établissement, c'est l'*exécution* de la libéralité, et la formule des projets de décret est simplement : « Est autorisée l'exécution de la disposition testamentaire ou de

---

(1) *Notes de jurisprudence*, Projet de décret et note du 9 août 1887
(2) *Notes de jurisprudence*.

11

l'acte de donation en date du, etc. (1). » Ce détour permet au gouvernement de dicter ses conditions à l'établissement étranger, tout comme il le fait aux établissements français, et de l'inviter notamment à prendre l'engagement d'aliéner la *totalité* des immeubles qui lui seraient légués (2). »

Le Conseil d'Etat s'impose, du reste, la règle de ne statuer en pareille matière qu'après avoir pris l'avis du ministre des affaires étrangères.

Ainsi se trouve conjuré le péril particulier de ces sortes de fondations, en même temps que la liberté en est sauvegardée. La théorie générale peut se formuler dans ces deux propositions : Les personnes morales étrangères sont régies par les lois personnelles qui fixent leur capacité et peuvent recevoir en France, aux clauses et conditions déterminées par ces lois. Elles sont soumises aux lois intéressant l'ordre public et la sûreté générale (3).

---

(1) *Ibid.*, Projet de décret du 4 décembre 1884.

(2) *Piébourg*, Condition des personnes civiles, p. 184. — Cf. un intéressant article de M. *Moreau*, journal du droit international privé, XIX, 1892, n° 337.

(3) Cf., la remarquable plaidoirie de Me *Sabatier* dans l'affaire du Plessis-Bellièvre (*Gazette des Tribunaux*, 12-17 mars 1894).

CHAPITRE V

CRÉATION D'UN ÉTABLISSEMENT SPÉCIAL A LA FONDATION

Conditions de la reconnaissance d'utilité publique conférés
par l'Etat à une œuvre privée. — Règles de forme. — Règles
de fond. — Intérêt général de l'œuvre. — Ordre public. —
Spécialité. — Viabilité de l'établissement. — Nécessité d'une
fondation privée antérieure à la reconnaissance de l'Etat.
— Sort des biens adressés directement à un établissement
inexistant. — Légalité et utilité de la donation ou du legs
avec charge.

Devant la théorie de la spécialité des établissements publics ou d'utilité publique, que fera le fondateur qui ne rencontrera aucun établissement
existant capable de recueillir sa libéralité et d'en
exécuter les charges ? Devra-t-il renoncer aux
garanties de la fondation publique et se contenter
d'instituer une fondation privée ?

D'une part, nous l'avons vu, il ne lui est pas
loisible de créer lui-même un nouvel établissement
d'utilité publique ; mais, d'autre part, le nombre
des établissements d'utilité publique n'est pas limité.
L'Etat a toujours la puissance d'en faire naître de
nouveaux à la vie juridique.

Le fondateur ne peut-il pas provoquer cette
création en lui fournissant son objet, ses ressources, en un mot sa « matière première » ?

Cela revient à examiner les conditions auxquelles
l'Etat accorde à une œuvre privée la reconnais-

sance d'utilité publique. On verra qu'elles sont assez rigoureuses pour faire de ce mode de fondation le plus exceptionnel de tous.

La reconnaissance d'utilité publique fait, en règle générale, l'objet d'un décret délibéré en assemblée de section du Conseil d'Etat sur l'avis favorable du préfet et du ministre compétent (1). Pour certaines catégories d'établissements, une loi est nécessaire (2); pour d'autres, un simple arrêté préfectoral (3) est suffisant. Mais ces catégories ne sont pas de celles qu'un fondateur puisse créer à lui seul. Tout au plus, conçoit-on qu'il leur assure leur dotation première.

Comme pour l'autorisation d'accepter les dons et legs adressés aux établissements déjà reconnus, le Conseil d'Etat a élaboré pour la reconnaissance d'utilité publique un ensemble de *règles de fond*, de principes doctrinaux, dont il ne s'écarte guère, mais qui ne sont que des limites arbitrairement posées au pouvoir du gouvernement et dont celui-ci reste maître, en droit, de s'affranchir.

La première de ces règles est de n'accorder la reconnaissance d'utilité publique qu'aux œuvres qui présentent un intérêt vraiment général. L'ancien régime avait vu se multiplier les fondations particulières instituées dans l'intérêt d'une famille

---

(1) Décret du 3 avril 1886.

(2) Loi du 18 mars 1880 sur les établissements d'enseignement supérieur libre.

(3) Décret-loi du 26 mars 1852 sur les sociétés de secours mutuels.

ou des habitants d'une petite localité (1). On a relevé un type curieux de ces petites fondations : c'est celle de quatre bourses d'études faites par le curé de Ruette au profit des enfants et descendants de ses frères et sœurs. Le capital affecté formait un patrimoine spécial avec ses administrateurs propres. Aujourd'hui, jamais une semblable institution ne serait élevée au rang d'établissement d'utilité publique. Il faut, pour que l'œuvre obtienne cette faveur, que les services qu'elle rend et qu'elle est appelée à rendre « paraissent suffisants » au gouvernement (2).

La seconde règle se rattache à l'ordre public.

Elle n'est pas susceptible d'une définition précise. On comprend ce qu'elle permet à l'arbitraire du pouvoir, par cet exemple de son application :

« Si la reconnaissance d'un établissement, disent les *Notes de jurisprudence*, est demandée en vue de l'installation d'écoles libres, par ce motif que si la loi du 15 mars 1850 autorise les congrégations religieuses à fonder et à entretenir des écoles libres, le gouvernement ne saurait, en présence du principe de la neutralité de l'enseignement primaire proclamé par notre législation, accorder le privilège de la personnalité civile à des établissements qui donnent un enseignement confessionnel (3). »

Et cependant la neutralité proclamée par notre

(1) *Jacquemaire*, Des fondations, Paris.
(2) *Notes de jurisprudence*.
(3) *Ibid.*

législation n'est que la neutralité de l'enseignement primaire public et non pas celle de l'enseignement primaire libre. La vérité est que le gouvernement ne veut pas favoriser une concurrence, même strictement légale, aux écoles publiques.

La troisième règle est celle que nous avons déjà rencontrée de la spécialité. Il faut que l'œuvre ait un but précis, nettement déterminé par ses statuts. « Tout caractère de généralité doit être exclu (1). » Le Conseil d'Etat est si soucieux de ce principe qu'il va jusqu'à proscrire les épithètes de *nationale*, *générale*, etc. que prennent dans leur titre certaines associations (2).

Enfin la dernière règle est de n'accorder la reconnaissance qu'à des établissements dont la dotation soit assurée et garantie par une épreuve sérieuse.

C'est ainsi que l'on exige la justification de leurs ressources par les comptes des trois dernières années, le budget de l'année courante et l'état général de l'actif et du passif. On exige aussi l'exposé de leurs travaux et de leurs services (3).

La jurisprudence du Conseil d'Etat est très ferme et très claire à cet égard : « La reconnaissance d'utilité publique n'est pas accordée à titre d'*encouragement*, quels que soient le mérite des fondateurs et l'intérêt de la fondation. Elle doit être

---

(1) *Notes de jurisprudence.*
(2) *Ibid.*
(3) *Ibid.*

envisagée comme la plus haute *récompense* de longs et importants services (1). »

Donc il faut que l'œuvre existe et se manifeste par une vie extérieure avant d'être reconnue. Sous quelle forme peut-elle exister ?

Sous une seule, évidemment : celle de fondation privée.

On pourrait supposer, à vrai dire, que le fondateur, au lieu d'instituer une fondation privée, se contente de subvenir lui-même par des prestations périodiques à l'œuvre pour laquelle il entend solliciter la reconnaissance. La fondation serait bien ainsi reculée jusqu'au moment de la reconnaissance, puisque jusque là il n'aurait rien aliéné. Mais, précisément parce qu'il demeurerait jusqu'au dernier moment maître de retirer sa donation, le gouvernement ne regarderait pas la dotation de l'établissement comme suffisamment assurée pour justifier sa reconnaissance. C'est ainsi que le Conseil d'Etat a refusé, notamment, d'autoriser la création d'un bureau de bienfaisance sur l'engagement pris par un particulier de verser une somme dans la caisse du bureau, le jour où il serait créé. « Il faut, disait la note, que la donation soit préalablement réalisée (2). »

---

(1) *Notes de jurisprudence.* — « Cependant l'ancienneté des services n'a pas été exigée dans quelques cas *exceptionnels*, à cause des grandes ressources de l'établissement, ou de son utilité exceptionnelle, ou parce qu'il était un démembrement d'un établissement public déjà existant ». Cf. à l'appui de cette observation, deux espèces rapportées dans le *Bulletin des lois*, partie supplémentaire, série XI, t. XXXIII, p. 488 et t. XXXVI, p. 304.

(2) *Notes de jurisprudence.*

Il faut, par conséquent, que le fondateur ait rencontré déjà un donataire capable de recevoir sa libéralité. Ce donataire sera précisément la personne physique isolée, l'association de personnes physiques ou la société personne morale, dont nous avons défendu la capacité. Nous devons remarquer que la jurisprudence administrative, en exigeant que l'existence de l'établissement soit préalable à sa reconnaissance d'utilité publique, implique nécessairement que la capacité n'est pas liée à la reconnaissance.

La fondation privée ne sera, d'ailleurs, ici qu'une phase transitoire, un moyen plutôt qu'un but, un acheminement à la fondation publique. A quelles conditions recevra-t-elle son couronnement dans la reconnaissance d'utilité publique ?

Le plus souvent, ce sont les administrateurs et directeurs de la fondation privée qui sollicitent eux-mêmes la reconnaissance du gouvernement, quand ils le jugent bon, sans que le fondateur y ait aucune part. Mais celui-ci pourrait fort bien les contraindre à la solliciter suivant ses propres intentions : Il lui suffirait de mettre comme condition résolutoire à sa libéralité — donation entre vifs ou testamentaire — que le titulaire obtiendra, dans un délai donné, la reconnaissance d'utilité publique. Cette clause même peut avoir une influence considérable sur la décision du gouvernement, qui hésiterait à rendre caduque par un refus d'autorisation une disposition charitable. On ne voit pas ce qui empêcherait le fondateur de faire de la reconnaissance non plus une simple condition résolutoire, mais une condition suspensive. Le gouvernement accorderait alors par le même décret la reconnaissance d'utilité publique et l'autorisation d'accepter la libéralité.

Le fondateur pourrait-il échapper à cet intermédiaire d'un donataire d'ordre privé en adressant directement sa libéralité à l'établissement à créer, encore inexistant, mais sous la condition expresse ou sous-entendue de sa reconnaissance postérieure ?

La question ne peut pas se poser pour les fondations opérées par une donation entre vifs, car l'établissement inexistant ne pourrait pas intervenir à l'acte pour manifester son acceptation.

Mais elle se pose fréquemment pour les fondations testamentaires, pour les legs. Elle a reçu trois solutions différentes.

Une première école soutient que le legs est nul et demeure tel, quand même le gouvernement accorde postérieurement à l'établissement désigné la reconnaissance d'utilité publique (1). Ce système a pour lui la lettre de l'article 906 et la rigueur de la logique. Car il est évident, comme nous avons déjà eu lieu de l'observer, que l'existence même du titulaire ne peut pas être la condition du droit. Le Conseil d'Etat a longtemps pensé de même et refusé, en pareil cas, d'autoriser rétroactivement l'acceptation du legs en même temps qu'il accordait la reconnaissance à l'établissement (2).

---

(1) *Gautier*, Revue critique 1877, t. XLIV, p. 145. — *De Baulny* *ibid*, 1859, t. XIV, p. 237. — *Labbé*, ap. S., 1870, 2, 145.

(2) Avis du 18 avril 1834.

Mais le désir de favoriser les legs charitables l'a fait ranger depuis à un second système. En principe, il l'a décidé dans une note de 1873 et une note du 30 juillet 1884, « un établissement qui n'avait pas d'existence légale au moment du décès du testateur peut être autorisé à accepter des libéralités, à la condition, toutefois, que les héritiers donnent leur consentement à la délivrance de ces libéralités et que la reconnaissance de l'établissement ait été autorisée après le décès (1). » Ainsi, d'après la jurisprudence administrative actuelle, les legs adressés aux établissements non reconnus sont tenus pour valables, sous la condition de la reconnaissance postérieure de l'établissement. Quant à la condition du consentement des héritiers, elle s'explique par cette considération que la jurisprudence civile persiste à tenir pour nulles de pareilles dispositions et à les déclarer telles, toutes les fois qu'elle est mise à même de le faire, c'est-à-dire toutes les fois que les héritiers s'opposent à leur exécution. Le Conseil d'Etat qui, encore une fois, n'a pas à statuer *en droit pur*, mais au mieux des divers intérêts dont il a la garde, juge inutile d'accorder l'autorisation, quand il est certain que cette autorisation sera paralysée par l'action civile des héritiers.

Le système du Conseil d'Etat a cependant une base juridique que M. le conseiller Marguerie a fort ingénieusement dégagée (2). Il part de ce

(1) *Notes de jurisprudence.*
(2) *Revue critique*, 1878, p. 513.

point de départ que l'art. 906 n'exige pas que, pour être capable de recevoir, le légataire soit *né* à l'époque de la mort du testateur, mais simplement qu'il soit *conçu*. Puis il propose d'assimiler la période d'inexistence juridique de l'établissement à la vie utérine de l'enfant. En effet, il faut bien que, sous cette inexistence juridique, il y ait, au moins, un commencement d'existence de fait, puisque les avis du Conseil d'Etat exigent, avant de leur accorder la reconnaissance légale, que les établissements justifient de leurs ressources et de leurs travaux. Poursuivant cette similitude, M. Marguerie fait observer que, de même que la loi exige pour la capacité de l'enfant simplement conçu qu'il naisse viable, de même la jurisprudence du Conseil d'Etat exige, pour fixer le legs au profit de l'établissement institué, que celui-ci soit réputé viable pour la vie civile, c'est-à-dire soit régulièrement reconnu par le gouvernement.

Il faut bien remarquer, d'ailleurs, qu'il ne s'agit dans ce système que de la capacité de l'établissement, mais non de l'exécution du legs. Ce n'est, bien évidemment, qu'après sa reconnaissance, et une fois dûment autorisé à l'accepter, que l'établissement pourra en réclamer la délivrance. Il résulte de là que, pendant trente ans, les héritiers du fondateur sont exposés à une demande en délivrance. Ils se sont mis en possession, mais leur droit est précaire et conditionnel tant qu'il n'est pas certain que l'établissement ne parviendra pas à la vie civile, ou que son action n'est pas prescrite. La période d'incertitude est bien moins longue, lorsque les héritiers ont affaire à un enfant conçu.

La jurisprudence administrative corrige elle-même l'inconvénient de cette situation en permettant aux héritiers de mettre le gouvernement en demeure de se prononcer, en l'absence de toute démarche de l'établissement intéressé, tant sur la reconnaissance légale dudit établissement que sur l'acceptation de la libéralité.

Cette théorie paraît au premier abord séduisante. Elle repose sur des raisonnements spécieux ; elle semble, plus que tout autre, favorable aux solutions équitables. Nous n'oublions pas que plusieurs juris-consultes dont le nom fait autorité s'y sont attachés, dont le premier en date est, croyons-nous, notre éminent maître, M. Charles Jacquier (1). La juris-prudence civile, cependant ne l'a pas ratifiée, et, après réflexion, nous nous rangeons sur ce point derrière la Cour de cassation.

C'est, d'abord, un rapprochement assez artificiel que celui de l'établissement non reconnu avec l'enfant simplement conçu. L'art. 906 peut s'inter-préter de deux façons. Ou bien il faut y voir sim-plement la traduction de l'adage latin : *Infans conceptus pro nato habetur quoties de commodis ejus agitur*; c'est alors l'expression d'une pure fiction. Or les fictions légales s'interprètent restric-tivement, et il n'est pas permis d'étendre celle-ci

---

(1) *Ch. Jacquier*, De la condition légale des communautés reli-gieuses en France, Paris. — Cf. *Tissier*, Dons et legs, p. 168.

de l'espèce pour laquelle elle a été forgée : l'enfant conçu, à une espèce toute différente : un établissement non reconnu. Ou bien l'art. 906 n'est pas la consécration d'une fiction ; ce n'est pas un effet rétroactif ou déclaratif qu'il attache à la naissance de l'enfant, c'est l'existence même, et la capacité légale de l'enfant avec elle, qu'il recule du jour de la naissance à celui de la conception. Dans ce cas encore, il ne s'applique en aucune façon à l'établissement non reconnu, lequel n'a point de personnalité et par conséquent point d'existence propre.

La considération tirée de la règle administrative qui n'accorde la reconnaissance qu'aux œuvres déjà éprouvées n'est pas non plus décisive. Car cette règle ne suppose pas nécessairement que l'établissement objet de la reconnaissance, la personne morale élevée au rang d'établissement d'utilité publique, ait existé auparavant en tant que tel. Elle suppose seulement que l'œuvre a fonctionné, ce qui est bien différent, car elle a pu fonctionner avec de tout autres organes. C'est précisément ce qui a lieu, lorsqu'elle reposait jusque-là sur une ou plusieurs personnes physiques ou sur une société. Qui voudrait dire cependant que ces premiers représentants de l'œuvre, eux-mêmes sujets de droits et entités juridiques parfaites, ne soient rien autre que l'établissement qui doit leur succéder, *en gestation ?*

Un établissement d'utilité publique naît par le décret, la loi ou l'arrêté qui le reconnaît. Jusque-là

il n'existe pas ; il n'y a pas de milieu pour lui entre
être et n'être pas.

La Cour de cassation a donc fait une exacte
application du droit en annulant les libéralités
adressées directement à des établissements non
encore reconnus (1).

Mais, en même temps qu'elle annulait les legs
directs, elle permettait au fondateur d'arriver au
même but par un détour, en faisant de la libéralité
à l'établissement non reconnu la simple charge
d'un legs adressé à un légataire principal capable.
C'est l'application de la théorie, que nous avons
développée et soutenue dans la première partie de
ce travail, de la validité des charges au profit des
personnes futures. Nous n'avons donc pas à
l'exposer à nouveau (2).

Ce procédé diffère peu de celui que nous avons
indiqué en premier lieu : constituer une fondation
privée, pour la faire ériger plus tard en fondation
publique. Il a même sur celui-ci un désavantage :
C'est que le donataire n'étant qu'un simple intermédiaire, une sorte de dépositaire, ne commencera
pas lui-même à pratiquer l'œuvre à laquelle est
destinée la fondation, et qu'ainsi sera reculée,
indéfiniment peut-être, l'ouverture de la période
d'essai exigée par le Conseil d'Etat.

---

(1) *Cass. req.*, 17 février, 1864, S., 1865, 1, 219. — 12 avril 1864,
S., 1864. 1, 153. — *Cass. civ.*, 14 août 1886, S., 1867, 1, 61.
(2) *Cass. req.*, 21 juin 1870; S., 1870, 1, 367. — 8 avril 1874,
S., 1874, 1, 223. — *Cass. civ.*, 5 juillet 1886, S., 1890, 1, 241. — *Haute
Cour de Roumanie*, 2 mars 1892, S., 1892, 4, 7.

CHAPITRE VI

SORT DE LA FONDATION AU CAS DE SUPPRESSION DE L'ÉTABLISSEMENT DONATAIRE

I. — Peut-il être déterminé éventuellement par le donateur?
— Les règles prohibitives de la substitution prohibée
sont-elles applicables aux établissements publics et d'utilité
publique? — Décision de la Cour de Paris. — Critique.

II. — A défaut de toute disposition du donateur, le patrimoine
des établissements supprimés appartient à l'Etat. — Exceptions. — Biens des communautés religieuses de femmes; —
des sociétés de secours mutuels; — des établissements d'enseignement supérieur libre. — Clause exigée dans les statuts
des établissements d'utilité publique. — Ces exceptions
laissent subsister, en fait et en droit, la vocation de l'Etat.
— L'Etat succède aux charges comme aux biens. — Précédents législatifs.

Les établissements publics ou d'utilité publique
sont perpétuels de leur nature. Il n'y a pas de
terme normal à leur durée, pas de cause prévue
de dissolution. L'Etat, cependant, qui leur a donné
l'existence, peut la leur retirer. Qu'advient-il, en
pareil cas, des fondations qui leur ont été adressées?

I. — Et, d'abord, le fondateur peut-il prévoir
le cas de suppression dans l'acte de donation ou le
testament et régler l'attribution de ses biens à un
autre établissement analogue?

S'il se borne à cela et s'il respecte, au surplus,
le droit de l'établissement premier institué de
disposer librement des biens donnés, s'il règle
simplement l'affectation de ses biens pour l'hypo-

thèse où ces biens se retrouveront en nature dans le patrimoine de l'établissement supprimé, nous ne pensons pas que sa disposition mérite la moindre critique. L'Etat seul pourrait s'en plaindre. Mais l'Etat recueille seulement les biens sans maîtres et il n'a aucun droit à prétendre sur les biens donnés, sous *condition suspensive* et non pas seulement sous un terme suspensif, à un second donataire, d'ailleurs pleinement capable.

Mais la question est beaucoup plus délicate lorsqu'on peut relever dans la disposition du fondateur les éléments de la substitution prohibée. Elle se pose alors ainsi : Les établissements publics et d'utilité publique échappent-ils à l'art. 896 ?

Elle a été soulevée récemment devant les tribunaux. L'espèce était d'une simplicité parfaite, et la solution qui a été donnée par la Cour de Paris a une portée générale qui ne permet pas de l'enregistrer sans discussion.

Une testatrice avait institué pour ses légataires universels : « 1° La Société amicale des anciens élèves de l'Ecole centrale et 2° la Société des ingénieurs civils. Elle ajoutait que si, par la suite des temps, l'une ou l'autre de ces institutions venait à disparaître, le legs fait à celle qui disparaîtrait retournerait tout entier à celle qui survivrait. Enfin, si toutes deux cessaient d'exister, les biens seraient mis à la disposition du Conseil municipal de la ville de Paris, pour être employés suivant certaines conditions. »

Les légataires ainsi institués avaient accepté les

legs, après autorisation régulière, lorsque les héritiers de la testatrice attaquèrent le testament. Le tribunal de la Seine et la Cour de Paris donnèrent gain de cause aux héritiers (1). Leurs considérants relevaient dans la disposition trois caractères constitutifs de la substitution prohibée : double institution, trait de temps et ordre successoral. Ils concluaient par l'application pure et simple de l'article 896, dont les termes très généraux ne laissent place à aucune exception.

M. Marcel Planiol, dans une note insérée au Dalloz, a repris les arguments de la défense et discuté les motifs du jugement et de l'arrêt.

Les juges parlent *d'ordre successoral.* Mais un ordre successoral suppose une succession et par conséquent un décès. Or, les personnes morales ne meurent pas et ne laissent pas de succession. L'Etat qui les a créées peut les supprimer quand il le veut. Cette suppression par mesure administrative n'équivaut point à un décès, et si l'Etat recueille alors leurs biens, ce n'est pas comme leur ayant cause et leur représentant, c'est en vertu de la règle qui lui attribue les biens sans maître. C'est encore, si l'on veut, par une sorte de réversion naturelle, car les établissements d'utilité publique étant des émanations de l'Etat, leur patrimoine peut être considéré comme une portion du patrimoine de l'Etat, individualisée tant qu'il plaira à l'Etat, mais jamais

---

(1) *Tribunal de la Seine,* 29 janvier 1891, *Cour de Paris,* 3 juin 1893, *D. P.,* 1893, 2, 513.

absolument détachée de sa source première, à laquelle elle fait retour par une révolution naturelle dès que l'objet propre qui lui était assigné est supprimé.

Quoiqu'il en soit, à ce point de vue absolu et général, du titre légal en vertu duquel l'Etat recueille les biens des établissements qu'il supprime, il y a toujours une différence essentielle entre l'événement qui ouvre le droit de l'Etat à l'acquisition de ces biens et celui qui donne naissance au droit d'un héritier ordinaire. Le droit de l'héritier est suspendu par un événement futur, mais certain, par un terme suspensif. Le droit de l'Etat est suspendu par un événement incertain, par une condition. Car, s'il est de l'essence des personnes physiques de mourir, il est, au contraire, de la nature des personnes morales d'être perpétuelles.

Ce sont là, sans doute, de fortes raisons contre l'idée d'un ordre successoral ; mais est-il bien vrai qu'il n'y ait de substitution prohibée qu'autant que le disposant a établi un véritable ordre successoral entre les deux donataires ? C'est plutôt un ordre *successif* que la loi a visé, par opposition à une institution parallèle et simultanée des deux donataires. Or l'idée de succession n'a rien à voir avec celle d'un ordre successif. Sur ce premier point, la brillante argumentation de M. Planiol ne nous semble pas très solide.

Elle l'eût été bien davantage, à notre sens, si elle eut porté sur un autre élément de la substitution, que l'on avait moins nettement relevé et dont la

présence était au moins très discutable, nous voulons dire : la charge de conserver et de rendre. Il
ne suffit pas, en effet, pour qu'il y ait substitution
prohibée, que le disposant ait désigné lui-même le
successeur éventuel du donataire; il faut encore
que le donataire ne puisse disposer en aucune manière des biens qui lui sont donnés. C'est l'inaliénabilité de ces biens qui a paru à notre législateur
un danger et c'est elle qu'il a voulu prévenir. Mais
si le donataire, gêné en cela seulement qu'il ne
peut pas disposer par testament des biens donnés
comme il l'entendrait et qu'il ne les transmettra
pas avec l'ensemble de sa succession à ses héritiers
légitimes, garde la liberté d'aliéner les biens entre
vifs, soit à titre gratuit, soit à titre onéreux, la
charge de conserver et de rendre ne lui est pas
réellement imposée. Et ce raisonnement s'applique
a fortiori aux établissements qui ne laissent jamais
de succession, ni légitime, ni testamentaire. Tant
que les biens qui leur sont adressés ne sont pas
grevés d'inaliénabilité, ces établissements ne sont,
en aucune façon, paralysés dans leur liberté de
disposer.

Au surplus, en admettant même que la charge
de conserver et de rendre apparût dans la dispo-
tion soumise à la Cour de Paris, il faudrait encore
se rappeler que l'interprétation d'une règle juridique doit se faire moins selon la lettre que selon
l'esprit du texte. Il faudrait se demander dans
quelles circonstances le texte que l'on allègue ici
a été écrit, sous quelles préoccupations et dans

quel but, rechercher, en d'autres termes, la pensée et l'intention du législateur.

Appliquons cette méthode à l'art. 896.

Il a été rédigé au lendemain de la Révolution, alors que la règle féodale du droit d'aînesse venait d'être remplacée par le principe démocratique du partage forcé. Le législateur prévoyait des résistances à ce nouvel ordre de choses; il redoutait qu'avec la ressource légale de la liberté testamentaire, les familles et les patrimoines aristocratiques ne parvinssent à échapper au nivellement. De là, la restriction apportée à cette liberté par la prohibition des substitutions. Or, cet intérêt politique de l'art. 896 laisse en dehors de sa sphère les personnes morales. Le législateur évidemment n'a pas songé à elles en l'écrivant.

Il est vrai que si la raison d'être principale de l'art. 896 est d'ordre politique, ce n'est peut être point là sa raison d'être unique. Il paraît également répondre à un intérêt économique. Le législateur n'a pas voulu que la volonté d'un testateur pût frapper indéfiniment ses biens d'inaliénabilité et les soustraire à la circulation. Cette considération d'ordre public n'a-t-elle pas une portée générale? La Cour de Paris l'a prétendu. Nous en doutons, pour notre part. Qu'un particulier lègue ses biens à un autre particulier, celui-ci en devient le libre maître ; il peut les consommer, les aliéner, *uti* et *abuti*. Si donc le testateur impose à son légataire l'obligation de conserver ces biens, il restreint sa capacité naturelle et il réalise une dérogation à l'ordre économique normal. Mais il en va tout autrement quand c'est à une personne morale que le legs est adressé. Les êtres moraux sont naturellement conservateurs. Les œuvres auxquels ils se vouent sont indéfinies par leur durée. Leur patrimoine y est affecté de façon permanente. Ils sont les organes des fondations perpétuelles. Pourquoi donc le législateur qui permet aux fondateurs de donner une durée indéfinie à leurs fondations, leur interdirait-il des substitutions, dont le seul but et le seul effet est d'assurer la perpétuité des fondations? En quoi, d'ailleurs, la charge de conserver et de rendre, imposée à une personne morale, trouble-t-elle l'ordre économique, puisque, en l'absence même de cette clause, il y a tout à parier que la personne morale n'aliénerait pas les biens qui viennent accroître son patrimoine?

Telles sont les considérations que l'on peut opposer à la décision de la jurisprudence. Manifestement cette jurisprudence dépasse l'intention du législateur et fait de la loi un usage qu'il n'avait pas voulu. Est-ce à dire qu'elle viole la loi? Nous n'osons pas le soutenir. Car on pourrait nous répondre avec quelque vraisemblance que si le législateur n'a pas voulu cette application, c'est simplement qu'il ne l'a pas prévue, et qu'en donnant à sa règle une expression générale, il a d'avance autorisé l'usage un peu abusif que l'on en fait aujourd'hui. C'est précisément ainsi que raisonnaient les sections de législation et de l'intérieur du Conseil d'Etat, lorsque, interrogées par le Ministre de l'intérieur sur cette question, elles exposaient, dans un avis du 29 mars 1822, que « la loi n'admet en faveur des établissements d'utilité publique aucune exception qui les exempte de la prohibition portée en l'article 896 et que les exceptions ne se présument pas (1). »

II. — Quoiqu'il en soit de ce point spécial et en dehors de toute hypothèse particulière, que devient à la dissolution de l'établissement son patrimoine, et dans son patrimoine la fondation, biens et charges, actif et passif ?

De ce que c'était sur l'établissement lui-même et non pas sur les personnes physiques qui le composaient, que reposait la propriété du patrimoine, il s'ensuit qu'à la dissolution ce patrimoine se trouve sans maître. Il n'y a pas ici de copropriétaire en état d'indivision pour se le partager, pas d'héritiers non plus. Ce sont des biens vacants, que l'Etat recueille en vertu de l'article 539 et non pas en vertu de l'article 768. L'Etat les recueille parce qu'il est l'Etat et non pas parce qu'il est le successeur, l'héritier de l'établissement.

Il y a, à la vérité, dans cette circonstance que l'Etat qui recueille les biens à la dissolution est précisément l'auteur de la dissolution une fâcheuse apparence. La suppression de l'établissement risque de passer, dans l'opinion, pour un moyen habile de grossir le Trésor et de partager le discrédit de toute confiscation. Cette considération n'a pas

---

(1) *S., Lois annotées,* t. Iᵉʳ, p. 1074.

laissé que d'émouvoir le législateur (1), et plusieurs lois sont venues prévenir le reproche de ce
calcul intéressé en réglant d'avance l'attribution
des biens de certaines classes d'établissements d'utilité publique pour le cas de leur dissolution. Exa-
minons ces différents textes, afin de voir s'il y a lieu
d'en tirer des conclusions générales et d'écarter
absolument l'Etat de la dévolution.

Le premier en date est la loi du 24 mai 1825
sur les associations religieuses de femmes. L'article 7 fait deux parts du patrimoine de ces établissements : les biens acquis à titre gratuit et les
autres. Pour ces derniers, ils sont attribués et ré-
partis, moitié aux établissements ecclésiastiques,
moitié aux hospices des départements dans lesquels
étaient situés les établissements éteints. La transmission est d'ailleurs opérée avec les charges et
obligations imposées aux précédents possesseurs.
Pour les biens provenant d'une donation entre vifs
et d'un legs, ils font retour aux donateurs et aux
héritiers des donateurs et testateurs.

Il est facile de comprendre que les rédacteurs
de cette loi ont suivi deux ordres d'idées distincts.
Le premier, c'est que les biens d'un établissement
d'utilité publique ont eux-mêmes une destination
d'utilité publique, une affectation qui survit à l'établissement, parce qu'elle est supérieure à son droit
de propriété. Le second, c'est que les donateurs,

---

(1) V. les paroles prononcées par M. Lucien Brun dans la discussion de la loi du 12 juillet 1875, S., *Lois annotées*, 1876, p. 58. —
Cf. *Gaudry*, Traité de la législation des cultes, t. II, n° 613.

ayant donné leurs biens à tel établissement, n'ont pas entendu les donner à un autre, et que la disparition de leur unique donataire révoque, en quelque sorte, leur donation (1).

La loi du 15 juillet 1850 sur les sociétés de secours mutuels se réfère encore à la première considération. L'article 10, après avoir décidé la restitution aux sociétaires existants de leurs apports et versements, ce qui s'explique parfaitement puisque ces versements n'ont pas été faits dans un mobile purement désintéressé, décrète que « les fonds restés libres après cette restitution seront partagés entre les sociétés du même genre ou les autres établissements de bienfaisance situés dans la commune, ou, à leur défaut, entre les sociétés de secours mutuels dûment autorisées du même département. »

La loi du 12 juillet 1875 sur la liberté de l'enseignement supérieur procède des deux points de vue et son article 12 est une fidèle imitation de l'article 7 de la loi de 1825 : « En cas d'extinction d'un établissement d'enseignement supérieur reconnu, les biens acquis par donation entre vifs et par disposition à cause de mort feront retour aux donateurs et aux successeurs des donateurs et tes-

_____

(1) Non pas cependant jusqu'à supprimer rétroactivement la propriété du donataire sur ces biens, comme le fait le droit de retour de l'article 951. Les biens donnés aux associations religieuses ne reviennent à la famille du donateur que grevés des charges imposées par l'établissement donataire, et sous réserve des droits acquis par les tiers. — *Béquet,* Répertoire de droit administratif, v° Cultes, n° 2114.

tateurs, dans l'ordre réglé par la loi, et, à défaut de successeurs, à l'Etat. »

Les biens acquis à titre onéreux feront également retour à l'Etat, si les statuts ne contiennent à cet égard aucune disposition. Mais « il sera fait emploi de ces biens pour les besoins de l'enseignement supérieur par décrets rendus en Conseil d'Etat, après avis du conseil supérieur de l'instruction publique. » Assurément, ç'aurait été mieux respecter encore l'affectation des biens que d'en décréter l'emploi non pas au profit de l'enseignement supérieur en général, mais au profit de l'enseignement supérieur libre. Le législateur a prévu l'hypothèse où il n'y aurait aucun établissement libre pour les recueillir et a entendu poser une règle assez générale pour être appliquée même dans cette éventualité.

A côté des textes de loi, il faut placer les statuts approuvés des établissements publics ou d'utilité publique. Le Conseil d'Etat exige aujourd'hui que ces statuts contiennent une clause réglant l'attribution du patrimoine, en cas de dissolution, « à un ou plusieurs établissements analogues (1). » Le Conseil d'Etat ne tient compte que de l'affectation essentielle des biens, mais il ne prend aucun souci du droit des donateurs.

Il reste vrai que plusieurs de ces établissements, dont la reconnaissance est antérieure à ces prescriptions, n'ont inséré aucune clause analogue dans leurs statuts. Les lois sur les congrégations

---

(1) *Notes de jurisprudence.*

de femmes, les sociétés de secours mutuels et les établisseménts d'enseignement supérieur les laissent d'autre part hors de leur application directe. Peut-on les soumettre néanmoins aux principes directeurs de cette jurisprudence et de ces lois?

Il nous serait facile de décider dans les termes les plus généraux que les biens de l'établissement dissous doivent être attribués à un établissement analogue, si nous avions précédemment admis le système de MM. Béquet et Vuillefroy, que les biens des établissements publics n'appartiennent pas à l'établissement, mais au service public. Mais nous ne saurions substituer ainsi la personnalité du service public, qu'aucun acte du pouvoir n'a jamais définie, à celle des établissements qui résulte, au contraire, d'une reconnaissance positive. C'est bien l'établissement qui est le seul et véritable propriétaire, le seul et véritable donataire. Il forme une entité juridique nettement individualisée. Il est bien distinct de tous autres établissements, même analogues, même destinés au même service. Son patrimoine ne peut donc leur être acquis que par une véritable transmission. Or, quel serait le titre de cette transmission? Qui voudrait prétendre nettement et sans périphrases que ce soit la vocation héréditaire?

Sur ce premier point, il faut reconnaître nécessairement que l'Etat seul, en l'absence d'une disposition exceptionnelle, est appelé à recueillir les biens de l'établissement dissous (1).

(1) Cf., *Paris*, 2 juin 1893, *D. P.*, 1893, 2, 513.

Mais ceux du moins de ces biens qui ne sont entrés dans le patrimoine vacant qu'en vertu d'une donation ou d'un legs ne doivent-ils pas faire retour au donateur ou à ses ayants cause, dans tous les cas ? En d'autres termes, l'article 7 de la loi de 1825 et l'article 12 de la loi de 1875 ont-ils consacré une exception au droit commun ou confirmé la règle générale ?

S'il fallait voir dans ces textes l'institution d'un nouveau cas de retour légal (1), nous n'hésiterions pas à leur reconnaître un caractère exceptionnel et à refuser d'en étendre l'application. Mais on peut, ce nous semble, en rendre autrement raison.

C'est un principe absolu d'équité qu'il n'est pas permis de s'enrichir sans cause au détriment d'autrui. C'est bien au détriment du donateur et de ses héritiers que l'établissement donataire s'est enrichi des biens donnés. Mais, de sa part, l'enrichissement était justifié. L'intention libérale du donateur, d'une part, et l'exécution de la charge, de l'autre, étaient la cause de cet enrichissement. Or l'Etat ne saurait invoquer en sa faveur l'intention libérale du donateur et il n'est pas certain qu'il soit en mesure d'exécuter la charge. Il ne saurait pas davantage se réclamer du titre de l'établissement, puisqu'il n'en est pas le représentant. Les ayants cause du donateur souffrent donc de sa part le détriment d'un appauvrissement injuste. Voilà la raison de leur droit à la restitution

---

(1) *Jacquier*, Condition légale des communautés religieuses, p. 231

des biens aliénés par leur auteur. Cette raison n'est pas particulière au cas des lois de 1825 et de 1875. Elle est générale et autorise l'extension de leurs articles 7 et 12.

Mais ce droit à la restitution des biens donnés qui s'exerce par une action en revendication devient inutile lorsque les biens donnés ne se retrouvent plus en nature dans le patrimoine de l'établissement dissous. Il n'est pas muni du droit de suite et ne porte pas atteinte à l'aliénabilité des biens. Les héritiers du fondateur se trouveront-ils forclos en face de l'Etat, quand ils ne pourront plus faire valoir leur droit au retour des biens de leur auteur ?

Nous ne le pensons pas ; ils ne seront pas plus désarmés en face de l'Etat qu'ils ne le seraient en face du donataire lui-même ; ils gardent le droit d'exiger de lui non la restitution des biens, sans doute, mais l'exécution des charges.

En effet, en recueillant les biens de l'établissement supprimé, il a dû recueillir ses dettes. Le patrimoine ne se divise pas, le passif suit toujours l'actif qui ne cesse jamais d'être le gage des créanciers. Si l'Etat profite de la vacance des biens, ce ne peut être au détriment des créanciers et c'est à charge de les désintéresser.

Cette doctrine, si juridique à la fois et si équitable, a d'ailleurs pour elle un précédent d'une haute importance. Lorsque pendant la période révolutionnaire, l'Etat proclama la dissolution des corps et établissements existants et s'empara de leurs biens, il se regarda officiellement comme subrogé aux charges de ces établissements. Et, plus tard, en 1810, le Conseil d'Etat reconnut dans les termes les plus explicites à propos des biens des fabriques que ceux-ci « ayant été réunis au domaine, ce dernier est devenu débiteur des charges qui leur étaient imposées. » L'avis en tirait cette conséquence, que les biens des anciennes fabriques restitués aux nouvelles leur avaient été rendus libres de toutes charges et que les nouvelles fabriques n'étaient pas tenues des dettes des anciennes. C'était donc que les intéressés gardaient leur recours contre l'Etat lui-même.

TROISIÈME PARTIE

EXÉCUTION DU CONTRAT

Nous avons vu comment se forme le contrat de fondation. Voyons maintenant comment il s'exécute.

Contrat synallagmatique, il a mis en présence deux parties dont chacune est à la fois créancière et débitrice de l'autre. Chacune a donc une action pour obliger l'autre à la prestation de son obligation. Mais c'est l'originalité de cette convention, qu'il y intervient une tierce personne pour jouer à l'égard des deux autres le rôle de second créancier, sans être cependant en échange aucunement leur débiteur.

Nous n'avons pas à nous arrêter sur les actions qui compètent au donataire contre le fondateur. Acquéreur à titre gratuit ou à titre onéreux, c'est un acquéreur de droit commun, et sa situation n'a rien de spécial à notre sujet.

Mais les actions du fondateur et du bénéficiaire méritent de nous retenir. Elles tendent non pas simplement à la livraison d'une chose donnée, à la délivrance d'un legs, mais à l'observation fidèle et complète des intentions du fondateur.

En définir le fondement, l'étendue, la portée, c'est le complément nécessaire de notre travail.

CHAPITRE PREMIER

ACTION DU FONDATEUR POUR L'EXÉCUTION DE LA CHARGE

Le donataire s'est obligé par le contrat à exécuter la charge imposée par le fondateur. Le fondateur a contre le donataire une action contractuelle pour exiger de lui cette exécution.

On a contesté l'existence de cette action et on a
soulevé contre elle deux objections.

On a d'abord allégué le caractère gratuit de la
donation et l'on a prétendu qu'il y aurait violation
de l'esprit libéral du contrat, si celui qui se dépouille
par pure bienveillance à l'égard du donataire allait
ensuite tirer parti de sa propre générosité pour
exiger une prestation réciproque. Ce serait revenir
après coup sur une convention définitive. L'exercice de cette action supposerait une idée de lucre,
un mobile intéressé chez le stipulant. Tout ce que
la loi accorde au donateur, c'est l'action en révocation pour inexécution des charges, action par
laquelle il n'impose aucun fait actif au donataire,

ne poursuit aucun profit, et qui n'est que la mise en exercice d'une condition résolutoire tacite incluse au contrat.

Nous avons écarté par avance cette objection quand nous avons repoussé l'identification de la fondation avec une donation pure et simple. Elle suppose que le fondateur se dépouille, non seulement au profit, mais encore dans l'intérêt du donataire, que c'est à l'égard de ce donataire enfin qu'existe dans sa volonté l'intention bienveillante. Or nous savons qu'il n'en est pas ainsi, que le fondateur gratifie le donataire dans l'intérêt des bénéficiaires, et, loin de nourrir à son égard une affection purement gratuite, qu'il entend, au contraire, l'obliger envers ces mêmes bénéficiaires.

Cette objection repose sur une confusion plus grave encore. Elle place le fondement de l'action dans l'intention du donateur. C'est dans la promesse du donataire qu'il réside et dans l'intérêt de celui qui l'exerce.

Or, qu'il faille d'ailleurs envisager la fondation comme un contrat à titre gratuit ou à titre onéreux, il n'est pas contestable que le donataire ne soit obligé par sa promesse. Et son obligation n'est pas une simple obligation de conscience, une obligation naturelle même ; c'est bien une obligation civile, puisqu'elle est contractuelle. C'est une dette qui appelle nécessairement une action. Car si l'on peut dire très justement : nul droit sans action, il semble bien que ce ne soit pas du droit actif seulement qu'il faille l'entendre, mais aussi du droit

13

passif. On n'est pas juridiquement obligé, quand on peut se soustraire impunément à son obligation.

Mais, si la promesse du donataire suffit à engendrer une action contre lui, elle ne permet au fondateur d'exercer cette action qu'autant qu'il peut justifier de son intérêt. C'est ici l'occasion de la seconde objection.

Le fondateur, dit-on, a stipulé dans l'intérêt des bénéficiaires et non pas dans le sien. Si quelqu'un est intéressé à l'exécution du contrat, ce sont donc les bénéficiaires et non pas lui.

En raisonnant ainsi, on interprète trop judaïquement la règle que l'intérêt est la mesure des actions. On y veut entendre un intérêt pécuniairement appréciable, alors qu'il y est question seulement d'un intérêt direct et immédiat, ce qui n'est pas la même chose. Il ne faut pas oublier qu'un intérêt purement moral est parfaitement suffisant pour donner droit à une action. L'article 1382, par exemple, permet d'obtenir réparation de faits qui ne portent atteinte ni à la fortune, ni au crédit, mais simplement à la considération ou à l'honneur (1). Est-il exact, dès lors, de contester au fondateur un intérêt positif à l'exécution de la charge ? Son intention est de faire aux bénéficiaires un avantage. Peut-on nier qu'il ne soit personnellement intéressé à ce que les bénéficiaires jouissent dudit avantage ?

---

(1) Cf., dans la loi du 29 juillet 1881, toute la théorie de la diffamation et de l'injure, art. 29, sqq., et surtout art. 34.

Parfois même, l'intérêt du fondateur ne sera pas purement moral. Il deviendra, par le fait, moins discutable. C'est ce qui aura lieu lorsque les bénéficiaires seront devenus, par leur acceptation, créanciers du fondateur, — nous verrons dans quelle mesure. C'est bien là une hypothèse où les plus rigoureux ne sauraient lui dénier l'action par laquelle il tendrait à s'acquitter. Mais nous ne croyons pas qu'il faille recourir à ces cas exceptionnels pour lui reconnaître le droit d'agir. Il nous paraît que son intention de gratifier les bénéficiaires, quels qu'en soient les motifs, lui est un intérêt suffisant pour exiger l'accomplissement de la charge.

M. Truchy lui concède, comme nous, en principe, l'action directe. Mais c'est pour la lui retirer aussitôt que les bénéficiaires l'ont eux-mêmes acquise par leur acceptation. L'observation qui paraît l'avoir conduit à cette conclusion, c'est qu'à partir de ce moment le fondateur n'est plus maître de l'action, qu'il ne peut plus l'éteindre par sa renonciation et libérer le donataire au détriment des bénéficiaires.

Il semble que, pour M. Truchy, l'action directe a une existence propre. Elle est unique et les intéressés se la transmettent au courant de leurs besoins. C'est un être, une entité juridique. Cette manière de voir est plus que discutable. Jamais l'action n'a été autre chose qu'une simple relation, un rapport entre deux parties. Elle existe autant de fois qu'il y a un créancier et un débiteur.

Or, est-il vrai que la créance des bénéficiaires fasse disparaître celle du fondateur ?

D'abord, la créance des bénéficiaires ne naît pas de leur acceptation, mais bien du contrat lui-même intervenu entre le donataire et le fondateur. De telle sorte que l'action a appartenu dès l'origine aux bénéficiaires, et que, si elle est unique, elle n'a jamais appartenu en propre au fondateur. Tout au plus celui-ci aurait-il pu exercer, comme une sorte de gérant d'affaires, l'action des bénéficiaires, jusqu'à ce que les bénéficiaires aient acquis par leur acceptation l'exercice d'un droit dont ils auraient eu seulement la jouissance jusque-là. Et peut-être bien M. Truchy, pour ne s'être pas suffisamment dégagé du système de l'*offre*, fait-il quelque raisonnement analogue. Mais nous avons établi (1) que l'acceptation n'est pas nécessaire pour que les bénéficiaires puissent agir contre le donataire et que tout son effet se limite aux rapports des bénéficiaires et du fondateur.

Ainsi c'est dès le début du contrat que les bénéficiaires et le fondateur, l'un et l'autre créanciers du donateur, ont chacun une action distincte et parallèle, parce qu'ils ont chacun un intérêt personnel et distinct à l'exécution du contrat.

Il ne faut donc pas dire que par l'acceptation des bénéficiaires le fondateur perd le droit de disposer de son action. Il ne peut plus disposer de l'action des bénéficiaires et l'éteindre par la révocation de

(1) 1re partie, ch. IV.

sa libéralité. Mais il peut toujours renoncer à celle qui lui appartient et libérer ainsi le donataire, non de sa dette, mais du recours de l'un de ses créanciers.

L'action du fondateur pour l'exécution de la charge est transmissible à ses héritiers. Leur intérêt est analogue au sien, purement moral, en principe, et pécuniairement appréciable quand ils sont débiteurs personnels des bénéficiaires. Nous croyons qu'il résultera dans tous les cas suffisamment de leur devoir moral d'assurer le respect des intentions de leur auteur.

Comme toutes les actions, celle-ci s'éteindra par une prescription trentenaire dont le point de départ sera le commencement de l'inexécution, simple omission du donataire plus souvent qu'acte positif de sa part, et qu'il faudra par conséquent apprécier avec grande attention.

Mais elle peut aussi s'éteindre avant toute prescription, faute d'objet. L'obligation du donataire est un fait. Or ce fait peut devenir impossible ou illicite. S'il devient impossible par la faute du donataire, la dette de celui-ci n'est pas éteinte, mais seulement convertie en une dette de dommages-intérêts. L'action subsiste donc ; son objet seul est changé. Mais si le fait devient impossible par un cas de force majeure, s'il devient illicite par une loi postérieure à l'acte de fondation, c'est-à-dire impossible par le fait du prince, le donataire est certainement déchargé de son obligation. Les hypothèses ne sont pas difficiles à imaginer.

Turgot signalait dans l'Encyclopédie les fondations destinées au soulagement des lépreux devenues sans objet par la disparition de la lèpre (1). La loi du 30 octobre 1886 sur la laïcité de l'enseignement, qui interdit aux communes de confier à des instituteurs congréganistes la direction des écoles communales, nous fournit un nouvel exemple. Les fondations nombreuses qui imposaient aux communes des instituteurs congréganistes sont devenues dès lors inexécutables par le fait de chaque laïcisation.

Existe-t-il des charges licites dont le fondateur puisse faire valablement la condition de sa libéralité, sans cependant pouvoir en exiger directement l'exécution? On cite comme exemples la clause qui imposerait à une commune le recrutement des gardes-malades d'un hôpital communal dans une congrégation religieuse, ou celle qui, sous le régime de la loi du 14 juin 1854 et antérieurement à la loi de 1886, aurait disposé que l'instituteur communal serait congréganiste.

De telles clauses sont licites, dit-on, puisque la commune peut choisir librement ses gardes-malades parmi les membres d'une congrégation et que le préfet pouvait faire de même pour l'instituteur avant 1886 (2). Et cependant la commune doit toujours être maîtresse de revenir sur ses décisions antérieures et de laïciser à son gré ses hôpi-

---

(1) *Encyclopédie*, v° Fondation.
(2) Loi du 14 juin 1854, art. 8. Le vœu de la commune avait, en fait, une grande influence sur le choix du préfet.

taux, ou de provoquer par son vote la laïcisation de ses écoles par arrêté préfectoral. Sa liberté est inadmissible et on ne saurait la contraindre à s'en départir.

Nous ne croyons pas ce point de vue parfaitement exact, et nous pensons qu'il faut décider plus nettement dans les hypothèses citées et dans toute autre analogue, ou que la charge est illicite, ou qu'elle est sanctionnée par une action directe.

Illicite, elle l'est absolument, si, comme on le prétend, la commune ne peut aliéner sa liberté d'action et s'engager à maintenir dans ses écoles ou ses hospices les religieux désignés par le fondateur, ou du moins à ne provoquer leur remplacement par aucun fait actif de sa part. Mais on peut soutenir avec quelque vraisemblance que la commune, par cela seul que la loi lui laisse le choix direct de ses gardes-malades et qu'elle lui laissait autrefois le choix au moins indirect de son instituteur, peut s'engager à exercer son choix d'une façon déterminée, et qu'en se liant avec telle congrégation, elle ne fait encore qu'exercer son option.

Quoiqu'il en soit de cette controverse, il ne nous paraît pas permis de s'y soustraire. C'est à tort qu'on citerait un arrêt de cassation, lequel, plus logique, n'a refusé l'action directe au fondateur qu'après avoir déclaré la clause radicalement illicite (1).

(1) *Cass. civ.*, 19 mars 1884, S., 1885, 1, 49.

L'action pour l'exécution de la charge n'a pas toujours un effet direct. Car l'obligation qu'elle sanctionne est, comme toutes les obligations de faire, convertible en dommages et intérêts. Ces dommages-intérêts doivent être la représentation exacte du fait auquel le débiteur se refuse indûment. C'est dire qu'il ne faut pas chercher dans la valeur de la somme ou des biens donnés par le fondateur une base d'évaluation. D'habitude, la valeur de ces biens est plus considérable que celle de la charge correspondante. Mais il peut se faire aussi que la charge soit devenue, avec le temps, beaucoup plus onéreuse par l'effet de circonstances diverses, au premier rang desquelles il convient de mettre la dépréciation des capitaux. Le fondateur, ou mieux ses héritiers, ne seront-ils pas, dans ce cas, armés assez puissamment par leur action directe pour abuser de la situation en exigeant du donataire plus que celui-ci ne devrait donner, en stricte équité? On s'est à bon droit préoccupé de cette éventualité.

Le décret du 30 décembre 1809, en son art. 29, dispose que dans le cas où les services imposés par la fondation deviennent trop lourds pour la fabrique, ils peuvent être réduits ou changés en services de nature équivalente, conformément aux règles canoniques. Le droit de faire cette réduction appartient à l'évêque (1).

---

(1) Décision du Ministre des cultes, 27 mai 1868 (*Bulletin des lois civiles ecclésiastiques*, 1872, p. 205).

Mais cette décision empruntée au droit canonique ne saurait être généralisée. Si elle se justifie d'ailleurs en raison pure lorsque le fondateur a grevé de la charge le capital même qu'il donnait, montrant ainsi qu'il entendait proportionner l'un à l'autre, elle ne cadre plus avec la généralité des contrats de fondation, où le fondateur aliène complètement et sans réserve une valeur donnée, contre la promesse du donataire d'accomplir certains actes ou certaines prestations. Ici le contrat est véritablement aléatoire, et chaque partie s'expose à donner plus qu'elle ne reçoit. L'accroissement des charges ou la diminution du capital donné sont des chances acceptées librement par le donataire et qui ne peuvent le dispenser d'acquitter intégralement ses engagements.

Ce caractère aléatoire du contrat de fondation ne nous permet pas davantage d'admettre avec M. Labbé (1) que la perte de la chose donnée libère le donataire. On ne peut pas argumenter par analogie des règles du louage (2), car dans le louage chaque paiement d'annuités du preneur a sa cause dans la prestation de la chose pendant le dernier terme. Les deux obligations sont périodiques, c'est-à-dire qu'elle se décomposent en une série d'obligations successives. Dans la fondation, au contraire, l'obligation du donataire seule est périodique et peut se décomposer en plu-

(1) Note au *S.*, 1870, 2, 145.
(2) *Code civil*, art. 1922, 1741.

sieurs obligations successives. Mais l'obligation du fondateur est unique et cause *ab initio*, une fois pour toutes, la série illimitée des obligations successives du donataire. Il faut donc, ce semble, de toute nécessité, décider que l'action directe du fondateur et de ses héritiers survit à la perte totale de la chose, toutes les fois qu'il n'y a pas corrélation absolue entre la chose et la charge. C'est bien une question de risques et non pas simplement une question de fautes, et nous ne saurions reprocher avec M. Labbé à la jurisprudence de l'apprécier ainsi (1).

(1) *Caen*, 12 novembre 1809, S., 1870, 2, 145.

CHAPITRE II

ACTION EN RÉVOCATION POUR INEXÉCUTION DES CHARGES

Outre cette voie directe pour forcer le donataire à l'exécution de la charge, le fondateur a encore un moyen détourné de l'y contraindre. C'est l'action en révocation pour inexécution des charges.

I. — L'article 953 présente ce cas de révocation comme une exception à la règle de l'irrévocabilité des donations. Quelle est la raison d'être de cette exception ?

L'ancien droit faisait de l'inexécution des conditions simplement un cas d'ingratitude du donataire. Mais il n'est pas possible d'accepter ce point de vue sous l'empire du code. L'article 953, en effet, énumère successivement l'inexécution et l'ingratitude comme deux hypothèses distinctes, dont les articles 954 et 958 règlent différemment les conséquences. Il est une explication beaucoup plus naturelle de notre article 953 : C'est l'application pure et simple de la règle générale posée dans l'article 1184 pour tous les contrats synallagmatiques.

Que chaque contractant ait le droit de forcer l'autre à l'exécution de la convention, voilà la règle primordiale et qui résulterait suffisamment, encore que l'article 1184 ne s'en expliquât pas, du seul jeu des principes qui régissent les conventions. Mais il a le choix — et c'est ce qu'il était utile de dire expressément — entre cette action directe et la demande de résolution du contrat avec dommages et intérêts. C'est-à-dire que tout contrat synallagmatique est contracté, dans la doctrine du code, sous condition résolutoire, « pour le cas où l'une des parties ne satisfera point à son engagement. »

Il n'importe donc pas, pour que le fondateur jouisse de cette action, que la fondation soit véritablement un acte à titre gratuit. Qu'elle soit, pour le tout ou pour partie, à titre onéreux, la condition résolutoire n'y est pas moins inscrite par la loi. Au surplus, cette action tendant à faire rentrer dans le patrimoine du fondateur les biens qui en étaient sortis, l'intérêt pécuniaire du fondateur et celui de ses héritiers sont hors de toute contestation, et nul ne leur dispute le bénéfice de cette voie indirecte d'exécution.

II. — L'objet de cette action est de résoudre le contrat *ab initio*. Elle remet les choses dans l'état antérieur, annule, par conséquent, le droit de propriété du donataire et tous les actes de disposition qu'il a pu faire en vertu de ce droit résolu. Elle est donc opposable aux tiers ; non pas en ce sens que le fondateur aurait gardé sur les biens donnés un droit de suite qui lui permettrait de les reprendre directement entre les mains des tiers acquéreurs comme la garantie réelle de son droit à l'exécution de la charge, mais en ce sens seulement que, la résolution du contrat dûment prononcée, la propriété de ces tiers est anéantie pour faire place à celle du fondateur. Le fondateur revendique les biens contre eux à titre de propriétaire et non de créancier.

On s'est demandé si l'action en révocation obligeait le détenteur des biens donnés, soit le donataire, soit un tiers acquéreur, à restituer les fruits avec la chose. Il faut distinguer, pensons-nous, entre le donataire et le tiers acquéreur. Pour garder les fruits, le détenteur doit pouvoir arguer de sa bonne foi. Or il ne paraît pas que le donataire ait pu jamais ignorer la condition résolutoire qui entachait son titre d'une sorte de précarité perpétuelle. Le tiers acquéreur, au contraire, a pu fort bien ignorer soit l'origine des biens, soit la charge imposée à la donation, et se croire à l'abri de toute éviction. Les auteurs sont, en général, plus favorables que nous au donataire et lui permettent de faire les fruits siens, soit jusqu'au jour de la de-

mande en révocation (1), soit seulement jusqu'au
moment où il n'exécute pas les charges (2). M. Laurent, au contraire, étend au tiers acquéreur lui-
même la rigueur de notre solution (3). Et la raison
qu'il en donne est que la lettre de l'article 550,
fondement du droit du possesseur de bonne foi, ne
peut s'appliquer au propriétaire sous condition résolutoire. Ce texte parle en effet du possesseur qui
ignore le *vice* de son titre. Or le titre ici, c'est-à-
dire l'acte de donation ou le testament, ne contient
point de vice. Il est pleinement valable, et non pas
annulable mais bien résoluble, ce qui est essentiellement différent. Nous approuvons absolument
l'exactitude de cette analyse. Mais faut-il appliquer
si rigoureusement la lettre du texte quand il s'agit
de bonne foi et que la restitution des fruits perçus
est, d'ailleurs, une obligation particulièrement
lourde et gênante pour le débiteur qui ne l'a pas
fait entrer dans ses prévisions.

Quant à la chose, c'est la chose même, telle
qu'elle a été donnée qui doit être restituée. A-t-elle
été conservée au prix d'impenses nécessaires ou
simplement utiles supportées par le donataire ?
Puisque désormais le donataire n'a jamais été propriétaire et que le fondateur, au contraire, n'a
jamais cessé de l'être, le fondateur en doit récompense. La chose se retrouve-t-elle, soit améliorée,

(1) *Demolombe*, t. XX, nº 611.
(2) *Duranton*, t. VIII, nº 543.— *Troplong*, t. I, nº 295.— Cf. *Toullier*,
t. III, I, nº 341 — *Dalloz, J. G.*, nº 1820.
(3) *Laurent*, t. XI.

soit détériorée par le fait du donataire? Il y a là
matière à indemnités réciproques. Enfin, a-t-elle
été détruite en tout ou en partie par cas fortuit ?
L'action en révocation n'a plus d'objet et n'est plus
qu'un *telum imbelle* entre les mains du fondateur.

Cette action se prescrit, suivant la règle générale, par un délai de trente ans. Il ne faut pas alléguer ici l'article 1304 (1). Car l'action en révocation d'une donation ou en résolution d'un contrat
n'a rien de commun avec l'action en rescision ou
en nullité. La première suppose un acte pleinement valable, résolu par l'avènement d'une condition également valable. La seconde, un acte
entaché dès l'origine d'un vice qui ne peut être
couvert que par la confirmation expresse ou tacite
des parties. Comme il ne faut pas que la validité
des conventions, alors surtout qu'elles ont été sui-
vies d'exécution et qu'elles sont ainsi devenues les
titres d'un état juridique, puisse être remise trop
longtemps en question, la loi déclare que le silence
des intéressés, prolongé pendant dix ans, équivaut
à leur confirmation et les fait déchoir du droit de
former à l'avenir aucune réclamation. Il n'en va
pas de même dans notre hypothèse, où le contrat
produit ses effets de plein droit, sans avoir aucun
besoin d'être validé, fortifié, confirmé, tant qu'il
n'est pas anéanti par une résolution expresse.

A vrai dire, une fois le contrat résolu, le fondateur redevenu seul légitime propriétaire des biens

---

(1) *Larombière*, Théorie et pratique des obligations.

donnés aura, pour les reprendre entre les mains de
leurs détenteurs quelconques, l'action en revendication, imprescriptible celle-là et aussi durable
que le droit de propriété qu'elle protège.

En nous prononçant aussi formellement sur
l'imprescriptibilité de l'action en revendication,
nous n'oublions pas que ce point fait aujourd'hui
l'objet d'une très vive discussion. Un parti assez
considérable dans la doctrine (1), rajeunissant une
théorie romaine, estime que l'action en revendication est, comme toute action, susceptible de
s'éteindre par la prescription trentenaire. Ils font
observer que l'article 2262 vise *toutes les actions,*
tant réelles que personnelles ; et surtout ils invo-
quent le principe d'ordre public qui sert de fondement à la prescription et qui interdit de remettre
en question des faits remontant à plus de trente
ans. Nous répondons que ni l'article 2262, ni le
principe invoqué n'ont cette portée absolue. L'action en revendication est attachée à la propriété
et appartient toujours au propriétaire, tant que
celui-ci est propriétaire. Or, est-il vrai que l'on
cesse de l'être parce que pendant trente ans et plus
on est dévêtu de la possession de son bien et que
l'on ne fait aucun acte affirmatif de son droit ? Le
prétendre serait oublier que la simple possession,
de son côté, ne suffit pas à fonder la prescription
acquisitive de la propriété. Il faut que cette pos-

(1) *Beudant*, Note sous *D. P.*, 1880, 1, 147. — Cf. *ibid.* Les remarquables conclusions de M. l'avocat général Robinet de Cléry.

session soit qualifiée (1). Voici donc, d'une part, un propriétaire dépouillé de la possession et, de l'autre, un possesseur sans *animus domini* ou bien une série de possesseurs successifs dont aucun n'a conservé sa possession le temps voulu pour prescrire ; la propriété n'est donc pas acquise de ce côté. Serait-elle perdue de l'autre, en sorte que le bien serait désormais sans maître et que l'Etat pourrait le revendiquer à ce titre ? (2) Mais que deviendrait alors cet antique principe de notre droit que la propriété ne se perd point par le non usage ? Supposons une lutte judiciaire engagée entre ce propriétaire déchu et ce possesseur qui n'a point prescrit. De quel droit ce dernier opposerait-il au propriétaire revendiquant la prescription qui paralyserait son action ? Il n'y aurait aucun intérêt, puisque le résultat de cette prescription profiterait à l'Etat et non pas à lui. Or la prescription est un moyen de défense purement relatif, que les juges ne peuvent invoquer d'office (3).

Quant à distinguer entre le droit de propriété lui-même et l'action qui le protège, et à prétendre avec M. Baudry-Lacantinerie (4) que le propriétaire conserve le droit mais qu'il ne peut plus exercer l'action, c'est aboutir à une situation exactement identique. M. Baudry-Lacantinerie nous dit bien que « le propriétaire qui aurait réussi

(1) *Code civil*, art. 2119, 2229, 2236 sqq.
(2) *Sic, Beudant*, loc. cit.
(3) *Code civil*, art. 2223.
(4) *Baudry-Lacantinerie*, Précis de droit civil, III, n° 1603.

14

à recouvrer la possession de son bien pourra invoquer son droit de propriété pour se faire maintenir
en possession. » Mais il n'y a que deux moyens
pour le propriétaire dépossédé de recouvrer la
possession. C'est de la recevoir librement du possesseur lui-même ; auquel cas le consentement de
ce dernier implique renonciation à la prescription,
en sorte qu'il ne sert de rien au propriétaire d'avoir
conservé un titre qui lui est bénévolement restitué.
Ou bien c'est de s'en emparer par ruse et par
violence, ce qui est bien la manière la moins
conforme à l'ordre public de remettre en cause les
faits anciens.

Avec ce système, cependant, le propriétaire
dépossédé a tout intérêt à délaisser les voies légales
pour le vol ou la violence. Qu'il ne s'y trompe pas,
une première tentative devant la justice lui serait
à jamais funeste. Vaincu sur la revendication, il y
aurait désormais entre lui et le possesseur chose jugée, ce qui permettrait au possesseur, dans l'avenir,
si le propriétaire parvenait à s'emparer des biens,
d'exercer contre lui la réintégrande. Le propriétaire ne pourrait plus opposer par voie d'exception un titre sur lequel il aurait succombé par voie
d'action. Il serait victime de son premier mouvement.

Quelle est donc, au surplus, la situation de ce
propriétaire impuissant à faire acte de propriété et
de ce possesseur qui a tous les privilèges d'un véritable propriétaire, hormis un seul dont le défaut
ne lui cause aucun préjudice : l'action en revendi-

cation? Car, pourvu qu'il se garde à l'égard du propriétaire, vis-à-vis de tous autres usurpateurs, les actions possessoires lui suffisent amplement.

Concluons donc avec MM. Aubry et Rau : « L'action en revendication est imprescriptible, en ce sens qu'elle n'est pas susceptible de s'éteindre directement par cela seul qu'elle n'aurait pas été intentée dans un délai déterminé. Elle ne peut s'éteindre qu'indirectement par le résultat de l'usucapion, c'est-à-dire par une possession contraire réunissant tous les caractères exigés pour l'acquisition du droit de propriété (1). »

Or précisément il pourra se faire que cette usucapion des détenteurs de la chose donnée fasse échec à la revendication du fondateur, avant même que son action en révocation ne soit prescrite. Il suffit pour cela de supposer que le donataire ait aliéné les biens donnés, sans prévenir son acquéreur de l'origine des biens ou de la charge qui les grevait des conséquences d'une révocation éventuelle. L'acquéreur, ayant juste titre et bonne foi, verra sa situation consolidée par une possession de dix ou vingt ans. Quelle situation en résultera-t-il pour le fondateur?

Evidemment, celui-ci ne pourra plus recouvrer ses biens en nature. Si le prix en était encore dû au donataire, il recouvrerait au moins l'équivalent de la chose dans la créance du prix. Mais si le prix déjà payé s'est confondu dans le patrimoine du

(1) *Aubry et Rau*, op. cit., VIII, § 772.

donataire, alors vraiment l'action du fondateur n'a
plus d'objet distinct et individualisé. Il n'en est
cependant pas ici comme au cas où la chose a péri
par cas fortuit. Car, tandis que la chose perdue n'a
rien laissé dans le patrimoine du donataire, la chose
vendue y a laissé un enrichissement. La mesure
de cet enrichissement est exactement le prix de
vente. Du moment où la révocation de la donation
est prononcée, le donataire ne peut plus invoquer
de juste cause de cet enrichissement, puisqu'il se
trouve l'avoir perçu en vertu d'un titre de propriété
qui désormais appartient rétroactivement au fondateur. Le fondateur peut donc lui réclamer la valeur de cet enrichissement par une action *de in
rem verso*, pourvu, bien entendu, qu'il ait au préalable fait prononcer la révocation de la donation.
D'où l'on voit que l'action en révocation ne devient
vraiment inutile que par la perte fortuite de la
chose donnée, et qu'elle garde, dans tout autre cas,
son utilité tant qu'elle n'est pas directement éteinte
par la prescription.

III. — Nous l'avons envisagée jusqu'ici comme
un moyen indirect d'obtenir l'exécution de la
charge. Nous avons supposé qu'elle était exercée
dans des circonstances où le fondateur aurait pu
également intenter l'action directe en exécution de
la charge ou en paiement de dommages-intérêts.
Et nous lui avons même assigné des limites plus
restreintes qu'à cette dernière, puisque nous n'avons
pu la faire survivre à la perte de la chose donnée.

Ce point de vue est exact. Alors que l'action est

déjà intentée mais qu'elle n'a pas abouti à un jugement définitif, le donataire peut en arrêter les suites en exécutant son obligation. Les tiers détenteurs eux-mêmes pourraient détourner l'action en revendication dirigée contre eux en offrant d'exécuter la charge aux lieu et place du donataire leur auteur, pourvu que la charge ne fût pas, dans l'intention du fondateur, personnelle au donataire, ce qui, il faut bien le reconnaître, est l'ordinaire dans les fondations.

Mais, pour exact qu'il soit, ce point de vue n'est pas assez général. Alors que l'exécution n'est plus possible et que le fondateur n'a plus d'action pour y contraindre le donataire, il a encore l'action en révocation qui lui permet de reprendre sa chose et de la soustraire à l'usage qu'en pourrait faire le donataire contrairement au but de la fondation. C'est du moins l'opinion que nous partageons avec de bons auteurs et la plus haute jurisprudence, mais que nous étayons sur de tous autres arguments qu'eux.

Les donataires, qui se trouvaient hors d'état d'exécuter une obligation par la force majeure ou le fait du prince, ont objecté l'article 900 à l'action en révocation intentée contre eux. Vous voulez résoudre le contrat, disaient-ils au fondateur, pour inexécution des conditions. Mais ces conditions sont aujourd'hui impossibles ou illicites. Or, l'article 900 le déclare formellement, les conditions impossibles ou illicites sont réputées non écrites dans les donations entre vifs et testamentaires. Nous n'avons donc qu'à faire abstraction de la charge et à garder les biens.

Ce raisonnement fut surtout fréquent de la part des communes qui avaient reçu des libéralités à charge d'entretenir une école congréganiste et qui, ne pouvant plus tenir leurs engagements depuis la loi de 1886, prétendaient cependant conserver les immeubles ou les valeurs qui leur avaient été donnés, en les affectant au seul enseignement qu'elles pussent encore légalement soutenir, l'enseignement laïque.

Les fondateurs ou les héritiers des fondateurs disaient avec raison que cette affectation nouvelle des biens donnés était directement contraire au but de la fondation et réclamaient contre la propriété de la commune. Leurs plaintes n'étaient que trop fondées. Le législateur de 1886 les avait voulu prévenir, en reconnaissant aux auteurs de ces libéralités ou à leurs ayants cause le droit de reprendre les valeurs données. Il est vrai que cette reconnaissance indirecte de leur droit n'avait peut-être d'autre but que de le restreindre considérablement en limitant leur action pour le faire valoir au délai de deux ans (1). Néanmoins, c'était précisément la consécration législative donnée par avance au droit qu'on leur contesta dans la suite, et il semble que la jurisprudence aurait pu trouver dans cette reconnaissance de la loi un argument plus résistant que ceux auxquels elle a eu recours pour faire triompher l'équité.

(1) Loi du 30 octobre 1886, art. 19.

Le législateur de 1886 n'entendait, du reste, créer aucune action nouvelle. Il maintenait les actions quelconques qui pouvaient exister d'après les principes généraux, et laissait aux tribunaux le soin de rechercher ces actions et de les définir. Les tribunaux n'hésitèrent pas à décider que c'était de l'action en révocation seule qu'il pouvait s'agir.

Très impressionnés pourtant par l'objection de l'article 900, ceux-ci acceptèrent le terrain où les donataires avaient porté le débat et entreprirent une interprétation de ce texte qui conciliât le droit écrit avec la justice naturelle.

Rien n'est délicat, à vrai dire, comme d'interpréter l'article 900. Les explications qui en ont été fournies sont nombreuses déjà et l'on peut dire sans exagération qu'il n'en est pas une de passable (1).

Vraisemblablement, cet article est une épave du droit romain échouée dans notre Code. Mais transplantée dans ce milieu nouveau, elle s'est modifiée et étendue. Déjà, chez les Romains, il n'était pas facile de rendre raison de la règle qui tenait pour non écrites les conditions impossibles ou illicites, dans les institutions d'héritiers d'abord, et plus tard même dans les legs. Notre ancien droit la recueillit telle quelle et l'appliqua sans la comprendre. Le droit intermédiaire la modifia radica-

---

(1) Elles ont été énumérées par M. *Bartin*, Théorie des conditions impossibles, illicites ou contraires aux mœurs, Paris, Rousseau, 1887, 2ᵉ partie, ch. II. M. Bartin ajoute son explication aux autres, et nous ne pouvons excepter la sienne de la critique que nous adressons à toutes en général.

lement et rendit clairement compte de sa signification nouvelle. Tandis qu'il laissait dans le droit
commun les conditions impossibles, il annulait les
conditions illicites dans les donations entre vifs
aussi bien que dans les testaments (1). C'est que,
dans la conception qu'il inaugurait, le donateur,
en opposant à sa donation une condition contraire
aux lois, manifestait des sentiments hostiles à
l'ordre légal. C'était un adversaire et un coupable :
il fallait le combattre et le punir. On le combattait
suffisamment, en annulant la condition; on le
punissait en maintenant quand même la disposition.
C'était d'ailleurs, semblait-il, « le seul moyen effi-
cace d'ôter au donataire tout intérêt à se conformer
à la volonté illicite du donateur (2), » que de
l'affranchir de toute menace de révocation.

Enfin, comme l'expose encore M. Laurent,
grand admirateur sur ce point de la sagesse du
législateur révolutionnaire (3), cette mesure n'avait
pas l'odieux d'une confiscation et elle en atteignait
en partie le résultat politique : l'appauvrissement
des adversaires de l'ordre établi (4).

Nous avons résumé fidèlement l'exposé des
motifs du décret de 1791, parce que plusieurs
auteurs pensent que ces motifs sont encore ceux

(1) Décret du 5-12 septembre 1791.
(2) *Demante*, Cour analytique de droit civil, IV, n° 16 *bis*.
(3) M. Laurent maintient la règle de l'article 900 en la restrei-
gnant aux conditions illicites dans son *Avant-Projet de révision
du Code civil*.
(4) *Barrère*, Rapport à la Convention nationale, ap. *Merlin*,
Questions de droit. II, p. 487, v° Condition.

par lesquels il faut justifier l'article 900 (1). Mais cette opinion est bien paradoxale en présence de la rédaction différente des deux textes : Le décret de 1791 ne visait que les conditions illicites. L'article 900 met sur le même pied les conditions impossibles et les conditions illicites (2). Cette remarque est suffisante, ce semble, pour démontrer que l'un ne procède pas de l'autre, quand bien même l'esprit de modération et de conciliation des rédacteurs du Code ne serait pas à lui seul une garantie qu'ils n'ont pu songer à consacrer dans leur œuvre ce qui n'avait été qu'une arme de combat et une loi de circonstance (3).

Malheureusement, les travaux préparatoires ne nous apportent aucun éclaircissement, et la pensée du législateur reste une énigme insoluble. Que faire, dès lors, de la règle qu'ils nous ont léguée ?

Quelques auteurs ont pensé qu'il fallait lui donner une interprétation bénigne qui la rendrait peu utile peut être, mais qui, du moins, lui enlèverait toute propriété nuisible. M. Demolombe, par exemple, propose d'y voir cette simple présomption

---

(1) *Laurent*, Principes, XI, no 263, 432. — *Demante*, Cours analytique, précité. — Réquisitoire de M. l'avocat général Ronjat, rapporté dans *S.*, 1884, 1, 305.

(2) Cette assimilation existe déjà dans le projet de Code civil présenté par Cambacérès à la Convention, le 9 août 1793 (art. 36). Elle fut repoussée par l'article 12 de la loi du 17 nivôse an II qui reproduisit le décret de 1791, mais reparut dans le second projet du Code civil de Cambacérès présenté le 23 fructidor an II (art. 105) et dans les projets suivants, jusqu'à la rédaction définitive de 1804. — *V. Fenet*, Travaux préparatoires du Code civil, 1, 52, 120, 260, 373.

(3) *Labbé*, sous *S.*, 1884, 1, 305.

du législateur, que le disposant ayant à choisir
entre l'annulation de sa disposition toute entière
ou la suppression des conditions, entre deux
maux préférerait le moindre et supprimerait les
conditions. L'article 900 cessera donc d'être applicable, dès qu'il sera clair que le disposant entendait
lier le sort de la disposition à celui des conditions (1).

C'est prendre beaucoup de licence avec la loi
que faire de pareilles interprétations. Si l'on ne
sait pas pourquoi le législateur a édicté la règle de
l'article 900, on ne peut pas douter cependant de
la manière dont il faut la lire. Elle est très nette
et très formelle; elle ne respecte pas la volonté du
disposant, elle répugne même à toute distinction
entre les conditions ordinaires et les conditions
expresses ou de rigueur. Et nous comprenons fort
bien que la Cour de cassation ait répudié le système
de M. Demolombe (2). La règle existe. Si dure et si
peu opportune qu'elle paraisse, il faut l'appliquer.

Seulement, il ne faut pas l'appliquer hors de sa
sphère.

C'est précisément ici que la Cour de cassation
prétend retrouver un argument décisif pour condamner les donataires.

L'article 900 annule les conditions impossibles
ou illicites, mais il laisse subsister le contrat. C'est
donc que ces conditions ne sont que des éléments
accessoires du contrat qui demeure complet sans

---

(1) *Demolombe*, I, n°s 207, 208. — *Bertauld*, Questions pratiques et
doctrinales, II, n° 307.
(2) *Cass. civ.*, 7 juillet 1868, *S.*, 1868, 1, 435.

elles. Mais si la charge de la fondation, au lieu
d'être une simple modalité du contrat, en était un
élément essentiel, si elle était non plus seulement
la *condition* mais la *cause* de la donation ou du
legs, on ne pourrait plus la supprimer sans anéan-
tir du même coup l'acte lui-même. Ce serait, en
quelque sorte, le frapper au cœur. Or la cause,
dans les contrats synallagmatiques, se confond avec
l'objet, puisque l'obligation de chacune des parties
est la cause de l'obligation de l'autre. L'obligation
du donataire a-t-elle un objet impossible ou illicite?
L'obligation du fondateur se trouve elle-même avoir
une cause impossible ou illicite. Voilà comment
l'article 900 est sans application aux fondations,
toutes les fois du moins que la charge est plus qu'un
détail accessoire, mais qu'elle est la « cause impulsive et déterminante » de la libéralité (1).

Cette interprétation de l'article 900 nous paraît
très juste en elle-même. La distinction de la charge
et des conditions est d'une logique parfaite et la
limitation du domaine de l'article 900, d'une indis-
cutable rigueur. On lui a cependant adressé des
critiques assez frivoles qu'il est bon de relever
en passant. On l'a accusée, par exemple, de substituer l'arbitraire du juge à celui de la loi, en autorisant le juge à interpréter l'intention du donateur. Mais n'est-ce pas le rôle habituel et nécessaire du juge de rechercher le sens des dispositions

(1) *Cass. civ.*, 3 juin 1863, S., 1864, 1, 269. — 7 juillet 1868, S., 1868,
1, 435. — Jurisprudence unanime des Cours d'appel depuis ces deux
arrêts.

qu'il s'agit pour lui de valider ou d'annuler ? On s'est encore raillé de la périphrase : *cause impulsive et déterminante*. On l'a trouvée vague, on s'est plu à y relever une confusion entre la cause et le motif d'un acte, ou, comme on l'a dit encore, entre la cause *juridique* et la cause *psychologique* (1). Et, de fait, nous aimerions mieux nous-même que le substantif ne fut pas embarrassé de ce cortège d'épithètes où on risque de le compromettre. Mais l'imprécision n'existe que dans l'expression et l'idée apparaît suffisamment claire pour qu'on n'ait pas le droit de s'y méprendre.

Pour nous, nous faisons à la jurisprudence de la Cour de cassation un tout autre reproche : Sa doctrine est parfaitement juste, mais elle ne s'applique pas à l'espèce.

La Cour de cassation reconnaît, en fait, que le contrat de fondation, la donation, si l'on aime mieux, et le legs, manquent d'une cause valable. Et elle admet contre eux une action en résolution ! Comment peut-on résoudre ce qui n'existe pas ? Car, si l'acte n'a pas de cause, quelle existence peut-il avoir ? quel titre peut-il fonder pour la propriété du donataire ? Et quelle utilité, bien plus, quelle possibilité y a-t-il d'en tenir le moindre compte ? Logiquement, ce n'est pas l'action en révocation, c'est la revendication immédiate et sans préliminaire qu'il fallait attribuer au fondateur.

La Cour, cependant, parlait bien de révocation.

(1) *Labbé*, ap. *S.*, 1884, 1, 305.

Et ce n'était pas par une simple confusion de langage, mais bien par un sentiment instinctif de la réalité.

En effet, cette prétendue nullité survenue plus ou moins longtemps après la formation du contrat ne pouvait pas empêcher le contrat d'avoir existé dans le passé. Il n'était pas possible d'appliquer à cette impossibilité ou à cette illicéité de la charge la fiction de rétroactivité. Une condition prévue au moment du contrat peut très bien rétroagir ; un fait matériel, une loi prohibitive ne rétroagit pas.

La vérité, c'est que la validité d'un acte ne peut être envisagée qu'au moment de sa formation. A-t-il, à cet instant, une cause valable ? Les conditions qui lui sont apposées sont-elles, à ce même instant, possibles et licites ? Il existe désormais et pour toujours. Les faits postérieurs n'ont aucune prise sur lui. Il appartient au passé et échappe au présent. Il a produit son effet normal qui est, non pas d'atteindre immédiatement l'exécution d'un fait, mais d'obliger les parties. L'obligation des parties a désormais une cause que rien ne peut détruire.

Seulement, et c'est là que la confusion s'est produite, l'*exécution* de cette obligation valable peut fort bien devenir elle-même illicite ou impossible. Mais les parties ne sont pas en faute pour ne l'avoir pas prévu. Elles demeurent liées l'une à l'autre par le lien initial. Il peut être question pour elles de se délier, mais non pas de n'avoir jamais été liées. En d'autres termes, pour les libérer, il faut une *résolution* du contrat. L'article 900 est hors de cause, c'est l'article 953 seul qui est en jeu (1).

Ici, d'ailleurs, apparaît une difficulté bien plus épineuse que celle devant laquelle la Cour de cassation s'est arrêtée. L'exécution de l'obligation du donataire est impossible ; mais celle du fondateur ne l'est pas. Celui-ci peut toujours donner les biens qu'il a promis ou en maintenir la propriété au donataire, s'il les a déjà cédés. Le donataire, d'autre part, ne se refuse pas à exécuter la charge. Il n'y a aucune faute à lui reprocher. C'est un cas fortuit auquel on se heurte. De ce cas fortuit, qui doit souffrir ? Est-ce le fondateur en perdant sa chose sans équivalent ; est-ce le donataire en restituant la chose donnée ou en perdant sur elle tout droit de créance ou de propriété ? On le voit, c'est une question de risques au lieu d'une question de nullité.

A la vérité, on peut soutenir qu'elle est tranchée par les articles 953 et 1184 au profit du fondateur. L'action en révocation est accordée pour le cas d'inexécution ; la condition résolutoire tacite est stipulée pour le cas où l'une des parties ne satisfera pas à ses engagements. Il semble qu'il n'y a pas à s'enquérir des raisons de cette inexécution. Le rôle du juge se borne à la constatation d'un

---

(1) Cf. *Bartin*, Conditions impossibles, illicites, etc., 1re partie, ch. Ier, § VI. — M. Marcel Planiol a spirituellement critiqué la théorie de la Cour de cassation (Revue critique, 1892, p. 513). Mais le système qu'il propose d'y substituer n'est au fond qu'une ingénieuse transposition de celui qu'il combat (*D. P.*, 1891, 1, 329).

fait ; dès lors que la charge n'est pas ou n'est plus
exécutée, il doit prononcer la révocation à la requête du fondateur. C'est ainsi que le décident
MM. Demolombe, Larombière, Aubry et Rau, et
la jurisprudence de la Cour de cassation (1).

Cependant l'article 1184, où réside, nous
croyons l'avoir indiqué, le siège de la difficulté,
bien plutôt que dans l'article 953 qui ne fait que
rappeler ou mieux prévenir la règle générale,
l'article 1184, dis-je, permet lui-même quelque
doute. Il accorde au juge la faculté de différer la
résolution jusqu'à l'expiration d'un délai. Cette
atténuation ne se comprend qu'en présence d'une
inexécution fautive et par conséquent réparable.
Les termes mêmes qu'il emploie : « Le cas où
l'une des parties ne *satisfera* point à son engagement, » semblent impliquer une certaine responsabilité du donataire que le cas fortuit écarterait
absolument. L'article 1184 prête donc à quelque
équivoque et il est prudent de chercher la solution
de notre question dans des principes plus généraux
et par là même moins susceptibles d'être constestés.

Ces principes, ce sont ceux qui régissent, dans
toutes les obligations de faire, la théorie des risques et que l'on peut déduire de l'article 1790. Le
texte fondamental fait défaut. Mais on peut imaginer sans trop de présomption ce qu'il serait, si

---

(1) *Demolombe*, II, 497. — *Larombière*, Théorie et pratique des
obligations, art. 1184, n° 6. — *Aubry et Rau*, cours de droit civil,
IV, § 302. — *Cass. civ. rej.* 3 août 1875, D. P., 1875, 1, 409. — *Cass.
civ.*, 14 avril 1891, *D. P.*, 1891, 1, 329.

les rédacteurs du code l'avaient voulu rédiger. Il serait précisément l'inverse de l'article 1138-2° et de la règle romaine : *Res perit creditori*. M. Planiol en donne une idée fort exacte dans les lignes suivantes : « La force majeure qui éteint les obligations de l'une des parties éteint nécessairement et en même temps les obligations de l'autre. Elle fait, pour ainsi dire, coup double, et il est facile de s'expliquer pourquoi. Si cette impossibilité absolue avait existé lors du contrat, elle aurait empêché la naissance des deux obligations. Survenant plus tard, elle occasionne leur mort en même temps. Il y a dans ce cas, et pour le même motif, simultanéité d'extinction pour toutes les obligations nées du même contrat, comme il y aurait eu simultanément pour elles nullité initiale. A l'une il manque un objet, à l'autre une cause (1). »

On ne saurait mieux dire, et la doctrine jurisprudentielle de la cause impulsive et déterminante échapperait à tout reproche, si elle s'était maintenue dans des termes aussi prudents et aussi exactement précisés.

Nous nous garderons cependant de partir de ces explications pour substituer à la révocation des articles 953 et 1184 la résiliation de plein droit des articles 1722 et autres analogues, de telle sorte que l'action en révocation ne serait nécessaire qu'autant que l'inexécution serait imputable au do-

(1) *Planiol*, ap. *D. P.*, 1891, 1, 329.

nataire, tandis que lorsqu'elle serait due à la force majeure, le fondateur aurait d'emblée l'action en revendication. Nous ne suivrons pas jusque-là M. Planiol. Il serait bien injuste, ce nous semble, de rendre la procédure plus rapide, plus brutale, en quelque sorte, contre le donataire, alors précisément qu'il n'a rien à se reprocher. Et nous ne voyons pas, d'ailleurs, pourquoi, une fois admis le principe, que les risques, dans notre droit actuel, sont à la charge du débiteur, on écarterait de cette hypothèse les articles 953 et 1184. L'argument que l'on tire de la généralité de leurs termes pouvait bien ne pas sembler décisif devant le doute que nous soulevions nous-mêmes sur l'imputation des risques. Mais une fois ce doute tranché, il reprend toute sa valeur. L'inexécution par suite d'un cas fortuit, est, comme l'inexécution par suite d'une faute, l'avènement de la condition résolutoire tacite incluse au contrat. Or, cette condition n'opère jamais de plein droit (1).

C'est bien à tort, ce nous semble, que l'on invoque les origines romaines de l'action en révocation pour restreindre exactement sa portée à celle de la *lex commissoria* et de la *condictio ob rem dati re non secuta*. Nous convenons volontiers que l'action en révocation n'est rien autre que la *lex commissoria* et la *condictio ob rem dati* généralisées et ramenées à l'unité. Mais il faut tenir compte du milieu différent dans lequel elle s'exerce.

(1) Code civil, art. 956.

15

A Rome, la question des risques était résolue tout différemment. On disait : *res perit creditori.* « Celui qui promettait, en donnant une valeur pour avoir une chose déterminée, était considéré comme ayant atteint son but d'avoir cette chose, lorsqu'il en était devenu créancier. Dès qu'il avait un droit de créance sur la chose et une action en justice pour l'obtenir, il courait les risques de sa perte (1). » Rien ne s'expliquait mieux dès lors que la solution de Dioclétien : « *Pecuniam a te datam, si hœc causa pro qua data est, non culpa accipientis, sed fortuito casu non est secuta, minime posse repeti certum est* (2). »

Mais la maxime française est, au contraire, que les risques sont à la charge du débiteur. Chez nous, on ne se dépouille pas seulement pour acquérir un droit de créance, mais « pour être propriétaire de la chose ou pour avoir l'émolument tout entier du fait convenu (3). » Jusque là on ne tient pas quitte le débiteur. Et voilà pourquoi, quand cela devient impossible, on demande à ne pas exécuter la prestation correspondante, ou, si on l'a déjà exécutée, à recouvrer la valeur que l'on a aliénée. C'est toujours l'action en révocation pour inexécution des charges qui est en mouvement. Seulement, à Rome les charges étaient suffisamment exécutées quand le débiteur avait donné au créancier une

---

(1) *Labbé*, ap. Nouvelle revue historique du droit français et étranger, 1888, t. XII, p. 380. — Cf. *Aubry* et *Rau*, t. IV, § 349.

(2) *L.*, 10, *C.*, IV, 6. *De cond. ob causam dat.*

(3) *Labbé*, précité.

action directe contre lui ; chez nous elles ne le sont pas encore à si bon marché.

Est-ce donc que nous assimilons complètement la faute du donataire et le cas fortuit? — Non, assurément, et voilà la différence que nous faisons entre les deux. La résolution du contrat cause au fondateur un véritable préjudice. L'œuvre qu'il voulait instituer, à laquelle il avait dévoué son affection, son activité, ses richesses et son nom même s'effondrant malgré lui, voilà un résultat qui ne saurait lui être indifférent. Si ce résultat n'est imputable qu'à la force majeure, il en subira le détriment sans recours. La révocation prononcée lui permettra de recouvrer sa chose et de la revendiquer au besoin en justice contre le donataire ou tout autre détenteur, rien de plus. Mais si le dommage est imputable au donataire, alors celui-ci a commis une véritable faute contractuelle et le fondateur a contre lui, outre la revendication, une action en dommages-intérêts.

IV. — Nous avons dit à deux reprises déjà que les actions du fondateur sont transmissibles à ses héritiers. Mais que deviennent-elles en passant de lui à eux. Se divisent-elles selon l'article 1220, de telle sorte que chacun d'eux ne puisse les exercer que pour sa part et dans la mesure de son intérêt personnel, ou bien sont-elles indivisibles par leur objet, chaque héritier peut-il exiger en totalité l'exécution de la charge ou la révocation de la donation ?

Poser ainsi la question, c'est presque la résoudre, et il n'est pas besoin d'entrer dans le détail des rè-

gles de l'indivision pour démontrer que l'exécution
de la charge imposée au donataire ne peut pas être
scindée sans violer l'intention du fondateur, et que,
par conséquent, l'intérêt de chaque héritier justifie
de sa part l'exercice de l'action totale ; ni, bien
moins encore, pour établir que la résolution d'un
contrat opère sur l'ensemble du contrat ou n'opère
pas du tout.

La doctrine ni la jurisprudence ne présentent
d'ailleurs aucune trace de doute à cet égard.

Mais l'action directe n'aboutit pas toujours à
l'exécution de l'obligation par le donataire. Et l'action en révocation ouvre simplement, nous l'avons
vu, le droit du fondateur à une revendication. Quelle
est la mesure dans laquelle chaque héritier obtiendra des dommages et intérêts ; quelle est la mesure
dans laquelle il obligera le donataire à lui restituer
les biens qu'il détient sans titre ? C'est là une toute
autre question, et dont la solution n'est pas moins
aisée que la précédente. L'objet de l'action s'étant
transformé et n'étant plus un fait indivisible, mais
une chose, corps certain ou valeur, parfaitement
susceptible de division, le droit de chaque demandeur est limité à son intérêt, c'est-à-dire à sa part
héréditaire. Il obtiendra exactement ce qu'il re-
cueillerait dans la succession de son auteur, si celui-
ci avait lui-même exercé l'action de son vivant.

On le voit, bien que l'action qui le menace soit
indivisible, le donataire pourra toujours, en définitive, bénéficier de l'inaction de certains héritiers,
comme il bénéficierait de leur renonciation expresse
à leur action.

Mais de ce que l'action est indivisible, il s'ensuit qu'alors même qu'elle est intentée par un seul des héritiers, la décision de la justice est opposable à tous et que tous peuvent s'en prévaloir. L'effet relatif de la chose jugée souffre ici une dérogation nécessaire, à raison du caractère d'indivisibilité qui appartient à l'instance (1). En sorte qu'à la suite de la révocation prononcée à la demande d'un seul héritier, ses cohéritiers peuvent exercer directement contre le donataire l'action en revendication, chacun pour leur part, sans avoir à reprendre une nouvelle instance sur la révocation.

Le Tribunal de Lyon a oublié ces principes élémentaires dans un jugement récent (2) par lequel il décidait que le donataire et les héritiers agissants se trouvaient *copropriétaires des biens donnés*, à l'exclusion des héritiers qui étaient demeurés hors de l'instance. Par une contradiction curieuse, après avoir déclaré résolu, sans restriction, le titre de propriété du donataire, il reconnaissait encore à celui-ci la qualité de propriétaire.

Il est vrai que le jugement tirait argument de ce que les héritiers qui n'avaient pas figuré au procès auraient laissé éteindre entre leurs mains l'action en révocation par la prescription. C'était méconnaître une fois de plus les règles de l'indivision. Puisqu'il y avait encore des héritiers à même d'intenter l'action, c'est que l'action était conservée

(1) *Cass.*, 21 mai 1879, *D. P.*, 1880, 1, 57.
(2) *Lyon*, 9 décembre 1893, *Moniteur judiciaire*, 24 janvier 1894.

pour tous indistinctement. Interrompue à l'égard
des uns, la prescription l'était à l'égard de tous. Et
tous étaient encore en droit, soit de paraître collectivement dans une instance unique, soit d'intenter
individuellement l'action en révocation (1).

En admettant même, par une hypothèse difficile à
imaginer, que l'interruption de la prescription n'ait
pas profité à tous les héritiers, qu'en fallait-il conclure ? — Ceci simplement : que les héritiers négligents ne pouvaient plus remettre en question le *titre*
de la commune. Mais, une fois ce titre résolu, ils se
retrouvaient copropriétaires des biens, au même
titre que l'héritier qui avait pu exercer l'action en
révocation. Et la commune ne pouvait repousser
leur revendication qu'en montrant un titre nouveau, une prescription acquisitive de trente ans,
par exemple, dont le point de départ eut été la
révocation de son premier titre. Mais il y avait
peu de chance que l'indifférence des ayants droit
fût d'aussi longue durée.

(1) *Code civil*, art. 2249.

CHAPITRE III

Nous avons peu de choses à dire sur les actions des bénéficiaires. En exposant dans notre première partie quel est le fondement de leur droit, nous avons résolu la question capitale, savoir : si ces actions existent. Nous venons, en traitant des actions du fondateur, de définir les conditions et la portée de celles-là mêmes qui nous occupent présentement. De brèves explications seront donc suffisantes.

I. — Contre le donataire, les bénéficiaires ont l'action directe en exécution des charges. D'action en révocation, il ne saurait en être question pour eux, puisqu'ils n'en retireraient aucun profit (1).

_____

(1) *Sic., Cass. civ.*,19 mars 1855, S.,1855,1,648. — *Cass. req.*, 6 juin 1888, S., 1889, 1, 65.

Pothier, Traité des obligations, II, n° 72. — *Demolombe*, Traité des contrats, I, n° 255. — *Larombière*, Traité théorique et pratique des obligations, I, art. 1121, n° 9. — *Colmet de Santerre*, Cours analytique, V, n° 33 *bis*. — *Aubry et Rau*, IV, § 343 *ter*.

Leur action directe n'est subordonnée à aucun engagement du donataire envers eux. Elle résulte suffisamment et uniquement de la promesse expresse ou tacite faite par lui au fondateur, en acceptant la donation ou le legs grevé de charge. C'est ce que nous avons implicitement décidé, en écartant tous les systèmes qui font dépendre leur créance d'un autre fait que le contrat de fondation, et c'est ce qui nous permet de condamner une explication proposée par M. Labbé pour excuser une jurisprudence, qui, selon nous, n'a qu'un tort, sa timidité (1). Cet auteur, imbu de la fausse théorie de l'offre, ne conçoit pas comment les bénéficiaires peuvent s'attaquer directement à un donataire qui ne leur a rien promis à eux-mêmes. Et il imagine une sorte de contrat réel qui obligerait le donataire envers les bénéficiaires, alors seulement que le donataire aurait librement accompli à leur égard une première prestation. Par là il se serait véritablement engagé vis à vis d'eux et il serait désormais soumis à une action de leur part. Les analogies lointaines que ce système tire du droit romain ne suffisent pas à le recommander. C'est rendre, croyons-nous, un mauvais service à la jurisprudence que de déguiser sous un appareil formaliste ses plus louables efforts vers la logique et l'équité. Le rôle du jurisconsulte devrait-être, au contraire, de lui aider à prendre une pleine conscience d'elle-même, et, en la dégageant de toute attache com-

---

(1) *Labbé*, note sous *Cass.*, 20 juin 1870, S., 1870, 1, 367.

promettante, de la guider vers le terme définitif de son évolution : l'application pure et simple de la stipulation pour autrui.

Si, comme nous l'affirmons, c'est dans le contrat seul intervenu entre le fondateur et le donataire que l'action des bénéficiaires prend sa racine, il faut admettre que ce contrat est la mesure rigoureuse de cette action. Confère-t-il au stipulant quelque garantie spéciale ? Les bénéficiaires peuvent s'en prévaloir eux-mêmes (1). Et de même, toute réserve, vice, nullité du contrat, aurait sa répercussion sur l'action qui leur appartient.

Mais quel sera sur elle l'effet des modifications ou même des résolutions du contrat qui, postérieures à sa formation, le seront par là même à la naissance du droit des bénéficiaires ?

Les auteurs ont répondu diversement à cette question. Il est bon de remarquer que tous ou presque tous supposent que les bénéficiaires ont accepté le bénéfice du contrat, puisqu'ils ne leur reconnaissent d'action, même contre le donataire, qu'après cette acceptation expresse ou tacite. Cette hypothèse change singulièrement la situation des bénéficiaires, et nous croyons, pour notre part, qu'il faut distinguer tout d'abord si la résolution du contrat ou la modification qui n'en serait qu'une résolution partielle sont ou non antérieures à l'acceptation.

Si elles le sont, il nous semble bien résulter de

_____

(1) *Aubry et Rau*, IV, p. 312. — *Cass.* 12 juillet 1881, S., 1883, 1, 409.

l'article 1121,2°, que la résolution est opposable aux bénéficiaires et délie le donataire à leur égard. Jusque là, en effet, leur droit est résoluble par la volonté du donateur.

Mais, une fois leur acceptation donnée, ils ne peuvent plus être dépouillés sans leur consentement du bénéfice auquel ils sont appelés. Leur vocation est définitive. Toute convention contraire à leur droit passée entre le fondateur et le donataire leur est non opposable. Ils ne perdent leur action que devant le cas fortuit qui peut empêcher la prestation à laquelle ils ont droit. C'est vainement qu'on prétendrait leur opposer l'effet de la résolution, la *restitutio in integrum*, et qu'on pousserait même avec M. Larombière (1) les conséquences de cette fiction jusqu'à leur demander le remboursement des sommes ou le prix des prestations qu'ils auraient reçues. Il faudrait répondre avec MM. Aubry et Rau (2) : « Le principe que la résolution d'un contrat doit replacer les parties au même et semblable état où elles se trouvaient avant sa formation, ne doit jamais être appliqué que sauf les droits acquis à des tiers, du chef du demandeur en résolution (2). »

Et on ne saurait faire de différence entre le cas où le bénéficiaire a ignoré la révocation et celui où il a été mis à même de la connaître, où il a, par exemple, été cité à l'instance introduite par le

(1) *Larombière*, Théorie et pratique des obligations, I, art. 1121, n° 10.
(2) *Aubry et Rau*, IV, § 343 ter, note 31.

fondateur contre le donataire. MM. Demolombe, Aubry et Rau veulent que, dans ce cas, le donataire promettant soit déchargé et que le fondateur lui soit substitué. Nous ne saurions admettre cette solution. C'est un principe certain dans notre droit que la novation ne se présume pas (1). Or, que serait cette substitution du fondateur au donataire, sinon une novation par changement de débiteur? Nous pensons, au contraire, que l'acceptation, en fixant le droit des bénéficiaires, profite en même temps au donataire grevé et rend à son égard la donation irrévocable, dans la mesure, au moins, de la charge qui la grève.

L'acceptation ne transporte pas du donataire au fondateur l'obligation d'exécuter la charge. C'est à cette proposition que se résume ce que nous venons d'écrire. Mais l'acceptation ne crée-t-elle pas cependant un lien direct entre le fondateur et les bénéficiaires et ne confère-t-elle pas, par suite, une action à ceux-ci contre celui-là?

Nous sommes, quant à nous, très partisans de l'affirmative. L'action ici ne peut tendre à exiger du fondateur ce qu'il n'a pas promis, c'est-à-dire l'exécution de la charge. Mais elle tend à exiger ce qu'il a promis : la livraison de la chose donnée au donataire. Il est bien entendu que les bénéficiaires n'ont pas le droit de réclamer pour eux l'attribution de la chose. Mais ils ont grand intérêt à ce que l'obligation du donateur à l'égard du dona-

(1) *Code civil*, art. 1273.

taire soit remplie, car, si elle ne l'était pas, le donataire invoquerait à son tour la condition résolutoire de l'art. 1184 pour se soustraire à l'exécution d'une obligation qu'il a contractée *au profit* des bénéficiaires, mais seulement avec le donateur. Aussi nous ne voyons aucune difficulté à ce qu'ils partagent avec le donataire l'action directe qui appartient au donataire lui-même. Nous voyons, au contraire, un avantage sérieux à la leur attribuer. Il n'est pas difficile de supposer telle fondation, dont la charge absorbant ou à peu près l'émolument du donataire, celui-ci mettra peu d'empressement à exiger la prestation qui lui a été promise. Le fondateur lui-même, et bien plus encore ses héritiers, ne se hâteront pas toujours de se dessaisir. Il interviendrait facilement entre eux un accord tacite pour réputer non avenu le contrat et dépouiller les bénéficiaires du droit qu'ils auraient vainement fixé par leur acceptation. Il nous paraît nécessaire que les bénéficiaires soient en mesure de prévenir ce résultat.

II. — En étudiant les actions des bénéficiaires, il ne faut pas perdre de vue la condition primordiale sous laquelle ils peuvent les exercer : c'est d'être sortis de la classe des personnes incertaines. Cette condition restreint considérablement l'importance pratique de leurs actions. Elle ne va pas, cependant, jusqu'à la faire disparaître complètement.

Il est d'abord toute une classe de personnes incertaines, les pauvres, pourvue par la loi d'un représentant légal, ou plus exactement peut-être d'un intermédiaire, lequel exerce en leur nom les actions qui leur appartiennent. C'est le maire, et exceptionnellement le bureau de bienfaisance.

Quant aux bénéficiaires qui ne profitent pas de cet intermédiaire légal, ils peuvent être déterminés par des signes fixés par le fondateur lui-même : tels, par exemple, les candidats désignés par une Académie pour recevoir des prix de vertu. C'est bien du fondateur qu'ils tiennent leur droit, et il n'est pas exact de prétendre que l'Académie s'oblige envers eux par la désignation qu'elle en fait (1). Non, l'Académie est obligée par l'acceptation qu'elle a faite de la libéralité et de ses charges. Par la désignation, elle s'expose seulement à une réclamation directe, à l'action du candidat. Mais cette désignation n'est pas la cause de cette action, elle n'en est que la condition.

La date, souvent incertaine elle-même, à laquelle les bénéficiaires sortiront de leur indétermination première, date toujours postérieure, et parfois de beaucoup, au contrat, donne un intérêt particulier à la question de prescription. La durée de la prescription est, pour leurs actions, la même que pour les actions du fondateur. Mais quel en est le point de départ ?

Nous avons fixé le point de départ de la prescription des actions du fondateur au premier acte d'inexécution. Il n'en peut être de même, au moins sans exception, pour les actions des bénéficiaires ;

_____

(1) *Audoin*, Dispositions en faveur de personnes incertaines, 1re partie, chap. III, section 1re.

car il arriverait souvent que l'action soit éteinte avant qu'aucun titulaire n'ait pu l'exercer. Il faut reculer l'ouverture de la prescription après la détermination des bénéficiaires et la fixer au premier acte d'inexécution postérieur à cette détermination. C'est reculer, à vrai dire, indéfiniment la période où le donataire pourra jouir en sécurité de son infidélité ; nous ne voyons pas que l'ordre public souffre de ce résultat. Il ne faut pas en exagérer, d'ailleurs, l'importance. Car presque toujours ce sera le donataire lui-même qui sera chargé par la fondation de donner aux bénéficiaires cette détermination, condition nécessaire de l'exercice de toute action de leur part. Si le donataire n'opère pas la désignation qu'il a mission de faire, il se met à l'abri de tout recours des bénéficiaires. Le fondateur seul ou ses héritiers peuvent le contraindre à exercer cette désignation.

III. — L'acceptation ayant sur la fixité du droit des bénéficiaires l'influence que nous avons vue, on s'est demandé si le droit d'accepter le bénéfice du contrat était susceptible lui-même de s'éteindre par la prescription. S'il fallait le décider dans le sens de l'affirmative, il arriverait qu'après trente années d'exécution régulière, alors que les bénéficiaires auraient toujours reçu la prestation sans avoir jamais eu besoin de la réclamer, sans avoir eu, par conséquent, l'occasion de manifester activement leur acceptation, ils seraient à la merci d'une révocation. Le fondateur ou ses héritiers n'auraient, d'accord avec le donataire, qu'à les

endormir, en quelque sorte, par leur prévenance,
pour reconquérir après ce temps leur pleine liberté
à leur égard et les réduire à une situation éternellement précaire. Assurément, ce calcul est peu à
craindre du fondateur qui aurait plus volontiers recours, au cas où il se repentirait de la fondation, à
une révocation immédiate. Mais de la part des héritiers, il.devient peut-être beaucoup moins impro-
bable.

Nous ne pouvons pas tirer grand argument pour
résoudre cette difficulté des décisions contradictoires
de la jurisprudence (1), car elles sont trop embar-
rassées des principes du système de l'offre pour
cadrer avec la doctrine que nous avons adoptée.
La solution doit être cherchée dans la théorie
générale de la prescription. Perd-on par la prescription autre chose que l'exercice des actions? Un
droit, une faculté s'éteint-elle par un temps plus
ou moins long? Nous ne saurions entrer dans cette
discussion sans sortir du cadre restreint où nous
nous sommes enfermés jusqu'ici. Nous ne pouvons
qu'indiquer le parti auquel nous nous rallions. La
prescription extinctive est une déchéance; les
déchéances sont de droit étroit. Or, l'article 2262
n'établit la prescription extinctive qu'en fait d'actions. C'est une raison suffisante pour nous de
conclure que la prescription ne porte aucune
atteinte à une faculté qui, comme celle d'accepter,
ne suppose l'exercice d'aucune action.

(1) *Rennes*, 15 décembre 1848, S., 1850, 2, 277. — *Cass. req.*, 21 février 1872, S., 1872, 1, 68.

CHAPITRE IV

GARANTIES ACCESSOIRES DU CONTRAT DE FONDATION

Risques de l'insolvabilité du donataire. — Hypothèque légale
réservée au fondateur par la loi Belge. — Hypothèque conventionnelle stipulée par le fondateur. — Utilité. — Difficulté de fait pour les fondations privées. — Difficultés de
droit pour les fondations publiques. — Les personnes
morales publiques ont peu d'immeubles. — Les établissements publics peuvent-ils consentir une hypothèque? —
Effets limités de cette hypothèque. — Garantie différente de
la tutelle administrative.

Si nous nous reportons, à la fin de cette étude,
à la définition de la fondation que nous avons prise
pour point de départ : « l'affectation d'un fonds ou
d'une somme d'argent pour être employé à perpétuité à remplir l'objet que le fondateur s'est proposé », nous devons bien reconnaître que les procédés juridiques que nous avons passés en revue
ne permettent pas de réaliser complètement cette
conception.

Rien n'oblige, en principe, le donataire à respecter l'affectation des biens donnés. Sans doute,
pour avoir détruit ou aliéné l'objet de la donation,
il n'est pas libéré de la charge ; l'ensemble de son
patrimoine en garantit le paiement. Mais si ses
obligations deviennent supérieures à ses ressources,
si ce gage général devient insuffisant pour garantir
tous ses créanciers, fondateurs et bénéficiaires
partagent le risque de son insolvabilité.

Plus prévoyante que notre Code civil, la loi hypothécaire belge accorde au donateur un privilège sur l'immeuble donné pour garantir l'exécution des charges pécuniaires ou autres prestations liquides imposées au donataire (1). Mais ce que la loi n'a pas fait chez nous, la convention des parties peut, en quelque façon, le suppléer. Pourquoi le fondateur ne stipulerait-il pas du donataire une hypothèque sur une partie de ses biens immobiliers, suffisante pour assurer le paiement régulier de la charge? Cette hypothèque accessoire au contrat de fondation, il appartiendrait également au fondateur, à ses héritiers ou aux bénéficiaires de s'en prévaloir. Et si le fondateur exigeait que l'assiette en fût établie sur les biens mêmes qu'il aurait donnés, il atteindrait à peu près complètement le but qu'il se propose : affecter ces biens eux-mêmes à la fondation.

L'établissement de cette hypothèque conventionnelle est facile, lorsque la fondation est constituée par un acte entre vifs, par une donation. Mais il est réalisable aussi quand la fondation est constituée au moyen d'un legs. Il suffit au fondateur d'exiger de son légataire la constitution de l'hypothèque, non plus à son profit, mais à celui de ses héritiers, et de faire de cette constitution une charge du legs.

Il ne faut pas croire qu'en présence de l'action en révocation, cette hypothèque soit toujours sans utilité pour le fondateur. On sait l'hypothèse où

---

(1) *Laurent*, Principes du droit civil, XII, n° 490.

le fondateur se trouve dépouillé du bénéfice de cette action par l'accomplissement d'une courte prescription acquisitive au profit d'un tiers acquéreur des biens donnés.

Or le tiers acquéreur ne prescrira pas toujours l'hypothèque en même temps que la propriété, car il peut être de bonne foi à l'égard de celle-ci et connaître cependant l'hypothèque qui grève le fonds qu'on lui a cédé. Au cas même où il ignorerait l'existence de l'hypothèque et serait en situation d'acquérir la libération de son bien par la prescription de dix à vingt ans, il ne faut pas oublier que le point de départ des deux prescriptions n'est pas le même. La prescription acquisitive de propriété commence à courir du jour où le titre existe ; la prescription extinctive de l'hypothèque ne court qu'à dater de la transcription (1).

Malheureusement la constitution d'une garantie si utile à la fondation souffrira, en fait, de grandes difficultés. Le donataire est-il un particulier, ou même une société civile ? Il redoutera l'inscription d'une hypothèque sous son nom, pour le dommage qu'en ressentirait son crédit, pour l'assimilation fâcheuse qu'elle établirait dans l'opinion entre lui, qui ne s'oblige pas par nécessité, mais plutôt pour répondre à la confiance que le fondateur lui témoigne, et un débiteur ordinaire. La crainte de se compromettre à ce point pourrait bien détourner plus d'un donataire d'accepter la fondation.

(1) *Code civil*, art. 2180, 4°.

Si le donataire est une personne morale publique, on se heurtera à un autre empêchement. Pour asseoir une hypothèque, il faut des immeubles. Or la jurisprudence administrative décide que « la dotation d'un établissement public ou d'utilité publique doit être composée entièrement de valeurs mobilières. *Les immeubles destinés à en faire partie doivent être vendus* (1). » Il faut des circonstances particulières pour déroger à cette règle.

Et dans ces circonstances mêmes, la constitution d'une hypothèque sur les rares immeubles que l'établissement serait autorisé à conserver en nature n'irait pas sans de sérieuses difficultés pour les établissements publics.

Et d'abord, elle nécessiterait au moins une autorisation spéciale du gouvernement. Car la constitution d'hypothèque rentre, à n'en pas douter, dans les actes d'aliénation pour lesquels ces établissements sont soumis à la tutelle administrative. Mais il faut aller plus loin et se demander si elle n'est pas radicalement impossible, à cause de la nature des biens sur lesquels elle serait assise. Ces biens sont-ils dans le commerce ? Et ne sont-ils pas à tout le moins insaisissables ?

Sans entrer dans le vif de cette discussion, nous devons au moins repousser ces deux objections soulevées par d'excellents jurisconsultes (2) et dont

---

(1) *Notes de jurisprudence*, avis du 1er juillet 1885.
(2) *Seignouret*, Revue générale d'administration, 1893, II, p. 257. — *Aubry et Rau*, op. cit., VIII, § 778. — *Laurent*, Principes de droit civil, XXX, p. 195. — *Baudry-Lacantinerie*, op. cit., II, n° 1201. — *Pont*, Privilèges et hypothèques, I, n° 355.

la portée serait bien dangereuse, ce nous semble, pour quiconque aurait à contracter avec des établissements publics. La première repose sur l'article 537 du Code civil. Mais cet article, au lieu de soustraire les biens des personnes morales publiques aux règles générales de la propriété, indique simplement que ces règles générales sont exceptionnellement modifiées par les lois administratives. Or aucun texte du droit ne met hors du commerce tous les biens des établissements publics en général, ni d'aucun établissement public en particulier. L'Etat, le département, la commune euxmêmes ont un domaine privé, distinct de leur domaine public, et qui n'est, à la différence de ce dernier, ni inaliénable ni imprescriptible.

Il est vrai qu'il est insaisissable, en ce sens que le créancier de la commune, par exemple, ne peut, une fois muni d'un titre exécutoire, poursuivre directement contre elle l'exécution forcée. Mais il peut cependant vaincre sa mauvaise volonté ou celle du maire en formant un recours à l'autorité administrative supérieure, laquelle a dans son pouvoir discrétionnaire le moyen d'obliger la commune à payer sa dette et à se créer au besoin des ressources à cet effet, en aliénant ceux de ses biens qui ne sont pas affectés à un usage public (1).

Il ne faut pas croire, d'ailleurs, que le droit de saisie soit un élément du droit d'hypothèque. Le droit de saisie est le résultat et la sanction du droit

(1) Loi du 5 avril 1884, art. 110.

de créance lui-même ; mais le droit d'hypothèque
n'engendre que le droit de préférence et le droit de
suite.

Or, il n'y a pas de raison pour refuser au fondateur l'exercice du droit de préférence sur le prix des
immeubles que l'établissement donataire mettrait
en vente. Et ce serait là déjà un avantage appréciable de la constitution d'hypothèque stipulée par lui.

Ne faudrait-il pas lui reconnaître même le droit
de suite, et dire que le bien hypothéqué, une fois
passé entre les mains d'un tiers acquéreur, n'est
plus garanti contre l'action du créancier par le
principe de l'insaisissabilité ? Cette solution, qui est
celle d'un arrêt récent (1), nous semble assez plausible. Il faut tenir compte cependant de l'analogie
de la saisie-arrêt qui est interdite aux créanciers
d'une commune au même titre que tout autre
saisie (2). Peut-être bien faut-il admettre que les
créanciers, n'ayant pas le droit de se faire payer en
dehors de l'autorité administrative et contre son
consentement, n'ont pas davantage celui d'empêcher
à leur profit le paiement à la caisse communale du
prix de l'immeuble hypothéqué, car, suivant l'expression de M. Michoud, « ce serait leur donner
sur ce prix un véritable droit de saisie indirecte,
et enlever à l'autorité administrative l'appréciation
souveraine qui lui appartient et à laquelle elle n'a
pu valablement renoncer (3). »

(1) *Agen*, 18 juillet 1892, S., 1894, II, 1.
(2) *Avis du Conseil d'Etat*, 26 mai 1813, S., *Lois annotées*, I, p. 881
(3) *L. Michoud*, note sous S., 1894, II, 1.

Si l'on accepte ce raisonnement, il faut reconnaître que l'hypothèque conventionnelle consentie par un établissement public ajoute bien peu de chose à la sécurité du fondateur. Mais c'est précisément à l'égard des établissements publics que cette garantie est le moins utile, car c'est de ceux-là qu'il a le moins à redouter les chances d'insolvabilité, puisque leur patrimoine est inaliénable, sauf autorisation administrative.

Au surplus, il serait puéril de mettre trop de confiance, en matière de fondation, dans les moyens coercitifs. La meilleure garantie est encore l'aptitude naturelle du donataire à remplir la charge et la conformité de ses habitudes et de ses intentions libérales avec celles du fondateur. Il ne faut pas l'oublier, c'est avant tout un contrat de *bonne foi* que nous venons d'étudier.

CONCLUSIONS

DROIT COMPARÉ

———

Les conceptions des divers législateurs s'éclairent et se précisent par leur opposition. Le but que
se proposent les hommes dans leurs relations juridiques est le même sous tous les cieux. Seuls les
moyens par lesquels ils y tendent sont différents,
et la comparaison de leurs institutions n'est qu'un
concours ouvert sur un thème unique qu'il s'agissait pour chaque peuple de remplir avec son génie
original. On ne juge bien l'une qu'autant que l'on
connaît les autres. Ce n'est point seulement pour
les classer et pour leur assigner des rangs, mais
pour les comprendre et les apprécier en elles-
mêmes qu'il est utile de les rapprocher.

C'est ainsi que dans notre législation, d'où le
chapitre des fondations paraît au premier regard

totalement absent, nous avons pu cependant indiquer des procédés réguliers et efficaces aux hommes désireux de réaliser après eux une œuvre désintéressée. Ces préoccupations généreuses se retrouvent ailleurs et rencontrent d'autres commodités. Pour savoir ce que valent celles de notre droit, il faut arrêter en terminant notre attention sur deux groupes législatifs renommés pour leur libéralisme à cet égard, le groupe allemand et le groupe anglo-saxon.

I. — Les Allemands attachent aux fondations une importance extrême. Ils ont, pour les désigner, un vocable spécial : *Stiftung*, qui revient fréquemment dans leurs lois, par lequel ils entendent, non pas l'acte de les instituer, mais l'institution elle-même, considérée comme un être juridique spécial. Une première difficulté nous arrêtait au seuil de cette étude, celle de trouver un propriétaire aux biens aliénés par le fondateur en faveur du but désintéressé. L'esprit français, héritier de l'esprit latin qui n'aime que les solutions claires et concrètes, n'a pu concevoir ici d'autre situation que celle du droit commun : la transmission de la propriété à un acquéreur déterminé. L'esprit germanique se complaît plus volontiers aux abstractions et aux subtilités de la métaphysique. Il s'est tiré du problème en plaçant, en quelque sorte, en l'air cette propriété embarassante. Les uns, comme Savigny (1), personnifient

(1) *De Savigny*, Système du droit romain, § 86.

le but même de la fondation et font de cette « abstraction personnifiée » le sujet de droit nécessaire
à toute conception juridique. D'autres, avec
Unger (1), personnifient le patrimoine et fondent
ainsi dans un composé unique le sujet et l'objet du
droit. Un troisième parti, enfin, individualise la
volonté du fondateur et, la perpétuant à l'infini,
fait reposer sur elle seule la propriété des biens et
tous les droits qui en découlent (2). Mais alors
intervient une école plus jeune, plus hardie, en-
nemie des superfluités de langage, qui n'a qu'à
souffler sur ces constructions artificielles pour faire
disparaître ces fantômes de propriétaires et de
sujets de droit et proclamer audacieusement que
la fondation n'est qu'un ensemble de biens sans
maître : *Zweckvermögen*, c'est-à-dire un patrimoine qui a dans le but même auquel il est affecté
la raison de son autonomie (3).

La *Stiftung* demeure la même, au point de vue
des législations positives, quelle que soit la théorie
qui domine à l'école. La meilleure analogie qu'on
en puisse donner, c'est celle de nos établissements
d'utilité publique. Comme eux, elle a besoin pour
naître de la reconnaissance de l'Etat : l'*incorporation*. Comme eux aussi, elles est soumise, dans

---

(1) *Unger*, Lehre von den juristischen Personen, Krit. viertel-
iahrschrift, 1859, t. VI, p. 171.

(2) *Zitelmann*, Begriff un Wesen der sogennanten juristischen
Personen, Leipzig, 1873.

(3) *Brinz*, Pandekten, Erlangen, 1869-1871. — *Windscheid*, Lehrbuch des Pandektenrechts. — *Böhlau*, Rechtssubject und Personenrolle.

une large proportion, à une véritable tutelle administrative. Ce qui la distingue d'eux, c'est plutôt la mesure de cette tutelle et la facilité de cette reconnaissance que tout autre différence. Il va sans dire que cette mesure même est variable et diffère d'un Etat à l'autre. Mais il faut reconnaître, d'une manière générale, que l'incorporation est accordée avec une largesse que les pouvoirs publics ne connaissent pas en France, qu'elle n'est pas entravée par les complications de procédure de notre reconnaissance d'utilité publique, que les conditions enfin, inscrites dans la loi elle-même, en échappent à l'arbitraire d'un Conseil d'Etat revêtu, en réalité, du triple pouvoir de juger, de légiférer et d'administrer. Quant à la surveillance des pouvoirs publics, elle ne s'exerce guère que pour faire respecter le but des fondateurs, mais elle s'exerce efficacement et régulièrement dans ce sens, les administrateurs ayant, d'ordinaire, des comptes à rendre à différents ordres de fonctionnaires.

En somme, il n'est pas absolument impossible de retrouver chez nous plusieurs institutions qui sont de véritables *Stiftungen* allemandes. Ce qui diffère d'une rive à l'autre du Rhin, c'est bien plutôt l'esprit public et les mœurs administratives que la législation.

Au contraire, c'est la législation même qui se présente, au-delà de la Manche, comme absolument originale. L'esprit anglais ne s'est pas arrêté aux discussions théoriques, il a passé à côté des problèmes que soulève la nature intime de la fon-

dation et l'assiette de la propriété, sans s'en préoccuper, peut-être même sans les apercevoir. Mais
il est allé droit aux solutions pratiques qui tournent
les difficultés au lieu de les résoudre, et il a tiré
d'une institution assez banale, le *trust* ou fidéicommis, des ressources abondantes pour le besoin
des fondations.

En reconnaissant qu'en droit français la fondation ne pouvait se réaliser que par un contrat,
l'idée première qui nous venait à l'esprit était celle
d'un mandat. Mais le mandat, chez nous, est si
resserré dans ses limites légales qu'il nous fallut
bientôt convenir de son impuissance à s'adapter à
ce rôle.

L'originalité des Anglais, c'est d'avoir gardé ce
seul mandat pour point de départ unique de tout le
système de leurs fondations; en sorte qu'ils furent
amenés à l'étendre, à l'élargir, à le compléter
jusqu'à ce qu'ils en aient fait le moule le plus
souple dans lequel un fondateur puisse jeter sa
volonté.

La pratique de l'*use and trust* permet d'attribuer
à deux personnes différentes la propriété légale
d'un bien et sa jouissance. Le propriétaire *(to use)*
n'est tel qu'en apparence et par fiction légale *(at
law)*; mais celui qui tire tout l'émolument est le
cestui que trust, suivant la vieille expression
normande.

Cette combinaison ressemble donc beaucoup,
dans ses lignes générales, à notre trinité du fondateur, du donataire et du bénéficiaire. Mais les

différences apparaissent dans les pouvoirs et le recrutement des fiduciaires, des *trustees*, qui jouent le rôle de notre donataire. Le fondateur règle leur succession comme il l'entend. Il n'est jamais question de substitution ni de personne interposée. Le plus souvent, les *trustees* se recrutent par cooptation et désignent leurs successeurs à l'infini. Mais une vacance se produirait-elle qu'elle ne saurait influer sur le sort de l'œuvre. La Cour de chancellerie ou les cours de comté nommeraient de nouveaux *trustees*. Jamais une fondation ne reste en échec faute d'un *trustee*. Lors même que le fondateur aurait omis absolument de le désigner, les tribunaux sont là pour y pourvoir.

Les fonctions des *trustees* sont essentiellement gratuites. Et par là ils se différencient nettement de nos donataires. Ils sont tenus, en équité et en conscience, de toutes les obligations d'un mandataire et soumis à l'exacte surveillance des cours de comté auxquelles ils doivent rendre leurs comptes de gestion. Pour accomplir les instructions qu'ils tiennent du fondateur, ils ont les pouvoirs les plus étendus; ils peuvent même aliéner le bien qui leur est confié. Mais ce bien reste toujours distinct de leur patrimoine : S'ils tombent en faillite ou en déconfiture, le bien n'est pas compris dans le gage de leurs créanciers. S'ils sont saisis en suite d'un jugement, le *cestui que trust* n'a qu'à s'adresser à la Cour pour mettre le bien à l'abri des poursuites. Enfin, jamais ce bien ne sera l'objet d'une *échette* ou confiscation lorsque le *trustee* mourra sans laisser d'héritiers. Le droit de l'Etat sur les successions en déshérence s'arrêtera devant le fidéicommissaire et l'on procédera seulement à la nomination d'autres *trustees*.

Le recours du *cestui que trust* repose également sur une base autrement large que celui de nos bénéficiaires. Tandis que les nôtres n'ont aucun droit direct et immédiat sur les biens donnés, le *cestui que trust* peut poursuivre les fonds aliénés à titre gratuit par les *trustees* entre les mains des tiers acquéreurs. Il peut même, au cas d'aliénation à titre onéreux, si l'aliénation lui est dommageable, s'emparer de la propriété qui a pris la place du fonds primitif, tant qu'elle est reconnaissable (1).

Enfin, ce n'est pas assez pour une œuvre durable que les administrateurs aient à leur disposition les biens dont le fondateur a disposé, mais ils doivent encore être à même d'accroître ces biens en provoquant des souscriptions, des donations et des legs, ou en employant les revenus à des acquisitions. Ici paraît la crainte de la mainmorte d'où nos articles 910 et 937 sont sortis.

L'Angleterre, elle aussi, s'en est jadis préoccupée. Un statut de Georges II frappa de nullité toute donation d'immeubles ou de sommes mobilières destinées à l'acquisition d'immeubles, sur lesquels le donateur se serait réservé soit l'usufruit, soit l'un quelconque des droits ou avantages qui sont minutieusement prévus dans une longue

---

(1) *Ernest Lehr*, Eléments de droit civil anglais, Paris, Larose et Forcel, 1885, livre II, section VI⁶.

énumération (1). Mais les idées anglaises ont depuis lors évolué dans un sens de plus en plus libéral. Sous le règne de Victoria, un *act* du 17 mai 1869 fit une première-brèche au statut de Georges II, en interdisant qu'on ne frappât de nullité, dans l'avenir, aucune donation charitable pour cause de vices de forme ou de réserves stipulées au profit du donateur. Seule, la réserve d'une rente nominale était encore prohibée. Un second *act* de la reine fit disparaître cette dernière restriction (2).

Ce n'est pas à dire cependant que le patrimoine des établissements de mainmorte soit illimité. Les *trustees*, pour fonder l'établissement, doivent obtenir le placet royal, la « *charte d'incorporation* ». Ce titre qui leur est accordé sur leur simple déclaration, en même temps qu'il consacre la personnalité de leur œuvre, fixe à l'avance le maximum de capacité dans les limites duquel elle pourra librement recevoir.

Les *trustees* continuent cependant de représenter l'établissement et d'exercer leurs fonctions sous la double sanction du recours des intéressés et du contrôle des tribunaux et des « commissaires de charité (3). »

En touchant au sol libre de l'Amérique, ces institutions se sont encore développées dans le sens

---

(1) St. 9, Georges II, C. 36.

(2) St. 24, Victoria, C. 9, et 27, Victoria, C. 13.

(3) *Hubert Valleroux,* Nouveau dictionnaire d'économie politique, Paris, Guillaumin, 1891, v° Fondations.

d'une plus grande facilité pour leur établissement
et d'une garantie plus certaine pour leur fonction-
nement.

Plusieurs Etats, suivant en cela l'exemple que le
Canada fut le premier à donner, ont supprimé le
placet et la charte d'incorporation et les ont remplacés par une loi générale. La loi règle une fois
pour toutes les conditions des fondations. Elle précise les limites dans lesquelles les corps de mainmorte seront libres de posséder et d'acquérir. Tout
danger d'arbitraire est ainsi conjuré. Les Améri-
cains ont compris, comme le dit M. Hubert Valleroux (1), « qu'en une forme de gouvernement où le
pouvoir est aux mains d'un parti qui le détient pour
un temps assez court et parfois ne songe qu'à s'y
maintenir, il est toujours à craindre que ceux qui
sont chargés de donner l'autorisation considèrent
la personne des réclamants ou plutôt leurs opinions,
et se sentent inclinés à concéder à des amis et à
refuser à des adversaires politiques ce qui ne devrait être refusé qu'à des malveillants s'unissant
pour commettre le mal. »

Dans cette mesure même, les limites de la capacité sont sans cesse reculées. La législation de
l'Etat de New-York, par exemple, après avoir
limité pour chaque église la quotité des biens,
permet actuellement à l'archevêque de posséder,
à raison de sa qualité, avec transmission *ipso facto*

---

(1) *Hubert Valleroux*, Revue catholique des Institutions et du
droit, Grenoble, 1892, p. 38.

à ses successeurs, un patrimoine d'une étendue illimitée (1).

La nouvelle république du Brésil, allant plus loin encore, après avoir proclamé la liberté absolue d'association, a inséré dans sa constitution du 24 février 1891 cet article caractéristique : « Tous les individus et toutes les confessions religieuses peuvent exercer librement leur culte, *s'associer et acquérir* des biens, suivant les dispositions du droit commun (2).

Ce sont les dernières barrières élevées jadis autour de la mainmorte par les vieilles monarchies, qui cèdent sous l'action des principes nouveaux. On voit assez quel rang nous tenons dans cette échelle progressive qui va de notre reconnaissance d'utilité publique et de nos autorisations spéciales jusqu'à l'absence de toute intervention de l'Etat, en suivant les degrés de *l'incorporation chart* et de la limitation légale.

Quant aux moyens d'assurer l'exécution fidèle de la fondation, le Canada présente une particularité bien curieuse : c'est une action populaire, ouverte à tout citoyen contre les *trustees* négligents ; car, tout citoyen, dans cette démocratie active, est tenu pour directement intéressé à la bonne gestion de tout ce qui concerne l'intérêt public. Ainsi les intentions du fondateur, confiées au peuple

(1) *Ibid.*
(2) Art. 72, *Jaao C. de Souza-Bandeira*, Etude sur le régime légal des corporations de mainmorte au Brésil, *Bulletin mensuel de la Société de législation comparée*, octobre-décembre 1893.

tout entier, sont assurées d'un respect éternel.
Peu importe que les héritiers s'éteignent ou perdent, avec le temps, le sentiment de leur mission et les moyens peut-être de l'établir juridiquement : les commissaires de charité, les tribunaux, les magistrats enfin veillent et poursuivront d'office les mandataires infidèles. Le juge lui-même enfin trahirait-il son devoir ? Des voix sans nombre s'éleveraient du peuple pour le lui rappeler.

On comprend qu'avec un pareil régime les paroisses, les établissements charitables, les écoles et les puissantes universités aient pu s'élever en abondance et atteindre une prospérité sans égale, sans que le budget de l'Etat cependant ressentît le contre-coup de ces charges. Ce merveilleux épanouissement des fondations, fruit de la liberté, ne serait-il pas aussi le meilleur des remèdes contre le socialisme d'Etat qui nous menace ?

Nous serions infidèles au programme que nous nous sommes tracés au seuil de cette modeste étude, si nous faisions ici davantage que de poser la question.

TABLE DES MATIÈRES

PREMIÈRE PARTIE
PRINCIPES GÉNÉRAUX DU CONTRAT DE FONDATION

CHAPITRE PREMIER
LA FONDATION EST UN CONTRAT

CHAPITRE II
NATURE DU CONTRAT DE FONDATION

CHAPITRE III
LÉGALITÉ DU CONTRAT DE FONDATION

CHAPITRE III

LE DONATAIRE EST UNE SOCIÉTÉ COMMERCIALE OU CIVILE

CHAPITRE IV

LE DONATAIRE EST UN ÉTABLISSEMENT PUBLIC
OU D'UTILITÉ PUBLIQUE INEXISTANT

17.

CHAPITRE V

CRÉATION D'UN ÉTABLISSEMENT SPÉCIAL
A LA FONDATION

CHAPITRE VI

SORT DE LA FONDATION AU CAS DE SUPPRESSION
DE L'ÉTABLISSEMENT DONATAIRE

TROISIEME PARTIE
EXÉCUTION DU CONTRAT

CHAPITRE PREMIER
ACTION DU FONDATEUR POUR L'EXÉCUTION
DE LA CHARGE

CHAPITRE II
ACTION EN RÉVOCATION POUR INEXÉCUTION
DES CHARGES

CHAPITRE III

ACTIONS DES BÉNÉFICIAIRES

CHAPITRE IV

GARANTIES ACCESSOIRES DU CONTRAT DE
FONDATION

CONCLUSIONS

DROIT COMPARÉ

POSITIONS

DROIT ROMAIN

I. — La liberté testamentaire n'existait pas dans le droit romain primitif.

II. — A l'époque des actions de la loi, la *condemnatio* est pécuniaire.

III. — Le créancier évincé de la chose qu'il a reçue en *datio in solutum* doit employer pour la revendiquer l'action de son contrat et non pas une action *ex empto* utile.

IV. — A la fin de l'époque classique, on peut, par une *procuratio in rem suam* dénoncée au débiteur cédé, accomplir une véritable cession de créance.

DROIT CIVIL

I. — L'assurance sur la vie contractée par le mari, pendant le mariage, au profit de la femme, à raison d'une obligation contractée par celle-ci dans l'intérêt de la communauté, constitue une libéralité entre époux pendant le mariage, et, par conséquent, est révocable.

II. — La renonciation à un legs à titre universel n'est pas, comme la renonciation à une succession *ab intestat*, un acte unilatéral. Aussi, elle n'est pas assujettie aux formes de l'art. 784, *Code civil*.

III. — La transaction sur droits immobiliers peut être opposée aux tiers sans être assujettie à la formalité de la transcription.

IV. — La cession d'un manuscrit n'est pas présumée conférer le droit de publication.

PROCÉDURE CIVILE

I. — Le juge de paix est compétent pour connaître d'une demande de dommages intérêts inférieure à 200 francs, même alors que cette demande est basée sur des faits susceptibles d'une qualification correctionnelle.

DROIT FISCAL

II. — Le paiement provisoire de l'impôt sur le revenu n'est pas exigible d'une société en liquidation.

DROIT ADMINISTRATIF

III. — L'élection d'un maire peut être attaquée par le motif qu'il ne serait pas Français, alors que son éligibilité aux fonctions de conseiller municipal n'a pas été contestée dans le délai légal.

IV. — L'hypothèque légale de l'art. 2121 du Code civil ne grève pas les biens des trésoriers de fabrique.

Grenoble, le 2 juin 1894,
Le Président de la thèse,

P. FOURNIER.

Vu :   Vu et Permis d'imprimer
Le Doyen,   *Le Recteur,*
C. TARTARI.   ZELLER.

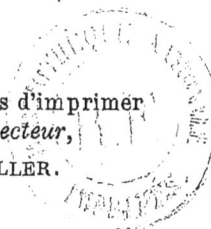

Lyon. — Imp. X. Jevain, r François Dauphin, 18.

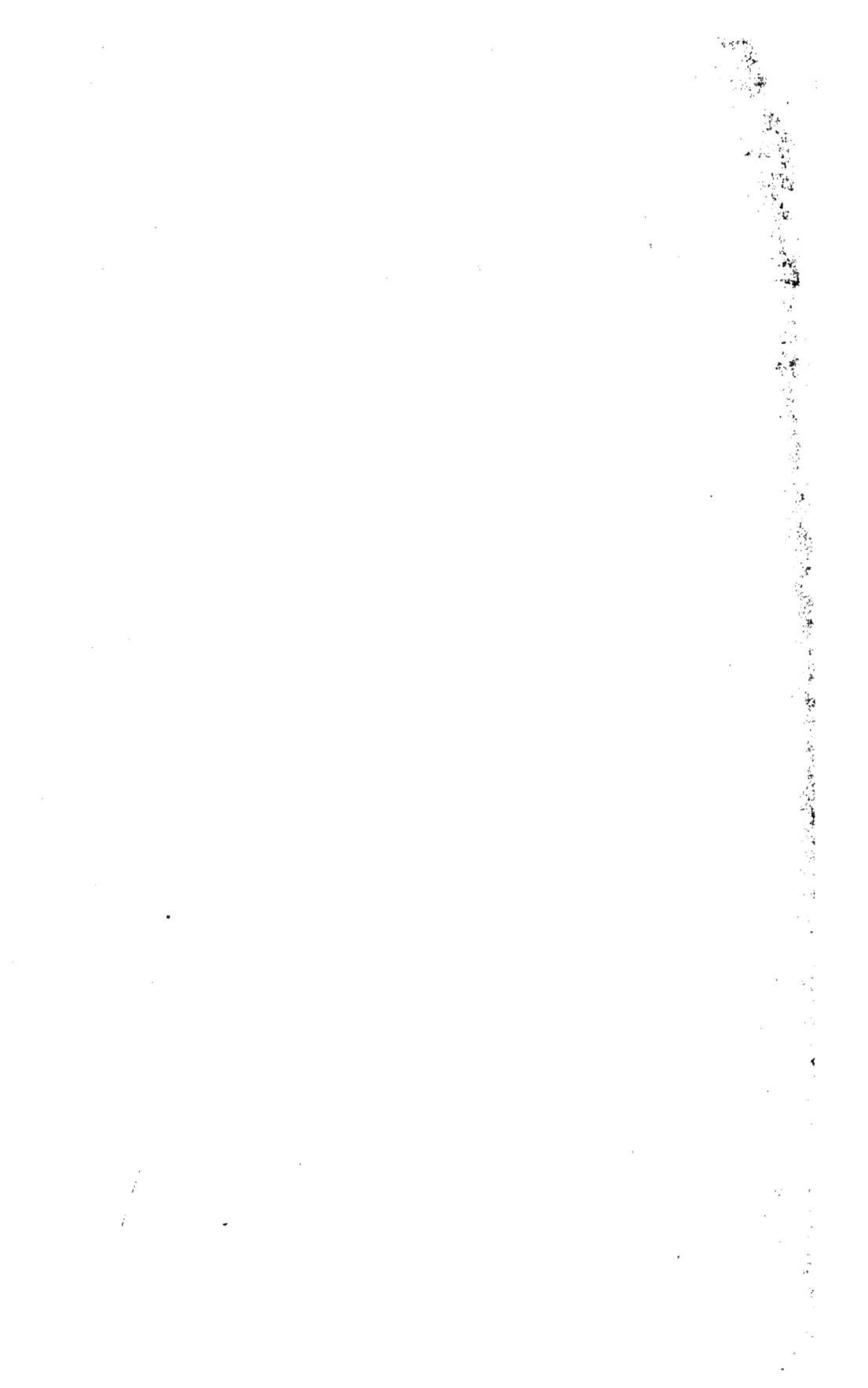

www.ingramcontent.com/pod-product-compliance
Lightning Source LLC
Chambersburg PA
CBHW061108220326
41599CB00024B/3965